I0124123

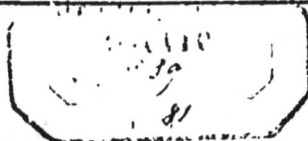

DU PEUPLE

PAR

ROMAIN DELAUNE

> L'homme, cet être flexible, se pliant
> dans la société aux pensées et aux
> impressions des autres, est égale-
> ment capable de connaître sa propre
> nature lorsqu'on la lui montre. et
> d'en perdre jusqu'au sentiment, lors-
> qu'on la lui dérobe.
>
> MONTESQUIEU (Préface de
> l'*Esprit des Lois*).

PARIS

G. FISCHBACHER, ÉDITEUR

33, RUE DE SEINE, 33

—

1881

A LA MÊME LIBRAIRIE

ALAUX (J.-C.), *Études esthétiques*. L'art dramatique. — La poésie. — L'esprit de la France dans sa littérature. 1 volume in-12................................ 3 fr.

AMIEL (H.-F.), *Les Étrangères*. Poésies traduites de diverses littératures. — Reproduction exacte des rythmes originaux. — Pratique et théorie. — Innovations proposées. 1 vol. in-12.. 3 fr. 50

ARNOULD (Arthur). Béranger, ses amis, ses ennemis, ses critiques. 2 v. in-12. 7 fr.

BEAUQUIER (Charles), *La Musique et le Drame*. Étude d'esthétique. 1 vol. in-12. Prix .... 3 fr. 50

BOUCHER (Léon). *William Cowper*, sa correspondance et ses poésies. 1 vol. in-12................................ 4 fr.

CASTELAR (Emilio), *L'Art, la religion et la nature en Italie*. 2 vol. in-12... 7 fr.

DEBRIT(Marc). *Histoire des doctrines philosophiques dans l'Italie contemporaine*. 1 vol. in-12............... 3 fr. 50

DOUEN (O.). *Clément Marot et le Psautier huguenot*. 2 vol. gr. in-8°... 60 fr.

EICHHOFF (F.-G.). Histoire de la langue et de la littérature des Slaves, Russes, Serbes, Bohèmes, Polonais et Lettons, considérés dans leur origine indienne, leurs anciens monuments et leur état présent. 1 vol. gr. in-8°......... 7 fr.

FÖLDVARY (A.). *Les Ancêtres d'Attila*. Étude historique sur les races scythiques. 1 vol. in-12............... 2 fr. 50

GAULLIEUR (E.). *Histoire du Collège de Guyenne* d'après des documents inédits. 1 vol. gr. in-8°.................. 18 fr.

GIRAUD-TEULON (A.), *Les Origines de la famille*. Questions sur les antécédents des sociétés patriarcales. 1 vol. in-12. Prix.............................. 4 fr. 50

GREGOROVIUS (Fréd.). *Lucrèce Borgia*, d'après les documents originaux et les correspondances contemporaines. 2 vol. in-8°............................ 15 fr.

GUIBAL (G.). *Histoire du sentiment national en France pendant la guerre de Cent ans*. 1 vol. in-8°........ 7 fr. 50

JUNDT (Aug.). *Histoire du Panthéisme populaire au moyen âge et au XVIe siècle*. 1 vol. in-8°................. 7 fr.50
— *Les Amis de Dieu au XIVe siècle*. 1 vol. in-8°............................ 12 fr.

LANGE (Alb.). *Un trouvère allemand*. Étude sur Walther von der Vogelweide. 1 vol. in-8°....................... 7 fr. 50

LICHTENBERGER (Fr.). *Histoire des idées religieuses en Allemagne* depuis le milieu du XVIIIe siècle jusqu'à nos jours. 3 vol. in-12.............. 10 fr. 50

MARCHAND (Alf.). *Les Poètes lyriques de l'Autriche*. 1 vol. in-8°.... 7 fr. 5

PICTET (A.), *Du beau dans la nature, l'art et la poésie*. Études esthétiques. 1 vol. in-12............................ 3 fr. 5
— *Les Origines indo-européennes ou les Aryas primitifs*. Essai de paléontologie linguistique. 2e édition. 3 vol. gr. in-8°. Prix............................ 30 fr.

PELAGAUD (E.). *Un conservateur au IIe siècle*. — Celse et les premières luttes entre la philosophie antique et le christianisme naissant. 1 vol. in-8°.. 7 fr. 50

PLAN (Ph.). *Un collaborateur de Mirabeau*, Documents inédits précédés d'une notice. 1 vol. in-12........... 3 fr. 50

PRESSENSÉ (E. de). *Études contemporaines*. 1 vol. in-12............ 4 fr.

ROSSEEUW-SAINT-HILAIRE(E.). *Jules César*. Cours professé à la Sorbonne. 1 vol. in-12...................... 2 fr.

SAYOUS (A.). *Études littéraires sur les écrivains français de la Réformation*. 2 vol. in-12.................... 7 fr.
— *Histoire de la littérature française à l'étranger* depuis le commencement du XVIIe siècle. 2 vol. in-8°........ 12 fr.

SCHLEGEL (F.). *Histoire de la littérature ancienne et moderne*. 2 vol. in-8°. Prix.............................. 12 fr.

SCHMIDT (Ch.). *Essai historique sur la société civile dans le monde romain et sur sa transformation par le christianisme*. 1 vol. in-8°............... 8 fr.
— *Histoire et doctrine de la secte des Cathares ou Albigeois*. 2 vol. in-8°. 10 fr.
— *Les Libertins spirituels*. Traités mystiques écrits dans les années 1547 à 1549, publiés d'après le manuscrit original. 1 vol. in-12................. 7 fr. 50
— *Histoire de l'Alsace à la fin du XVe et au commencement du XVIe siècle*. 2 vol. gr. in-8°............. 25 fr.

SCHURE (Ed.). *Histoire du Lied*, ou la chanson populaire en Allemagne. 1 vol. in-12.............................. 3 fr. 50

VINET (Alex.). *Moralistes des XVIe et XVIIe siècles*. 1 vol. in-8°........ 4 fr.
— *Histoire de la prédication parmi les reformés de France au XVIIe siècle*. 1 vol. in-8°............................ 6 fr.
— *Études sur Blaise Pascal*. 1 vol. in-12. Prix.............................. 3 fr. 50
— *Histoire de la littérature française au XVIIIe siècle*. 2 vol. in-12......... 7 fr.
— *Études sur la littérature française au XIXe siècle*. 3 vol. in-12...... 10 fr. 50
— *Poètes du siècle de Louis XIV*. 1 vol. in-8°.............................. 6 fr.

Paris. — Imp. Vve P. Larousse et Cie, rue Montparnasse, 19.

DU PEUPLE

8º R
4848

Forcément absent de Paris pendant la correction de ce volume, et n'ayant pu, pour cette raison, corriger les épreuves lui-même, l'auteur se voit obligé de demander pardon au lecteur des fautes assez nombreuses qu'il y peut rencontrer, et le prie de corriger de lui-même les fautes évidentes.

Il se borne à signaler les deux plus grossières :

A la page 13, ligne avant-dernière, il faut lire : *le drapeau des oligarchies;* et à la page 362, troisième ligne du bas : *castes* au lieu de cartes.

R. D.

Paris, 10 août 1881.

DU
PEUPLE

PAR

ROMAIN DELAUNE

> L'homme, cet être flexible, se pliant
> dans la société aux pensées et aux
> impressions des autres, est également
> capable de connaître sa propre nature
> lorsqu'on la lui montre, et d'en perdre
> jusqu'au sentiment, lorsqu'on la lui
> dérobe.
>
> MONTESQUIEU (Préface de
> l'*Esprit des Lois*).

PARIS

G. FISCHBACHER, ÉDITEUR

33, RUE DE SEINE, 33

—

1881

NEVERS, IMP. Vᵉ GOURDET ET FILS

LIVRE 1ᴱᴿ

—

LE PASSÉ

INTRODUCTION

Qu'est-ce que le Peuple?

J'entreprends de parler du Peuple, c'est-à-dire de la masse des hommes travaillant de leurs mains, produisant leur nourriture et celle des autres hommes, sans lesquelles personne n'existerait, et qui pourtant ne peuvent subsister eux-mêmes, masse éternellement sacrifiée, ayant aujourd'hui seulement, après des milliers d'âge, conscience de cette existence sacrifiée et de ses droits aux jouissances de la vie.

Méthode de ce livre.

Je dois d'abord exposer la naissance de l'être, montrer ses transformations et poser son état actuel; je développerai ensuite quels adversaires l'histoire du monde lui a donnés, quels droits il a contre eux, comment il peut les vaincre en les confondant dans son sein.

Base scientifique de notre étude.

Dans cette étude comme dans toutes celles que je puis entreprendre, je ne ferai sortir mes démonstrations que de faits et d'idées existant réellement et

non pas d'hypothèses plus ou moins admises , tout
cè que la science moderne a reconnu dans le domaine
naturel, dans le domaine historique ou dans le
domaine de nos idées, me servira de base et de point
d'appui ; hors de là, tout est mensonge, et ne pourrait
rien édifier.

CHAPITRE 1ᴱᴿ

DE L'HOMME ET DE LA SOCIÉTÉ

Quelques-uns ont eu et ont autorité sur les hommes.

« *Tous les États et toute les Seigneuries qui ont eu et qui ont autorité sur les hommes, ont été et sont des républiques ou des principautés.* » Ainsi débute Machiavel dans son livre du *Prince*, posant ainsi, dès la première phrase, un fait d'observation sociale nécessaire à l'exposition de sa philosophie de la tyrannie. Ces paroles écrites au XVᵉ siècle étaient vraies et sont encore vraies aujourd'hui pour toute l'époque dite historique, et il ne viendrait à personne l'idée d'en contester l'exactitude.

Or, c'est dans cette observation si simple, dans cette axiome politique, que nous trouvons la réponse à la question qui s'impose au début de ce livre : D'où vient ce peuple ? — La vérité contenue dans cette phrase nous donne le secret de toutes les souffrances, de tous les malheurs de l'humanité.

« QUI ONT AUTORITÉ SUR LES HOMMES ? » Remarquez-vous cette distinction générale entre la masse des humains désignée par « LES HOMMES » et des entités composées de quelques humains seulement qui « ONT AUTORITÉ » sur cette masse. Voulant écrire la philosophie de la politique, sous toutes les formes sociales, Machiavel pose immédiatement cet axiome que lui révèle l'histoire de l'humanité.

Gouvernés et Gouvernements.

« Il y a des gouvernés et il y a des gouvernements; » et ceux-ci sont des Républiques (lisez
Oligarchies), ou des Principautés (lisez Monarchies). D'un côté donc, la gent gouvernante,
administrante, percevante, mangeante, buvante,
bien vivante; de l'autre, le troupeau gouverné,
administré, tonsuré, mangé, déchiré, égorgé.
L'un est le Pouvoir, l'autre le Peuple.

Distinction sociale indépendante de la forme politique.

Que ce soit République ou Monarchie, la distinction n'en subsiste pas moins : un peu plus
prononcée un jour, un peu plus adoucie un autre
jour, voilà les seuls tempéraments qu'elle comporte. Et notez cela : l'adoucissement ne provient
pas de la forme du gouvernement, mais de l'état
des mœurs et de la civilisation, de la transformation des croyances ou du développement
industriel. Les mœurs devenant plus douces, ou
l'industrie exigeant un labeur moins dur, il y a
un arrêt momentané dans l'exploitation humaine,
et les sacrifiés enregistrent dans leur mémoire
ces temps heureux.

Il est défendu de toucher à l'Arche sainte.

Cette distinction des hommes en deux classes,
n'est-ce pas ce que l'on appelle le fondement de
tout ordre social; et ceux qui s'élèvent contre
elle ne sont - ils pas « les ennemis des grandes

vérités qui président à la constitution de toutes
les sociétés, les adversaires acharnés « de l'Ordre,
de la Famille et de la Propriété, » ces pelés, ces
galeux d'où vient tout le mal, et que conspuent
à la fois Républicains et Monarchistes, Libéraux
et Autoritaires.

Transformation des faits en principes.

Nous verrons comment s'est établi dans l'histoire cet antagonisme entre deux classes d'êtres
semblables. Mais nous faisons observer que la
philosophie moderne de nos prétendus démocrates, loin de chercher à résoudre cet antagonisme, en repoussant les *deux* entités sociales :
le POUVOIR, le PEUPLE, les a exagérés au contraire, en les transformant en principes humains
rivaux qu'elle a appelés l'*Autorité* et la *Liberté*.
C'était vouloir perpétuer la division au moyen
d'une hypocrisie métaphysique.

Autorité et Liberté.

Autorité et Liberté, deux mots avec lesquels
l'esprit a beau jeu pour s'exprimer et s'empêtrer,
deux mots vides de sens et qui n'existent que
l'un par l'autre ; deux mots qui servent à maintenir la confusion introduite dans l'ordre social par
les conceptions vicieuses et ignorantes de nos
ancêtres ! Mots de bateleurs, de rhéteurs, de
contempteurs de la dignité humaine, mots im-
pies qui voudraient sanctifier l'abus de la force
et la faire droit à l'égal du vrai droit.

Autorité renversée par l'Égalité.

Autorité? de qui? sur qui!

D'un homme sur un homme, et par quel droit? D'un homme ou d'un groupe d'hommes sur les hommes? De tous les hommes sur un homme ou un groupe d'hommes? Cela peut être un fait, mais un principe? Oh certes, avec les fables antiques d'un Dieu personnel, c'est-à-dire d'un homme supérieur, créant tous les hommes, leur dictant des arrêts, les conduisant à un but, et veillant constamment sur eux, l'autorité pouvait être un principe: le Dieu délégait son pouvoir à un ou plusieurs élus parmi les hommes.

Mais l'existence de ces dieux personnels, différents d'allures et de sentiments dans les diverses cosmogonies des peuples primitifs (1) est trop contestée, trop contestable pour servir de base à la direction de l'humanité. D'ailleurs quand même la science ne se passerait pas de cet auteur divin, et ne substituerait pas à l'hypothèse du Créateur universel, l'hypothèse bien plus probable de la matière incréée et éternelle, adéquate à la force, vivante sous mille formes, (2) comment reconnaître les élus de Dieu, puisque celui-ci ne prend plus la peine de les désigner aux hommes par des témoignages visibles; et pourquoi chaque

(1) Un seul exemple: Le Jéhovah des Juifs est terrible, menaçant, toujours prêt à sévir, c'est le Dieu des batailles et de la conquête; le Bramah des Indiens aime la contemplation, l'amour des hommes et des choses. Différences provenant des deux natures du sol. La Judée aride poussait l'homme toujours plus loin; l'Inde verdoyante, touffue, retenait l'homme dans ses bras.

(2) Voyez *Force et Matière*, par le docteur L. Büchner.

homme ne se croirait-il pas l'élu de Dieu au même titre que les autres? Le sentiment de l'égalité absolue de tous les hommes renverse toute base possible de l'autorité.

Liberté détruite par l'Égalité.

Liberté? de qui? vis-à-vis de qui? D'un homme vis-à-vis d'un autre homme? mais ces deux libertés se limitent alors ou se combattent, — d'un homme ou d'un groupe d'hommes vis-à-vis des autres hommes? mais cela devient une force, une usurpation, un privilége, ou ne veut rien dire. De la masse des hommes vis-à-vis d'un homme ou d'un groupe d'hommes? Mais qu'ont fait ceux-ci pour ne pas jouir des mêmes droits, ils ne sont donc pas de même nature que les autres? On voit que liberté et autorité conduisent aux mêmes inconséquences; en séparant ces deux mots, nous avons rendu leur développement particulier absurde.

Discussion des idées de Liberté et d'Autorité.

Liberté suppose l'autorité préexistante, comme Autorité ne peut vivre qu'avec une liberté opposante qui lui donne un point d'appui, qui résiste ou se soumet; sinon, ce serait fatalité. Donc deux tendances : l'une, l'autorité, affirmation de la force; l'autre, la liberté, affirmation de la révolte; mais deux tendances particulières que vous ne pouvez généraliser, que vous ne pouvez, par conséquent, ériger en principes. Tout le monde maître, personne ne l'est. Tout le monde libre, personne n'est entièrement libre. Et du dualisme, que pouvez-vous faire sortir, sinon l'inégalité?

L'autorité, seule, peut encore être un principe en se confondant avec la fatalité, c'est-à-dire si l'on suppose une puissance surnaturelle présidant aux évènements humains. Autorité ne vient-il pas d'auteur, de créateur, ayant empire sur sa créature? La masse humaine est alors hiérarchisée du haut en bas et conduite ainsi à ses destinées. Mais la liberté, seule, ne peut pas exister; elle suppose toujours préalablement l'exercice de l'autorité; ce n'est pas un principe, c'est une protestation. Le mot *libre* n'est pas même l'affirmation d'un fait comme le mot maître ou seigneur; ce n'est qu'une négation, la négation de la dépendance, négation ne pouvant même pas constituer un principe secondaire, car du moment où deux hommes existent, leur liberté à chacun se limite mutuellement, il n'y a plus d'absolu; si un seul homme existe, il n'y a plus lieu à aucun rapport social.

L'Autorité historiquement parlant a donc revêtu tous les caractères d'un principe, principe fondé sur une hypothèse qui se trouve de plus en plus démentie par les faits mieux examinés, principe faux par conséquent, mais qui a eu quelque temps sa raison d'être.

La liberté n'a été qu'une protestation d'individu ou de groupe contre ce principe douteux, protestation qu'on a eu tort d'ériger en principe, car elle n'en pouvait être un.

Principes ayant donné lieu à ces idées.

Il est rare pourtant que l'esprit humain s'attache à certaines idées et les généralise, sans que ces idées ne renferment en elles quelque parcelle de vérité qui lui ait fait illusion,

L'Ordre. — Les Droits individuels.

L'humanité, tourmentée du sentiment de sociabilité, a créé d'abord l'Autorité comme élément déterminatif de l'Ordre ; elle a ensuite créé la Liberté comme élément affirmatif du droit de chacun, devant subsister en face de l'ordre commun. Les sentiments étaient justes ; les conceptions ont été vicieuses ; nous verrons plus tard pourquoi.

Vraie formule sociale.

Une véritable philosophie dénommera *Solidarité*, l'élément constitutif de l'Ordre, le devoir de l'individu envers le groupe ; et *Justice* l'affirmation du droit individuel devant le groupe, le devoir de la société envers l'individu ; parce qu'elle reconnaîtra comme seul principe social l'égalité des hommes.

L'élément juste qui a donné naissance à l'idée de liberté, est le sentiment des droits individuels. L'homme isolé, sans compagne, sans enfants, aurait le droit, peut-être, de développer jusqu'à l'excès ses penchants, ses passions, ses facultés ; mais dès que deux hommes existent, la terre se partage entre eux, leurs droits, étant égaux, se limitent réciproquement. Il n'y a plus lieu à liberté illimitée des facultés, mais à équilibre de ces facultés, à égalité de pouvoir. Cet équilibre est ce que nous nommerons le droit des individualités. Le droit des individualités, c'est donc le développement complet des facultés de l'individu, en tant que ce développement ne porte gêne à aucun autre développement semblable.

L'idée de Liberté.

La Liberté, droit illimité, ne peut être, répétons-le, un principe du développement de l'humanité, comme l'a proclamé de nos jours l'École doctrinaire; si, négation de l'autorité, elle ne peut rien fonder; si, affirmation des droits d'un groupe d'individus, elle est une revendication injuste vis-à-vis des autres groupes, une affirmation d'inégalité, une recherche de privilèges. En aucun cas, elle ne saurait être la formule d'un droit nouveau. Voulez-vous concilier, en opposition harmonique, le droit de l'individu et le droit de la Société, abandonnez cette protestation, et affirmez l'Égalité sur ces deux bases : Solidarité, Justice.

L'Absolu n'est pas fait humain.

Il est temps, en ce siècle de sciences, en ce siècle d'observation et de raisonnement, de comprendre que l'absolu n'est pas fait humain, fait naturel; que c'est une conception primitive fournie par l'esprit simpliste des peuples-enfants; que toutes choses ici-bas luttent et s'équilibrent; que la nature est un composé de forces diverses, dont le développement particulier est arrêté par d'autres forces rivales; qu'une partie ne peut s'abstraire du tout; que la terre fait obstacle à l'homme, comme celui-ci agit sur la terre; que les mêmes phénomènes ont lieu dans le monde moral, le monde des rapports sociaux, des rapports d'homme à homme. Les droits de l'homme, c'est-à-dire ses forces naturelles, sont limitées par d'autres droits aussi naturels, aussi vivaces,

et ce qui constitue la vie harmonique, c'est-à-dire
l'*ordre*, ce n'est pas la subordination de quelques-unes de ces forces à d'autres, ou leur
anéantissement partiel; mais l'équilibre laissant
la plus grande latitude aux unes comme aux autres, et cet équilibre ne peut pas résulter d'une
lutte rendant sans cesse son maintien périlleux,
mais d'une cordiale entente, d'une limitation consentie des forces individuelles.

La vie ne procède pas de l'absolu, mais du développement antagoniste des forces rivales.

Il est temps surtout qu'on ne combatte plus
l'autorité, qui a pu être un principe et qui est
toujours un fait, par la liberté qui n'a jamais été
ni un principe, ni un fait, au moins comme fait
social. Ni autorité, ni liberté, ni subordination, ni
anarchie : Equilibre.

La Liberté ne peut présider à un établissement humain.

Il n'y a dans le monde que des faits, la matière
sous ses diverses manifestations; et que des
idées, c'est-à-dire des rapports entre les faits conçus par l'esprit humain. Eh bien, interrogez l'histoire, vous y verrez le Peuple et le Pouvoir, ce
dernier chevauchant l'autre; vous y sentirez l'autorité, ce rapport antique entre les deux groupes
sociaux; vous y apercevrez, par moments, la révolte contre l'autorité, au nom de l'invidua-
lisme ou au nom de l'égalité des groupes; vous
n'y trouverez jamais la liberté comme principe,
comme principe général conduisant la Société

car la liberté, chose indéfinissable, rapport non existant, est le néant même vis-à-vis du groupe; l'esprit du mal, le développement brutal, violent, sans lois ni règles, des passions de l'être, si l'on envisage l'individu.

La Liberté est particulariste.

Si la liberté n'était que négation, il serait oiseux de la combattre; mais elle est aussi, et c'est sa forme la plus fréquente, affirmation de privilèges. Des classes s'affranchissent à ce nom de liberté e. onsolident ainsi le système qu'elles prétendaient vouloir détruire; car l'affranchissement n'étant pas général, l'autorité ne fait que s'organiser plus savamment et pèse d'un poids plus lourd sur les classes non affranchies. Ce mot de liberté n'est qu'une revendication de certaines classes demandant leur part dans l'organisation sociale, leur part d'autorité, en un mot. La revendication pour être logique, ne peut être, en effet, que spéciale et particulière à certains groupes : si elle embrassait la masse, elle demanderait donc la désorganisation complète, l'absence de lien, l'inharmonie générale. La liberté pour tous, en l'absence de toute idée de *solidarité* et de *justice*, conduirait à l'absence presque complète de travail, aux empiétements de profesion. à la lutte constante enfin; au désordre le plus complet, au toiomphe le plus effréné de l'égoïsme et de ses passions sauvages. Aussi la liberté né peut être que particulariste, ce qui laisse subsister l'*ordre d'autorité*; c'est le crapeau des obligarchies, des classes moyennes, jamais le drapeau du peuple, qui ne demande que justice. La triple barrière que les libéraux opposent eux-mêmes à la justice sociale, c'est la *propriété*, c'est-à-dire les biens naturellement immuables ; la *famille*, c'est-à-dire l'hérédité de ces biens ; l'*ordre*, c'est-à-dire les institutions politiques arrêtant tout novateur : Constitution, législatif, justice, armée, police, etc. Où est le sentiment de la liberté en toutes ces choses ?

Conclusion : La recherche de la liberté doit être abandonnée pour la recherche de la justice.

De cette critique de l'idée de la liberté, il résulte que c'est une idée anti-sociale, une protestation purement individuelle ou particulariste ; qu'elle est impuissante à rien fonder, qu'elle doit donc être abandonnée par une saine philosophie et remplacée par une notion plus exacte, plus générale. L'homme n'est absolument libre que de lui-même, j'entends de ses sentiments, de ses idées et de leur expression ; sorti de cette forteresse intérieure, il rencontre d'autres forces égales à la sienne, avec lesquelles il doit se mettre en équilibre ; les hommes entre eux n'ont donc pas à rechercher la liberté, mais la justice.

L'idée de justice.

Il faut examiner au fond et en elle-même cette nouvelle idée que nous substituons à l'idée de liberté. Qu'est-ce que l'idée de justice ?

Justice divine.

Pour les hommes imbus de préjugés mystiques, la justice est une émanation de Dieu, un de ses attributs ; ce n'est pas chose humaine, réalisable ici-bas, dans ce séjour de péchés et de misères ; c'est dans une autre vie qu'il faut l'attendre.

Justice conventionnelle.

Pour d'autres, débarrassés par les études scientifiques de toute croyance à la Divinité, la justice n'est plus qu'une institution humaine, ressortissant du contrat, une loi d'ordre, une pure convention établie entre les hommes comme moyen de sauvegarder leurs intérêts, conception variable par conséquent avec les époques, institution faillible, toujours en lutte avec la passion individuelle qui ne cherche que l'utile.

Justice immanente.

Pour nous, qui transportons dans le monde moral la méthode scientifique et l'appliquons aussi bien aux idées qu'aux faits, pour nous qui reconnaissons comme existants, non-seulement tout ce que les sens nous témoignent, mais aussi tout ce que notre esprit découvre en lui-même et en autrui, nous considérons la justice comme une idée propre au cerveau humain, comme une catégorie de son entendement, un besoin de sa nature, de même que la science, c'est-à-dire la recherche de la vérité.

Des idées générales.

Un mot sur les idées générales :

L'esprit humain veut savoir, connaitre ce qui
est, la matière et ses phénomènes débarrassés par
l'observation, le raisonnement et l'expérience, des
fictions, des mensonges, dont les enveloppent nos
sens,— première idée de l'entendement; se consi-
dérant ensuite en lui même et en ses pareils, il a
l'idée d'équilibre, d'égalité, l'idée du juste,
deuxième idée; transportant enfin ces sentiments
de vérité et d'équilibre dans le domaine des choses, il les désire simples, allant au but qui leur est
fixé, sans inutilités, sans perte de matière ou d'espace, il voudra que la forme puisse s'en retrouver, qu'elle soit l'expression d'une ou plusieurs
lois, régulière, harmonique, frappant ses sens de
façon à ce qu'ils puissent s'en souvenir; cette
combinaison des deux premières idées, ce groupement du vrai et du juste, de l'utilité et de l'harmonie, dans les combinaisons des faits ou des
pensées, c'est l'idée du beau.

Idées constitutives de l'esprit humain.

Ces idées sont constitutives de l'homme, quelque rudimentaires qu'elles s'affirment : elles co-
existent avec l'esprit humain et avec la matière
sur laquelle elles peuvent s'appliquer. Je les trouve
en tous temps et en tous lieux dans le cerveau de
l'homme s'appliquant sur des faits particuliers;
j'en conclus qu'elles sont une de ces manifestations caractéristiques, une des propriétés de sa
matière pensante, de même que le raisonnement
est sa faculté maîtresse.

La Justice, Idée et Sentiment.

La justice est non-seulement idée, mais sentiment; non-seulement catégorie de la raison humaine, mais expression passionnelle de l'individu, par conséquent la plus haute, la plus complète manifestation de l'homme. En effet, l'acte de raison ne fait les parts égales au *moi* et au *non-moi* identique au moi, que lorsque l'acte de sentiment a transporté l'égoïsme naturel du moi sur le non-moi, lui a fait souhaiter et reconnaitre autant de droits qu'au moi lui-même. Le vrai existe indépendamment de l'humanité, les phénomènes cosmogoniques qui se sont passés avant la naissance de l'homme n'en peuvent pas moins être reconnus par lui aujourd'hui, mais le juste n'existe qu'avec l'humanité; la conscience, le sentiment de la vie chez soi-même et chez autrui peut seul révéler la justice; l'être passionnel, l'animal est bon ou méchant, doux ou féroce; faute de pensée, de raison, de conscience, il n'est jamais juste. Agissant par pur sentiment, l'homme est en deçà ou au-delà de la justice; il se guide sur son seul intérêt, il fait acte d'égoïsme, acte personnel; s'il ne se guide que par l'intérêt d'un autre, s'il oublie sa personnalité, se conduit exclusivement par sentiment du non-moi, il fait acte d'abnégation, de dévouement, de fanatisme ou de folie; maintenant les parts égales au moi et au non-moi, par l'effort de sa raison, il fait acte *juste*.

La justice, à la fois idée et sentiment, est donc l'expression la plus complète de l'esprit humain, la personnalité en quelque sorte de l'humanité, le but et la fin même de son évolution.

L'absolu et le relatif.

La nature étant un composé de forces vivantes agissant chacune dans son sens, sans règle ni domination supérieure et donnant lieu par leur fusion à une multitude de manifestations différentes appelées lois, on sent bien que l'absolu n'existe pas dans ce monde. La vérité, la beauté, la justice, ne peuvent donc exister d'une façon absolue. Pour que la science fût faite, il faudrait qu'il ne restât plus une vérité à découvrir, que tous les phénomènes naturels fussent connus et prévus, que toutes les combinaisons de forces eussent été épuisées et étudiées : Utopie ! De même, pour que la justice existât, il faudrait que les hommes eussent tellement enchaîné leurs passions, connussent tellement le degré de leurs forces, de leurs aptitudes, de leurs facultés et les rapports possibles qu'il peut y avoir entre ces forces, que tous les cas fussent prévus, tous les doutes supprimés : Utopie !! De même, la beauté absolue fixée, supposerait qu'on ne pourrait trouver de forme plus vraie, plus juste, plus harmonique, répondant mieux au besoin cherché : Utopie encore !!! L'esprit humain, arrêté dans son développement, n'ayant plus d'objet, n'aurait plus alors qu'à se suicider, à s'anéantir dans la contemplation éternelle de la nature et de lui-même. L'absolu réalisé serait la fin du monde. Mais de même qu'en géométrie, si l'on ne peut faire de ligne sans épaisseur, on peut du moins diminuer indéfiniment l'épaisseur de la ligne tracée par des procédés de plus en plus délicats ; de même dans le monde moral, le vrai, le juste, le beau, peuvent être approchés d'une façon indéfinie.

Le vrai, le juste, le beau sont les fins de l'humanité, et non pas ses initiateurs.

Le vrai, le juste et le beau s'offrent aux efforts de l'individu comme de la société ; c'est un but vers lequel ils peuvent tendre sans cesse, dont ils peuvent se rapprocher de plus en plus, sans espoir cependant de l'étreindre complètement. Loin que ses idées président toutes construites à la naissance de l'homme, celui-ci ne les découvre en lui que peu à peu, et à chaque âge progresse dans cette découverte.

La justice, but suprême de la société.

Considérons seulement l'idée de justice. Une situation sociale donnée pourra être en elle-même injuste, abusive des droits de quelques-uns ; mais, pour cette situation donnée, il y aura une justice relative de la société qui consistera à transformer les mœurs et les institutions de façon à se rapprocher de la conception absolue de justice ; il y aura une justice relative de l'individu qui consistera à faire, dans son cercle d'activité, des actes mus exclusivement par son sentiment particulier de la justice. La justice, par son rapport exclusivement moral, étant la fin suprême de la société humaine, la Société sera relativement juste si elle s'achemine vers ce phare aperçu.

Idées et besoins.

De ce que les idées générales sont propriété essentielle de l'esprit humain, il ne faudrait pas, en effet, on conclure qu'aussitôt né, l'homme s'est mis à la recherche du vrai, du beau et du bien. Ces idées se sont trouvées, à l'origine, en présence des passions de l'être ; elles ont été étouffées par les besoins animaux de l'homme en lutte, pour sa conservation, à la fois contre la nature et contre son semblable ; ce n'est qu'après l'instinct de conservation satisfait que ces idées ont pu de nouveau apparaître, naître réellement au lieu de se manifester seulement comme instinct, se développer et donner lieu à des applications plus ou moins heureuses, à une civilisation plus ou moins générale.

Les besoins animaux étouffent les idées de l'esprit.

L'homme, tourmenté par le besoin, n'est plus homme, mais animal ; il ne se retrouve homme qu'en dominant ses besoins, ses passions brutales. Troublé par les passions, par les intérêts violents, l'homme n'a plus conscience de lui-même ; il lui faut rejeter passions, intérêts et les préjugés qu'ils ont enfantés pour se connaître, ôter à son esprit ses entraves, faire sa conscience libre.

L'étude de l'homme, comme être, était indispensable à l'étude de l'homme réuni en société. Nous pouvons maintenant aborder l'étude philosophique de cette dernière.

La société civile.

Comment s'est formée la société civile ? Tous les philosophes et historiens sont d'accord aujourd'hui pour admettre que la société civile a pris naissance de la société domestique. De quelque façon, en effet, que l'homme apparaisse sur la terre, que ce soit par une souche unique ou par des souches multiples, on doit admettre que l'homme est né avec la femme.

La société domestique.

La famille a dès-lors existé (1), non la famille moderne, restreinte, se jalousant entre ses membres, mais la famille patriarcale avec le *pater familias* en tête, ses enfants et leurs femmes et ses petits enfants.

L'homme animal, égoïsme.

L'homme n'est cependant pas arrivé du premier coup à la fédération des familles (2). Nous

(1) La famille n'est que tribale à l'origine, un troupeau d'hommes et de femmes, délimité par une région naturelle. Car la promiscuité des sexes, comme dans les animaux inférieurs, semble d'abord la coutume des hommes primitifs ; à cette promiscuité sans règles succède la polyandrie, causée par rareté de mâles tués à la chasse ou dans les guerres de troupeaux à troupeaux, famille de plusieurs hommes vivant avec une seule femme, ce qui crée les premières relations de descendance par la femme ; après la polyandrie vint la polygénie ou polygamie, c'est-à-dire la famille constituée par un homme ayant plusieurs femmes, type de toutes les familles patriarcales avec lesquelles l'histoire des nations apparaît débuter. La conquête de la femme est ainsi la base du premier établissement de l'homme en dehors de l'animalité.

(2) Les étapes successives sont : 1° tribu mêlée, troupeau ; 2° groupes familiaux par la femme ; 3° groupes familiaux par l'homme ; 4° fédération naturelle des groupes patriarcaux de la tribu.

avons déjà fait observer que l'homme était né
sauvage, doué de tous les instincts et de toutes
les passions de l'animal : il a fallu, sans doute,
bien des générations pour que son intelligence se
débarrassât de ses instincts brutaux, pût les
dominer et se trouver elle-même. Animal, il a
des besoins violents à satisfaire ; être pensant, il
concentre tout d'abord ses réflexions, son désir
et sa volonté sur la satisfaction de ses besoins.
L'homme est un être essentiellement *égoïste* par
cela seul qu'il est un animal pensant.

Les premiers hommes.

Être égoïste, l'homme, privé d'abord de la
parole qu'il a dû inventer comme toutes choses,
privé par conséquent d'entente raisonnée avec ses
semblables, a donc dû, après les avoir d'abord
salués comme des frères, comme des êtres identiques à lui, vivre en suspicion et en rivalité avec
eux. La première manifestation de son intelligence a été l'amour jaloux du *moi*, la jalousie du
non-moi. L'instinct de sociabilité de l'espèce se
trouvait satisfait par la constitution de la famille :
ici, femme, enfants, tout était son *moi;* il pouvait les aimer d'un amour jaloux, d'un amour
autoritaire ; hors de sa tanière ou de sa hutte,
c'étaient les ennemis, les loups ou les tigres, ou
les humains semblables aux tigres et aux loups.
Ainsi, dans l'hypothèse de la multiplicité des
souches, hypothèse que semblent prouver la
linguistique, l'anthropologie et surtout la géologie, voici comment nous apparaissent les premiers hommes : êtres brutaux, jaloux l'un de
l'autre, égaux entre eux, rois chacun au même

titre, s'étant rapprochés d'instinct comme frères,
puis s'étant séparés par raisonnement comme
rivaux, hostiles les uns aux autres, mais pleins
chacun d'un amour fauve pour leur femelle et
leurs petits.

Constitution de la famille.

L'égoïsme (conscience exagérée du moi) de
l'homme qui se manifestait par la haine en face
des étrangers, se manifestait par l'autorité dans
le sein de la famille. Cette autorité abusive quelquefois, le plus souvent juste, prenait sa source
dans un sentiment naturel ; le sentiment d'amour,
de tutelle et de protection du créateur sur l'être
créé de son sang. La famille se développant, le
père vivant toujours, la famille forma une petite
nation soumise tout entière à l'autorité de son
auteur commun.

Le principe d'autorité.

Sur cette base de la famille devait se former
l'humanité ; nous voyons qu'elle procèdera par
l'autorité, dès qu'elle arrivera à se constituer en
sociétés. Ce principe d'autorité qui plane au début
de l'humanité comme principe juste, principe de
tutelle ayant pour contrepoids l'affection naturelle
de l'être pour sa progéniture, va s'exagérer et se
corrompre en s'éloignant de cette base de la
famille, en s'élargissant et en s'exerçant sur des
êtres rattachés entre eux par des liens faibles ou
même nuls ; de relation équitable et nécessaire,
il deviendra fait injuste, relation anti-juridique
et contre nature.

Chefs de famille.

Au début, l'autorité est sainte ; elle est l'initia-
trice de la marche de l'humanité. Chaque famille,
sous la direction de son chef, chasse, pêche, plus
tard laboure, fait paître, apprête les peaux
d'animaux. Avec le progrès des idées, avec l'extinction des besoins par un travail réglé, les
mœurs de l'homme s'adoucissent ; il ne repousse
plus son semblable avec la même haine ; les
familles, branches d'un même tronc, loin de se
séparer, continuent à vivre rapprochées sous la
direction commune de leurs chefs de famille,
c'est la constitution de la tribu sous l'autorité des
anciens.

Tribus, Peuplades, Races.

La tribu est la fédération naturelle des familles.

La population croissant avec les âges, chaque
famille de la tribu devient à son tour tribu ; et la
tribu, elle, devient peuplade : elle se gouverne
toujours par les anciens choisis dans chaque
tribu ou dans l'ensemble des tribus.

Les peuplades de même origine géologique
forment ce qu'on a appelé la race.

Progrès des connaissances humaines.

L'homme revient donc à la sociabilité par la
famille, après s'en être écarté par l'individualisme. On sent qu'à chaque groupement plus
complet, le cercle de ses connaissances devait

s'étendre. Groupé avec sa femme et ses petits, l'homme a dû exprimer ses sentiments par des sons peu nombreux d'abord, mais se développant avec ses sentiments. A chaque progrès social coïncidait certainement le progrès de ses connaissances : la famille s'étendant, des besoins, des rapports nouveaux naissent, des mots surgissent pour exprimer ces nouveaux faits, ces nouvelles idées ; le groupement facilitant l'échange des connaissances, ces connaissances amenant à leur tour le développement des idées humaines, et l'art de les exprimer qui devait servir lui-même à propager les connaissances et les idées. La division par familles (famille-troupeau d'abord, puis famille polyandrique) coïncide avec l'état primitif de chasseur ; le pasteur suppose la tribu (avec familles polygéniques), l'agriculteur la peuplade (la polygamie se limitant, la famille s'établit sur bases plus strictes (1).

Passage de la société domestique à la société civile.

Sans vouloir établir d'une façon certaine la marche d'une période de laquelle la science sociologique ne nous laisse que de faibles traces, nous avons pu, au moins, la pressentir d'une façon très-probable au moyen des caractères spécifiques de l'être appelé homme. Il nous reste à franchir le dernier pas, le plus périlleux à vrai dire. Comment et sous quelles lois se sont formés les grands groupements d'hommes ? De quels faits et de quels principes est née la société !

(1) Voyez : *Tableau historique des progrès de l'esprit humain*, par Condorcet ; sir John Lubbock : *Civilisation primitive* ; Herb* Spencer, *Sociologie* et *Statique sociale*.

Non du contrat, répondrons-nous. Car l'histoire entière dément cette hypothèse, la tradition primitive n'en parle pas. Aux premiers temps du monde, l'intelligence justicière de l'homme n'était point encore éveillée, l'idée de contrat ne pouvait exister : seul l'instinct de la famille, de la race, l'égoïsme un peu étendu, rapprochait sans les joindre les individus. La fédération des familles était un fait naturel, une alliance obligée contre le danger extérieur, provenant soit des animaux, soit des autres races d'hommes, bien plus qu'un fait d'examen et de libre volonté.

La société fondée, non sur le contrat, mais sur la force.

Tout nous prouve que la fatalité animale qui présida aux premiers groupements humains, présida aussi, pour la plus forte part, au groupement constitué suivant des règles fixes, à l'établissement d'une société fondée sur des lois et sur un gouvernement. Bien loin du contrat mutuel, supposant l'égalité des hommes, leur indépendance des biens animaux, la libre disposition de leurs volontés, nous affirmons comme cause originelle des sociétés humaines, l'inégalité des races, la force des passions animales, la conscience enfouie sous les besoins et les appétits.

L'esclavage, base des sociétés antiques.

L'esclavage, c'est-à-dire la domination d'un côté, la domesticité de l'autre, voilà pour nous la base de toutes les sociétés humaines constituées sur des lois. Nous en tracerons au chapitre suivant la démonstration historique. Nous voulons en donner ici la raison philosophique.

Passions primitives.

Le sentiment d'égoïsme est le sentiment dominant de l'homme, le sentiment exclusif, d'où tous les autres dérivent, avons-nous dit et expliqué plus haut. L'égoïsme se manifeste d'abord comme passion animale et crée l'intérêt brutal, l'intérêt par rapport aux choses, qui est *concupiscence ;* se concentrant en lui-même, envisageant le travail comme une fatigue, l'égoïsme devient *paresse ;* enfin, par rapport à autrui, l'égoïsme se manifeste en une troisième passion : *envie ! Concupiscence, paresse, envie,* voilà la triade de passions à laquelle l'homme est soumis, par le fait seul de sa constitution d'animal pensant, tant que son intelligence n'a pas triomphé de ses instincts animaux.

Le bien et le mal.

Ces passions se transforment dans la suite des âges : Concupiscence devient combat contre la nature ; paresse se transforme en travail réglé ; envie devient émulation. L'égoïsme se règle, mais ne s'anéantit pas. Plus avancé dans la science de la vie, l'homme se reconnaît partie intégrante de la nature, soumis aux mêmes lois qu'elle, impose la mesure à ses passions, règle davantage encore son égoïsme. La triade des passions mau-

vaises peut se changer alors en cette triade
opposée : *sobriété, travail, fraternité*. Est-ce
l'égoïsme anéanti ? Point. L'homme ne peut faire
abstraction de lui-même, sortir de sa personnalité. Son égoïsme se règle seulement devant la
nature, devant lui-même, devant son semblable,
se met en harmonie avec toutes les forces rivales.
Mais ce sont là des sentiments trop âgés, des conceptions trop scientifiques pour qu'elles aient pu
trouver place d'une façon générale dans les premières sociétés. Concentré dans la famille, l'homme par l'amour des siens a pu avoir, a eu certainement l'instinct de ces sentiments, mais il ne les
a eus que dans une limite particulière en dehors
de laquelle ses défauts reprenaient toutes leurs
forces. Il a pu adorer sa famille, aimer sa tribu,
sa peuplade, même sa race, mais il ne pouvait
s'élever immédiatement à l'amour de l'humanité,
projeter violemment son égoïsme hors de lui-
même sur tous ses semblables.

L'Age d'or.

Aussi admettons nous qu'en presque tous les
lieux la fédération naturelle des familles a dû
constituer, pendant une certaine période, une
vie calme et harmonieuse, troublée seulement
par quelques violences individuelles, vie sereine
que plus tard les enfants agités des hommes ont
nommée dans leurs souvenirs l'âge d'or de l'humanité. Alors point de lois, rien que des coutumes ; point de chefs, rien que des pères, des
anciens jugeant pacifiquement les différends ; point
de prêtres, rien que des vieillards (presbyter,
ancien, a fait prêtre) plus réfléchis, plus savants

que les autres, enseignant la philosophie, la
science et la morale que leurs méditations avaient
découvertes ; point de propriétés, les huttes à
chaque famille, la terre à la peuplade, les troupeaux à la tribu ; point de marchands, le commerce n'étant que l'échange direct.

L'Age d'airain.

Mais cet âge d'or dura peu : les races vinrent
à se toucher, les penchants animaux de l'homme
reprirent le dessus, et l'âge d'airain commença.
Les vertus de l'homme n'étaient pas assez solides
pour franchir un certain cercle ; en paix avec ses
frères, ses amis, son instinct de guerre et de
violences renaissait en face de l'étranger, de l'ennemi. Les vices de l'être n'étaient point devenus
vertus, mais vices coalisés de la tribu, association des penchants primitifs. L'égoïsme s'était
étendu, non purifié complètement.

Les passions primitives dans les races.

Concupiscence, paresse, envie, ont déterminé
chez les races au sang ardent, au sol ingrat, le
besoin de dominer, de trouver une race d'hommes travaillant pour elles, comme travaillaient
les chevaux et les bœufs. Chez d'autres races, au
tempérament plus mou, au sol plus fertile,
gâtées par les douceurs de la vie, les mêmes vices
ont produit au contraire, apathie, prédisposition
à la tutelle. Il y a donc eu, par le fait des créations
géologiques, par la faute des climats, des races
violentes et des races douces, des races agressi-

ves et des races molles, toutes prêtes les unes à
dominer, les autres à servir. Telle est la cause
de l'inégalité des hommes, de la lutte éternelle
des races, de la hiérarchie qui a présidé à toute
formation de Société. — Le fort a englouti le faible.

Qu'on le remarque bien, cette marche de l'humanité était fatale ; avant d'avoir conscience des
droits de tous, avant de savoir forcer la nature à
produire pour tous, l'homme n'a eu conscience
que de son droit de conservation individuelle, a
cru que la nature ne produisait pas ce qu'elle lui
offrait sans efforts et a lutté pour sa part de vie,
contre ses semblables au lieu de lutter contre la
nature. Son instinct animal prédominant toujours, comme consécration du vagabondage et
de la guerre, il a institué l'esclavage, à la fois satisfaction de ses besoins et de ses passions.

Droit de la force.

La force, le droit de l'animal a décidé d'abord
qui disparaîtrait du sol trop étroit pour tous, puis,
quand se sont perfectionnés les procédés de culture, qui ensemencerait le sol aride et ingrat. Les
vainqueurs se sont installés sur leur victoire, et
de leur force ont fait droit ; les vaincus ont cédé
aux supplices, au décimement, ou ont accepté par
faiblesse d'âme, par crainte, par bonté parfois
et vertus individuelles, tempérance, amour du
travail, la protection et la domination qui leur
étaient imposées.

Les premières luttes et les premiers établissements ont dû être surtout le fruit de l'instinct
guerrier des deux côtés, le résultat d'un combat

presque égal et ont donné lieu plutôt au déplacement des vaincus qu'à leur anéantissement. La
mollesse de certaines races, leurs vertus mêmes,
fatales pour elles, ne se sont produites que
dans une civilisation plus avancée, dans les époques historiques, alors que les races jeunes, fortes, brutales, déjà constituées en sociétés militaires par de premières victoires, étaient prêtes à
opérer de nouvelles transmigrations et de nouveaux déplacements. C'est à ce second choc que
naquirent véritablement les Empires.

CHAPITRE II
FORMATION HISTORIQUE DES SOCIÉTÉS

Temps historiques.

Nous abandonnons le terrain philosophique et les temps inconnus pour entrer dans le domaine historique. Nous avons fait pressentir que la force était le seul droit qui eût pu présider à l'établissement des Sociétés, que les races ne s'étaient fondues et constituées qu'à l'abri de l'institution de l'esclavage. Il faut le prouver maintenant, l'histoire en main.

Fait général des Sociétés historiques.

De l'époque présente, remontons aux siècles qui nous ont précédés, nous apercevons toujours et en tout pays une classe d'hommes labourant la terre, construisant les maisons, tissant les étoffes, donnant enfin le vivre, l'habit et le couvert à tous leurs semblables. Suivant les contrées et suivant les époques, cette classe d'hommes est plus ou moins misérable ; mais un fait constant et constitutif de l'existence de cette classe productive, c'est que ces hommes ne peuvent se procurer intégralement ce qu'ils ont fait de leurs mains, et ce dont tous les autres usent et abusent ; ils sont les seuls qui ne jouissent pas, en leur plein, du vivre, de l'habit et du couvert qu'ils fournissent à tous les autres.

Cela est vrai sous Napoléon III comme sous Louis XIV, sous Charles V comme sous Louis IX, sous Charlemagne comme sous Clovis. Cela est

vrai en Angleterre comme en Allemagne, en
Italie comme en France, en Espagne comme en
Turquie, cela est vrai encore en Afrique comme
en Europe et en Asie; et se retrouve en Amérique comme aux Grandes-Indes. Quelle est l'histoire du monde? L'histoire des collisions de
races, des guerres et des conquêtes. Or, à chaque
collision, à chaque guerre, à chaque conquête,
il y a une race qui asseoit sa suprématie et une
race qui tombe en esclavage; les temps de paix
qui séparent les périodes de conquêtes violentes,
ne sont employés qu'à compléter et à consolider
l'asservissement constitué chaque fois : le premier
représentant historique de ce que nous avons
nommé le peuple, c'est l'Esclave.

Races primitives.

Si nous essayons de percer les ténèbres des
temps anté-historiques, en prenant les livres
sacrés des plus anciennes nations, nous recon-
naîtrons l'absence de l'esclavage dans ces traditions de la vie des premiers âges, traditions de
vie si pures qu'elles servent longtemps d'enseignement de morale religieuse aux générations
suivantes. Au début de l'humanité, l'homme
chantait ses impressions au lieu de les raisonner,
et ces chants de la vie primitive ont été honorés
ensuite comme des hymnes sacrés; œuvres de
demi-dieux.

Perses.

C'est ainsi que nous pouvons reconnaître dans
la Perse antique, par les livres du Zend-Avesta,

une peuplade primitive, habitante des sommets,
pure de tout mélange, non conquérante, non
asservie. Aussi quelle pureté d'enseignement ,
quelle hauteur d'aspiration ! voilà bien l'âge d'or,
le paradis terrestre, dont le souvenir apparait
vivant dans toutes les traditions orientales.

L'individualité de l'homme et sa solidarité
avec la nature sont toutes deux consacrées : chaque homme suit sa conscience, son génie particulier (les Ferouers), et lutte, associé à Orzmud,
le bien de la création, contre Ahriman, le principe malfaisant (matières, animaux ou passions).
Le développement de la vie de l'humanité doit se
concentrer tout entier dans cette lutte qui finira
par la défaite d'Ahriman. Peut-on indiquer plus
hautement le but de la vie humaine ? La religion
pour cette race douce et forte, c'est de saluer la
lumière, d'honorer la parole, de consacrer le
travail ; l'agriculture est l'action la plus méritoire ;
le mot divin, l'éternelle loi, c'est travail. « Point
de castes, point de prêtres, point de royauté
encore : le père dans chaque maison est roi ma-
ge. » (1).

Mais cette belle race des Guèbres et des Perses
qui nous montre ce que l'humanité développée
sans gêne, pouvait acquérir de grandeur et d'élévation de conscience, cette race douce de la
lumière, de la parole et du travail, est vaincue
par ses voisins, les peuples du soleil dur et brû-
lant, de la terre aride, du vent âcre, les Assy-
riens, puis les Mèdes. Et la Perse ne sort de la
servitude que pour devenir un empire, ayant roi,
prêtres et guerriers ; la servitude a créé les mages,

(1) Michelet. *Bible de l'Humanité.*

la guerre a fait élire le roi. Promené jusqu'à Babylone, en Egypte, en Asie-Mineure, le peuple de Cyrus, de Cambyse, de Darius et de Xercès, ne présentera plus aux Grecs qu'un confus mélange d'esclaves obéissant à des satrapes efféminés.

Hindous.

On retrouve la même simplicité primitive de constitution dans les Védas de l'Inde, mais l'Hindou des sommets, peuple pasteur, brise vite avec ses frères les agriculteurs et s'aventure dans les plaines de l'Est où il rencontre la race Mongolique ; aussitôt naissent les castes. En bas, les esclaves et les Soudras faisant travaux serviles et travaux d'agriculture réservés aux vaincus ; au milieu les Vaycias, le gros de la masse conquérante ; au-dessus la force guerrière ; le roi et les Xatryas ; au sommet, enfin, la pensée, la contemplation du Dieu, de la nature infinie : les brahmanes, moines, derviches et philosophes.

N'ayant pas l'ambition de tracer une esquisse de l'histoire universelle, nous ne pouvons indiquer ici les transformations que subit chaque société dans son développement ; nous voulons seulement marquer le point de départ et le point d'arrivée. Partis de l'état de paix, de l'état égal et fraternel, les peuples arrivent tous, par la guerre, aux sociétés iniques et anti-fraternelles.

Si l'état de paix apparaît clairement dans les Védas, la conquête ressort évidemment de l'épopée de Ramayana. Au-dessous des guerriers ou xarytas, se place une classe moyenne, les vai-

cyars, marchands, gens de négoce, bourgeois des
villes, indice d'une civilisation déjà avancée ; une
guerre primitive sur des hommes-singes est indi-
quée comme origine de la société indienne sur
les bords du Gange (les fastes antiques mention-
nent souvent les singes comme êtres presque
égaux à l'homme) ; les hommes-singes, race des
bois, ont sans doute été vaincus par les Soudras,
race des rives et de la plaine, et ceux-ci, à leur
tour, furent vaincus par les guerriers saints d'Indra, venus des sommets. La conquête s'installe,
se fixe. Les Aswinhs, esprits individuels analogues aux Pérouers, les enseignements des Védas,
la foi primitive en le travail, en l'individualité
humaine disparaissant devant la prière, la contemplation et la pénitence imposées par Bramha,
le dieu du lotus. Les peuples des montagnes ont
vaincu les peuples de la plaine, mais leur foi a
dévié par la conquête : Indra gagne trois têtes,
devient Bramha, trinitaire ; la juxtaposition des
races fait la multiplication du dieu, le ciel se modèle sur la terre. Les croyances primitives se résumaient dans un dieu naturel et unique, le *Soleil*, principe de vie, de chaleur, de lumière, et
dans les *génies* particuliers propres à chaque
homme. Par le mélange des races, la société se
forme, la religion de la société devient adéquate
aux faits accomplis : 1° Dieu des guerriers et des
saints, dieu de la race privilégiée (Bramha) ;
2° dieu général de la société des vainqueurs et
des vaincus (Siva) ; 3° Dieu du bien et du mal,
spécial aux vaincus, la soumission et la révolte
(Vichnou), triple incarnation. Le dieu aime,
comme ses fidèles, le repos, la nature, la contemplation en soi-même. Sur l'organisation sociale,

assurée par la douceur du climat qui rend le travail des vaincus peu pénible, Brahma et les siens s'endorment dans l'éternité. Le travail devient péché, il faut adorer la nature et non la combattre, la violer. Ceux qui travaillent sont donc méprisables, c'est fonction déshonorante, fonction de race inférieure, lot des vaincus. Le sentiment exagéré de la nature préside dans l'Inde à la constitution et aux croyances sociales, comme y présidera en Grèce le sentiment exagéré de l'humanité : Différences de climats et d'âges.

L'Inde brahmanique, absorbée dans la contemplation, non réveillée et tenue en haleine par le travail, sera conquise, à son tour, comme la Perse abâtardie le fut par les Turcomans et les Arabes. Après les Perses de Darius, fils d'Histaspe, les Grecs d'Alexandre, les Mongols du moyen-âge, puis les mercantiles anglais du dix-huitième siècle règneront sur l'Hindoustan. L'Inde vaincue ne retrouve une personnalité après Alexandre que dans la constitution d'une foi nouvelle. Le boudhisme écarte tout à fait de la vie active cette race déshabituée du travail et l'abime dans la contemplation insanique du moi infini. Terrible punition du détachement de l'œuvre terrestre. Pour se sauver des castes et de l'esclavage, deux à trois cents millions d'hommes anéantissent leur vie.

Grèce.

Passons-nous à l'autre rameau aryen, celui qui présida aux destinées de la Grèce et de Rome, nous y retrouverons la succession des mêmes phénomènes. A l'origine, foi pure, élevée, dans la

3

dignité humaine et le travail. Les divinités, ce sont : Cérès ou Cleusir, la terre, la bonne mère, la grande déesse (Dé-meter) ; Proserpine, sa fille, l'âme de la terre, fécondée par Zeus (Jupiter pluvius), l'air ; Pluton, le feu vivant des entrailles terrestres ; puis, après les dieux-nature, les dieux-symboles : Apollon, la lumière, la beauté et la poésie qui descend de l'Olympe parmi les hommes ; Hermès, la parole, le lien entre les hommes, l'échange ; Hercule enfin, la force et le travail qui triomphe des forces mauvaises de la nature. Cette foi antique, sans doute tradition des Pélages, les travailleurs cyclopéens, développée et embellie par l'esprit ionique (les Hellènes), nous dénonce un peuple vierge d'esclavage, sans sacerdoce régulier (1), sobre, amical, travailleur, occupé seulement du grand combat de la vie. Mais viennent les guerres causées par les rapts des Asiatiques ou des Phéniciens (2) sur les rivages grecs ; et, à la suite des guerres, l'institution de l'esclavage et de ses conséquences funestes. Pourtant l'esclavage fut doux en Grèce, les Locriens, les Phocéens, jusqu'à la fin, n'eurent pas d'esclaves, les Ioniens les considéraient comme membres de la famille. « Avant l'invasion du Dorisme, avant ces guerres cruelles qui contractèrent la Grèce et altérèrent l'antique humanité, la famille est tout à fait cette famille naturelle et sainte qu'on voit sous les Védas, qu'on voit dans l'A-

(1) Les mystères étaient chantés par les chantres ambulants et célébrés par tous.

(2) Plus tard, l'Asie, vaincue par la Grèce, fera dévier la foi de ce peuple par l'intrusion de ses dieux-femmes : Vénus, Bacchus, dieux de débauche et non plus de travail.

vesta, elle a son harmonie normale et légitime (1). » Ce sont les Doriens, descendus en conquérants de Thessalie en Laconie, qui instituèrent le degré le plus dangereux de l'esclavage, les esclaves en corps fabriquant et cultivant sous le tribut et la menace des armes (les hilotes). Aussi que fut Sparte ? la cité contre nature, où le vol était glorifié comme adresse, la force sanctifiée au mépris de l'intelligence, la famille violemment brisée, le travail honni ? Les Crétois étaient de même nourris par les Périciens, les Thessaliens par les Pénestes. Athènes, où le travail était en honneur, fut clémente à l'esclavage, mais cette plaie des premières sociétés historiques n'en devait pas moins gangréner son développement. Il se trouva, à la fin de l'existence d'Athènes, 400,000 esclaves pour 20,000 habitants et 10,000 étrangers. Ce que nous disons d'Athènes, s'applique, sauf les exceptions mentionnées plus haut, aux autres peuplades grecques.

L'esclavage. — Droit naturel des sociétés antiques.

Assises sur le travail des races absorbées, les petites sociétés démocratiques de la Grèce créèrent, dans leurs constitutions, la liberté et l'égalité entre les maîtres, entre les hommes libres, entre les citoyens. Il semblait qu'outre la terre, les dieux eussent donné à ces heureux, par surcroît, l'instrument nécessaire à toute production, l'homme ; l'homme-esclave, qui labourait, élevait les troupeaux, tissait, bâtissait, fabriquait. Les

(1) Michelet. *Bible de l'Humanité.*

maîtres, n'ayant que la peine de conduire et de
diriger cette activité et de vendre aux autres nations l'excédant de leurs produits; au reste, nour-
rissant, élevant et traitant convenablement leurs
esclaves, étant aussi doux et aussi justes avec
eux qu'avec leurs chevaux et leurs chiens. Débarrassés des soucis vulgaires, les citoyens se
livraient aux exercices qui forment le corps et à
ceux qui forment l'esprit, et fondaient ainsi cette
race grecque, forte, intelligente, belle, qui créait
la philosophie, les sciences, les arts, et s'élevait
dans les spéculations de l'esprit à une hauteur de
vues que l'humanité n'a jamais dépassée. Ne ty-
rannisant pas leurs esclaves, les Hellènes n'eurent pas à lutter contre eux et purent rester constitués en états démocratiques.

Sans doute l'esclave, traité doucement, se con-
tenta de son rôle et accepta d'être le génie laborieux de la maison. L'esclavage, accepté par tous,
comme une institution naturelle (1), n'en séparait
pas moins les hommes en deux classes : celle des
hommes pensant et celle des hommes travaillant; aux citoyens, le commerce, les armes, l'a-
mour, la poésie, la vie sur la place publique et
aux champs delphiens ou olympiques; aux esclaves, le travail de la terre, les durs métiers
Qu'a produit cette séparation de la vie animale et
de la vie de l'esprit, ce dualisme érigé en principe
de société? L'histoire de la Grèce répond : la
lutte constante, par désœuvrement, des cités entre elles, la lutte des citoyens, même des différen-

(1) Voyez Aristote (de la politique). Selon ce philosophe,
les esclaves étaient d'une autre nature que les hommes
libres, et ne pouvaient avoir qu'une raison inférieure en
partage.

tes classes, dans chaque cité ; l'inégalité, assise
en bas, se répercutant dans la constitution des
républiques ; enfin, l'asservissement, par une race
plus jeune, de ces maîtres oublieux des vertus
antiques.

Cause de la chute des sociétés.

Toute société, fondée sur la séparation des hommes en deux classes, a péri ainsi ; toute exploitation de l'homme par l'homme amène la décadence
morale et matérielle du maître et le rend prêt à
devenir lui-même esclave d'un plus fort que lui.
Le travail, j'entends le travail manuel, le dur
combat de l'homme contre la nature, est sain et
saint, il fortifie moral et physique. Qui ne travaille pas, s'atrophie. Le monde grec a péri par
l'excès de civilisation intellectuelle amené par
l'esclavage ; la race pensante était devenue la race
bavarde, la race forte et belle, la race lâche et
décrépite, dont le nom, chez les Romains comme
jadis le nom de Perse chez elle, était devenu la
suprême insulte. Enseignement des siècles à venir. Le trop grand éclat est le prélude de la décadence irrémédiable.

Rome.

A Rome, la distinction entre les patriciens et
les plébéiens ne provient pas d'autre chose que de
la différence entre les fondateurs de la cité et ceux
qui étaient venus s'y réfugier postérieurement.
Les patriciens, chefs des *gentes*, formaient les
familles primitives, jaloux de leurs libertés comme familles et de leurs priviléges civils et politi-

ques comme noyau de la race. Dominés pendant quelque temps par les nobles et expropriés par l'usure des chevaliers, leurs cadets, les plébéiens, nantis néanmoins de biens sociaux en certaine part, ne combattirent que pour l'extension de leurs droits dans la cité, sans souci des droits des étrangers et de la justice universelle. Ce fut la plèbe romaine, non pas peuple, mais classe moyenne, orgueilleuse et avide, qui écrasa le monde sous ses proconsuls et ses préteurs, et se fit nourrir des dépouilles de la terre par les empereurs. Le vrai *peuple* de Rome, ce furent toutes les provinces soumises par la guerre à la ville des Sept-Collines, le Latium d'abord, le monde ensuite, fournissant à l'orgueilleuse ville les esclaves, les colons ou les tributaires.

L'esclave dans le monde romain n'avait même pas le droit de mariage; ce n'était pas un homme, mais une chose.

Races sémitiques.

Les races sémitiques de l'Arabie : Phénicie, Judée, Assyrie, races de nomades jetées sur un sol ingrat, forcées de chercher constamment pâture en petites tribus errantes, ont connu dès les premiers jours l'esclavage, car aussitôt nées elles se sont déchirées entre elles (Iduméens, Ammonites, Judéens, etc.). La Syrie fut dans l'antiquité, le grand marché d'esclaves; Tyr et Sidon n'étaient que des repaires de pirates qui écumaient toutes les côtes de la Méditerranée; Ninive, Babylone, centres commerciaux de grands empires, bazars d'esclaves et de produits, faisaient peser leurs tributs sur des peuples en-

tiers. L'esclavage dans ces contrées fut la dégra-
dation même de l'homme, qu'il fit rouler dans la
fange des plaisirs impurs. Astaroth, le dieu-
poisson, Moloch, Adonis, dieux de sang et de
débauches, ont leur origine marquée dans l'enlèvement des garçons et des filles, la fabrication
des eunuques, le pourvoiement des sérails. Bacchus Sabas, le libérateur des sens, ira de Syrie
en Phrygie, puis en Thrace et de là en Macé-
donie, s'incarner dans Alexandre et faire la conquête du monde africain-asiatique. Quand cette
conception syrienne du Bacchus libérateur, et la
conception chaldéenne (1) du médiateur Mithra
(ou Milytta-Vénus) eurent conquis le monde,
Bacchus par ses mystères populaires, Mithra par
son symbole philosophique d'intermédiaire entre
l'homme et Dieu, on peut dire que la société antique marchait à une transformation. Les esclaves,
les faibles se sentirent rachetés, affranchis par
ces croyances, et mêlèrent leurs vices à ceux de
leurs maîtres ; les maîtres, plus loin des dieux,
virent baisser leur dignité, leur force de vie. Le
monde antique fut prêt alors, tous étant déliés du
travail et des fortes pensées, à l'absorption par les
barbares.

L'Égypte.

Est-il nécessaire de rappeler que l'Égypte eut,
comme l'Inde Brahmanique, son système de

(1) Les Chaldéens avaient une théogonie rapprochée des
croyances perses, mais transformée en panthéisme sidé-
rique : Bal, le soleil, fondateur de Babylone, Sabbaoth, le
père des planètes, etc.

castes, les prêtres au sommet? Rendez-vous de
trois mondes, Europe, Asie, Afrique, comment
une superposition de peuples noirs, cuivrés,
blancs, n'aurait-elle pas fondé la suprématie des
uns et l'abaissement des autres? La race autoch-
tone était probablement celle du pays de Méroé;
l'amour de la famille, si fort chez les Égyptiens,
ainsi que les croyances d'Isis et d'Osiris, prennent leur source dans cette première période; le
règne des dieux n'est autre que le règne de l'âge
d'or des mœurs patriarchales. La défense des
tribus contre les étrangers fit créer les rois, les
premiers Pharaons : les Hycsos d'Arabie, les
Éthiopiens d'Afrique, les Grecs d'Europe, les
Perses d'Asie constituèrent de plus en plus, par
leur intrusion, l'organisation sociale en hiérarchie. C'étaient bien des esclaves, ces hommes
qui, par milliers, usaient leur vie à construire les
fastueuses pyramides destinées à recouvrir la
dépouille de leur souverain. Les prêtres semblent,
en Égypte, avoir eu une puissance plus grande
qu'en aucun autre pays. Ce fait prouve seulement que les prêtres d'Égypte, caste nationale,
représentaient les forces vives du pays, ressor-
rées autour des croyances religieuses, comme
autour de sa sauvegarde, en un mot, entre le
peuple misérable formé par toutes les alluvions
d'esclaves, et les guerriers puissants, venus de
différents pays suivant les époques, la caste des
prêtres, classe moyenne, soigneusement recrutée
dans le pays, était seule véritablement l'Égypte.
Les six autres castes n'étaient que des degrés
divers de servitude.

Chine.

Le même phénomène a dû avoir lieu en Chine,
pays de la réflexion mathématique, des signes,
des lettres. Les Tartares, les Mongols, vingt
peuplades diverses ont régné sur ce vaste empire (les nombreux noms de dynastie en sont la
preuve); les guerriers, caste des conquérants,
auront changé vingt fois : les agriculteurs et les
artisans n'auront pas beaucoup varié, mais ce
qui reste immuable, c'est la caste des lettrés,
docteurs remplaçant les prêtres qui n'existaient
pas plus que le Dieu. — Les lettrés ici encore,
c'est la classe moyenne, ayant conservé intactes
les traditions des ancêtres, les enseignements de
Confusé, et parvenant, comme en Egypte, à
prendre la prépondérance souveraine dans l'Etat,
et à diriger les actions du Monarque et de ses
conseillers.

Cet état de conquête peut laisser misérablement foulé le peuple de dessous, mais il marque
l'absorption des vainqueurs par une classe des
vaincus.

Amérique.

Une conquête contemporaine de l'origine des
temps modernes montre d'une façon bien plus
certaine encore la formation des sociétés politiques, c'est-à-dire des républiques, des royaumes
et des empires, par la subordination des races vaincues à une race victorieuse. Toutes les contrées de
l'Amérique latine n'ont-elles pas en tête de leurs
pouvoirs la race blanche, la race conquérante,
celle des Espagnols ou des Portugais, et au-

dessous la race conquise, les Indiens à peau
rouge. Les détails de la conquête sont présents à
toutes les mémoires. Dans le pays où les Indiens
détruits menaçaient de manquer, les conquérants
n'ont-ils pas transporté en hâte des travailleurs
africains achetés comme esclaves, et n'avons-
nous pas vu jusqu'au dix-neuvième siècle une
société civilisée, à l'égal de l'Angleterre et de la
France, les États confédérés du Sud-Amérique,
dont toute l'existence était fondée sur le travail
esclave des nègres, comme l'existence latine ou
grecque était fondée, il y a plus de quinze cents
ans, sur l'esclave Parthe ou Scythe. Aujourd'hui
même l'esclavage africain étant aboli par la pudeur des nations chrétiennes, au lieu de la traite
des nègres, ne fait-on pas les transports réguliers
de coolies chinois? Le peuple change, la chose
subsiste.

Paysans et ouvriers.

Partout donc : Conquête et installation des
sociétés politiques sur le droit de la force ; partout aussi entre le peuple asservi et les conquérants se forme une classe moyenne. Observation
générale : quand les agriculteurs, quoique dominés, sont un peu favorisés par le système de gouvernement comme en Chine, en Perse, en Egypte,
de nos jours en Suède, ce sont les gens de métiers,
les artisans qui descendent au bas de l'échelle :
à part cette intervention entre les deux classes du
peuple, la constitution de la hiérarchie sociale
est toujours la même. Si l'agriculteur est favorisé, il devient propriétaire, commerçant, passe
à l'état de classe moyenne et fait travailler sous

sa direction l'artisan maintenu au bas ; que ce soit au contraire l'industrie qui soit favorisée : les ouvriers forment des corporations, deviennent puissants, font le négoce, s'enrichissent, passent propriétaires et font travailler, sous leurs ordres, les paysans attachés au sol.

Peuples affranchis.

Esclave, serf, colon, tributaire, paysan ou ouvrier ; caste ou classe, le peuple, celui qui soutient tout le poids de la société sur son dos, le mulet portant le bât existe toujours. Toujours aussi une classe moyenne se forme de son sein ou à côté de lui, proclame, au nom de la liberté, son affranchissement, et laisse le peuple du dessous plus misérable qu'auparavant, tout en ayant proclamé vouloir couper les chaînes.

Il faut trouver la raison de ce fait général. Les esclaves, voilà la première forme du peuple : ses autres états ne sont que des transformations de cet état primitif. D'où viennent les esclaves ? La réponse n'est plus douteuse. Les esclaves viennent de la conquête. Nous avons montré dans l'esprit humain les prédispositions à la lutte des races, puis remontant dans l'histoire, nous avons prouvé que cette lutte de races se retrouvait marquée dans les souvenirs de tous les peuples, et avait présidé à l'établissement des nations sur toute la surface de la terre. Nous pouvons maintenant combler l'intervalle qui existe entre les temps inconnus et les temps historiques, entre l'époque de la famille et l'époque de la nation, écrire le récit de la formation des races en une société constituée. Il nous suffira de résumer en

une thèse générale les faits particuliers que nous
ont présentés les histoires des différentes nations.

Formation de la société.

Deux races humaines se rencontrent : elles ne
connaissent chacune, dans leur développement
particulier, d'autre autorité que l'autorité patriar-
chale, d'autre lien que la fédération naturelle des
tribus. L'une est poussée hors de son emplace-
ment primitif par l'épuisement du sol, l'augmentation fatale des membres de la race; l'autre est
à sa place originaire ou est poussée par les
mêmes faits que la première à sa rencontre. Ces
deux races se heurtent; étrangères l'une à l'autre,
elles se considèrent comme ennemies, et luttent
pour la plaine fertile, pour le plateau salubre et
agréable, pour les rives du fleuve poissonneux et
routier qui s'étendent devant elles. La force
décide à qui restera la plaine, le plateau ou le
fleuve. Mais la bataille terminée, le jugement de
Dieu prononcé, tout n'est pas fini : il faut que les
prisonniers de la race vaincue soient réduits en
servage, que l'esclavage soit constitué. Sinon pas
de victoire, lutte incomplète. Les peuplades sauvages de l'Océanie mangent encore aujourd'hui
leurs ennemis vaincus : cela nous donne une
image des instincts primitifs de l'homme; man-
gés ou conservés, les vaincus, les captifs doivent
servir à la conservation, à l'alimentation de la
race victorieuse; ils doivent trouver pour elle
nourriture, couvert et agréments, lui épargner
besoins, peines, fatigues. C'est là la raison de
l'esclavage. Nous allons voir découler de la con-

quête les autres institutions des sociétés politiques.

La Religion.

Il y a pour les victorieux un vainqueur suprême, le sort, le destin, le génie de la race triomphante, son Dieu (1) en un mot : n'est-ce pas lui en effet qui a décidé de la victoire et fait lui-même les esclaves? La brutalité des arrêts de la force doit être sanctifiée par la brutalité de l'inconnu, de l'absolu. Ces hommes déchus, au nom de l'absolu, devront désormais servir les vainqueurs, vaquer aux soins les plus pénibles, n'avoir plus un instant de repos et de liberté; ils ne sont plus leur chose; ils sont la chose des autres, qui les ont conquis, comme ils conquièrent un daim ou un cheval. La religion cesse alors d'être l'expression poétique des phénomènes naturels, l'enseignement moral, scientifique et philosophique des humains par les meilleurs d'entre eux; elle prend corps, se détache

(1) Les Dieux au début de l'humanité ne sont que des créations typiques du génie propre à chaque race géologique, un résumé idéal, une conception poétique de ses connaissances des lois terrestres, de ses tendances humaines, de ses aspirations sociales. Effets de l'esprit humain, créatures de son cerveau, ils deviennent plus tard abusivement causes de ses actions, créateurs de ses destinées. (Voyez *Bible de l'humanité*, par J. Michelet.)

D'après H^r Spencer, la cause immédiate de la religion, chez l'homme primitif, est la croyance aux esprits, provenant surtout du culte des morts; le premier autel fut toujours un tombeau. L'homme veut croire à la perpétuité de son existence, il voit toujours vivant le mort qu'il a connu; il imagine ainsi l'esprit du mort; toute religion tribale en découle naturellement.

de l'homme, devient spéciale à la race, planant sur elle, la guidant, la conduisant à ses destinées; elle s'affirme par l'opposition des races et de leurs génies propres; d'amie et conseillère de l'homme, devient son oracle et son tyran. L'esclavage est dans toutes les sociétés antiques, de droit divin, indiscutable, général; c'est, on peut le dire, la foi commune de l'humanité primitive; sur cette foi commune sont entés les *cultes* particuliers de chaque race. En l'absence des autres droits qui ne devaient se développer qu'avec l'intelligence humaine, dans la suite des siècles, le droit de la force pouvait seul en effet s'affirmer au début des sociétés et constituer l'unité humaine par la fusion violente des races. La personnification de la force, c'est le Dieu (1).

Hérésies.

Les captifs, eux, ont perdu leur dieu, leur génie qui les a trahis ou qui a succombé avec eux. Devant un dieu plus puissant, ils perdent donc leur foi qui ne se réveille qu'au moment de révolte.

Dieu tonnant, Dieu des armées.

Les maîtres, au contraire, ont conservé, que dis-je, ont accru leur foi en leur génie victorieux,

(1) L'histoire des migrations des peuples nous montre certaines races se soumettant sans combats à des races plus fortes; l'absorption se fait alors plus lentement mais tout aussi complète, la résistance manquant davantage. L'intensité de la domination moins grande au début va chaque jour en augmentant; les tributaires, sauf le nom, jouent le rôle d'esclaves.

ils imposent cette foi à leurs esclaves. Ceux-ci sont bien forcés de se soumettre au fait accompli et d'accepter la supériorité du nouveau dieu sur le leur; à la domination des armes, à l'imposition du travail s'adjoint la crainte de la religion. Ce dieu des vainqueurs sera toujours terrible pour eux; ce n'est plus leur ami, leur protecteur, le reflet de leurs consciences et de leurs mœurs qui a pris corps et qu'ils sanctifient, dieu doux, ami de l'homme, s'asseyant à son foyer et causant avec lui, partageant ses pensées et suscitant l'espoir; c'est un dieu jaloux, dieu étranger, armé de foudres et de glaives, qui interroge le cœur, sonde les dispositions, a la main toujours prête à lancer le tonnerre contre la révolte. La terreur de l'homme s'accompagne de la terreur du génie; dieu et les armes veillent au maintien de l'ordre existant.

Religion. — Armes. — Travail. — Maintien de l'ordre.

Maîtres et esclaves vont vieillir, mourir et se renouveler ensemble, une vie commune cimentera leur union de dépendance, l'absorption des vaincus sera plus ou moins rapide, leur génie, leurs mœurs réagiront plus ou moins sur leurs vainqueurs, mais le triple poids de la religion, des armes, du labeur sans repos assurera la stabilité de l'ordre établi. Aux uns, la fatigue, le travail quotidien, le salaire de vie mesuré, l'obéissance forcée; aux autres, le repos, l'abondance, le travail qui plaît, chasse, expéditions guerrières, art, poésie, philosophie, les armes, signe du commandement et de la puissance, et le caractère divin des élus de Dieu.

Théocraties guerrières.

Les premières institutions des états paraissent donc théocratiques, mais les prêtres, au début, ne sont pas seulement prêtres, ils sont aussi guerriers, c'est le guerrier saint, celui dont le ministère peut paraître le plus agréable au génie, qui sacrifie aux dieux pour obtenir la victoire. L'épée et la lance se portent devant l'autel. Ce caractère est général, et se retrouve à l'origine de toutes les sociétés historiques. Voyez les prophètes et rois-juges des Juifs, les Incas, fils du soleil, les Califes, défenseurs des croyants, et, de nos jours, les souverains d'Angleterre et de Russie, tous deux protecteurs de leur église.

Prédominance de la religion.

Peu à peu, pendant la paix, le rôle des guerriers s'efface, celui des serviteurs du dieu, de ses interprètes auprès de la race, croit d'autant ; les hommes de pensée se substituent aux hommes d'action dans la direction de la société ; le rouage savant des institutions remplace la force dans le maintien de l'ordre, la puissance des prêtres devient suprématie.

Un jour, la révolte nait dans la société, les esclaves essaient de se soulever, de reprendre leurs droits, leur liberté, leur autonomie. Contre ce danger menaçant, les maîtres serrent leurs forces, ils reprennent leurs armes de guerre, et, si le péril leur parait grand, ils délèguent le soin de la sûreté commune à l'un d'eux plus habile ou plus fort ; tous les guerriers lui jurent soumission ; les interprètes du dieu l'accompagnent et s'inclinent devant lui, dont le bras va représenter la race même.

Royauté.

Revenu vainqueur, il est acclamé, couronné de lauriers, ou élevé sur le pavoi, on le salue chef perpétuel, roi (1), il a sauvé la société.

Propriété.

Les compagnons du roi, ses égaux avant le choix, ceux qui l'ont nommé enfin, n'ont garde de s'oublier après la victoire. Les tributs ne suffisent pas à établir la domination ; pour installer solidement son droit de vainqueur, il faut l'implanter dans la terre, alors le guerrier est véritablement maitre, le vaincu n'est plus seulement esclave de nom, il l'est de fait, attaché au coin de terre que jadis il labourait pour lui ou en colonat, ne pouvant s'en détacher et produisant l'intégralité des fruits pour le maitre. La terre et l'homme sont liés maintenant au vainqueur, il

(1) L'institution du roi ou chef suprême peut se faire aussi contre un ennemi extérieur menaçant, par une race non encore assise ; mais les prérogatives de la royauté ne naissent véritablement qu'après la victoire. Le chef des races nomades : Huns, Francs, ou tout autre peuple, n'est qu'un conducteur de troupes, un général élu, *brenn, dux, imperator*, qui peut être dépossédé de son commandement après une défaite. En ce sens, on peut dire que toute monarchie militaire a d'abord été élective. Le souverain, chef religieux, doit seul, à son caractère sacré, de jouir d'une hérédité incontestée pour sa famille.

peut les battre, les fouailler, les meurtrir, les dé-
pouiller comme bon lui semble, il est seigneur
et maître, il s'est déclaré propriétaire.

L'Etat complet.

A ce jour, l'état est complet. Au bas, le peuple ou l'esclave ; au milieu, les maîtres, les guer-
riers-propriétaires, les citoyens ; au sommet, le
roi et les prêtres. L'histoire des nations est faite,
elle se déroulera monotone pendant les âges, sem-
blant ne subir aucun changement que ceux qu'ap-
portent les luttes constantes des nations entre
elles.

L'Histoire.

Pourtant, il n'est pas exact que l'histoire de
l'humanité ne soit que l'histoire des guerres de
races et des chutes ou des fondations d'Empires.
Les bruits les plus éclatants, les massacres les
plus épouvantables, les renommées sonores des
guerriers, n'empêchent pas que l'humanité se
fasse silencieusement sous les voiles de sang et
les monceaux de cadavres pendant qu'elle semble se défaire. En regard de l'histoire sombre des
conquérants, de Rhamsès-le-Grand, de Cambyse-
le-Cruel, d'Alexandre-Bacchus, d'Attila, le fléau
de dieu, de Gengis-Khan-le-Terrible, de Napo-
léon-l'Insatiable, une chaîne non interrompue de
penseurs, sous le nom de philosophes, poètes ou
prophètes, relèvent l'humanité qui trébuche dans
le sang, et lui montrent à chaque siècle le point
lumineux de l'avenir. L'idée croît en même temps
que la force, et quelquefois l'arrête. Les fusions

violentes des races, fondant les aptitudes diverses, créent ensuite des peuples nouveaux, plus riches d'idées que leurs aînés.

Développement intérieur des Empires.

Si l'on voulait tracer les plans parallèles du développement intérieur des Empires, on remarquerait que chaque État, à part le peuple esclave, se trouve toujours partagé entre ces trois classes : pouvoir, aristocratie, classe moyenne, et que, contre la force prédominante de l'un de ces groupes, les deux autres s'unissent, quitte à combattre entre eux pour le partage de la victoire. Jusqu'aux temps modernes, le peuple n'a pas lutté, ou du moins il n'a jeté dans la lutte qu'un appoint inconscient, et il se trouve toujours, sous tous les régimes, aussi dompté, aussi éloigné de la jouissance des biens sociaux et des libertés civiques : royauté, noblesse, bourgeoisie, ne luttant entre elles que pour la prédominance sociale et politique, c'est-à-dire pour la plus grosse part de profit dans l'exploitation de l'esclave qu'on appelle peuple.

CHAPITRE III

POSITION DE LA QUESTION POLITIQUE A LA FIN DU XIX⁰ SIÈCLE

Développement historique de l'humanité.

Il me paraîtrait désirable de pouvoir esquisser ici, sur un plan tout autre que celui de Bossuet, en suivant le double courant de la fusion ou de l'absorption des races et du progrès des idées, le développement de l'histoire universelle. Mais sans parler de l'insuffisance grande de l'auteur pour cette œuvre de longue et profonde érudition, je sens que le lecteur doit avoir hâte d'arriver aux conclusions de cette étude et que son attention ne pourrait être distraite par des prolégomènes aussi étendus. Supprimant même, avec quelque regret, l'esquisse de l'histoire du pays de France, composée comme exemple d'un développement historique particulier, je me bornerai à en résumer les traits principaux sous un petit nombre de divisions :

VUE RÉSUMÉE DU DÉVELOPPEMENT HISTORIQUE DU PAYS DE FRANCE (1)

Les six périodes de l'histoire du pays de France. — 1ʳᵉ période : Époque gauloise, 1,500 ans.

1° ÉPOQUE GAULOISE : S'étendant des âges antéhistoriques, XVI⁰ siècle avant J.-C. (?) jusqu'au milieu du Iᵉʳ siècle avant J.-C. Constitution pa-

(1) Lire les histoires de France de J. Michelet et d'Henri Martin.

triarchale de la race indigène. Excursions gauloises. État fédératif des tribus. Religion naturelle.

2ᵉ période : Époque romaine, 556 ans.

2° ÉPOQUE ROMAINE : Depuis la victoire définitive de César jusqu'à l'invasion des barbares (de 50 ans avant J.-C. à la fin du Vᵉ siècle de l'ère vulgaire). Institution de la propriété. Les servi ,le fisc, les Gallo-Romains. Le paganisme anthropomorphique se mêle au druidisme.

3° période : Époque franque, 350 ans.

3° ÉPOQUE FRANQUE : Depuis l'établissement de Clovis en Gaule jusqu'au démembrement de l'Empire de Charlemagne (495-813). Conquête franque et invasion simultanée du christianisme. Lutte du génie romain et du génie germain, se terminant par un compromis entre l'Église et le prince des Leudes. Abaissement des Gaulois et des Romains par l'invasion incessante des barbares d'Outre-Rhin. La propriété passe aux barbares, le serf de glèbe identique à l'esclave ancien. Puissance de l'Église.

4° période : Époque féodale, 640 ans.

4° ÉPOQUE FÉODALE ou moyen-âge : Depuis le démembrement romano-germanique jusqu'à la mort de Louis XI (813-1483), cette période se divisant en deux autres :

(460).

A. *Anarchie féodale.* Du milieu du IXᵉ siècle

au commencement du XIV⁰ siècle. Puissance des
seigneurs, disparition de la classe des propriétaires libres : le serf de mainmorte et de formariage
acquiert au moins une hutte et le droit d'habiter
avec sa famille. L'Eglise, violentée par les barons,
s'appuie sur Rome. Les villes revendiquent peu
à peu leurs droits. Mouvement communal. Misère des campagnes. Naissance de la royauté
française.

(180).

B. *Décadence de la féodalité.* Du commencement du XIV⁰ siècle à la fin du XV⁰. Les états généraux (1302). La royauté monte en puissance
sur les ruines de la féodalité qu'elle mine par
tous les moyens : fisc, tribunaux, armée, protège contre eux les paysans et s'attache surtout
les bourgeois. Affranchissements partiels et généraux. Transformation du servage en vilainage,
affranchissement du corps, servitude des biens,
multitude inouïe de droits. Puis la royauté devient
elle-même abusive, écrase le peuple d'impôts. Ces
deux siècles portent comme marque : misère,
sang, honte, à l'adresse de la royauté, de la noblesse et du clergé. C'est l'époque de la guerre
de cent ans, des Anglais et des grandes compagnies, des Bourguignons et des Armagnacs. Essai de révolution bourgeoise : Etienne Marcel. La
France, perdue par les hautes classes, est sau-
vée par une vierge du peuple. Réconciliation de
la bourgeoisie et de la royauté pour combattre
les seigneurs et les brigands : naissance de la
noblesse de robe. La taille et l'armée sous Charles VII. Louis XI abat la coalition des nobles,

protége les bonnes villes ; les redevances corpo-
relles de vilainage se changent en redevances pé-
cuniaires. Commencement des révoltes de paysans contre la royauté : elles n'avaient été jusqu'alors dirigées que contre les nobles.

5ᵉ période : Époque monarchique, 290 ans.

5° ÉPOQUE MONARCHIQUE (1483-1774). La monarchie française brille avec Charles VIII, Louis XII,
François Iᵉʳ, Henri II. Comme puissance rivale
du roi, les grands vassaux, souverains puissants,
tenus seulement à l'hommage, subsistent seuls.
Le développement de la monarchie tendra à leur
absorption ou à leur limitation. La renaissance
de l'esprit romain qui pénétre en France à la
suite des guerres d'Italie, porte le dernier coup
à l'esprit féodal et asseoit complétement le pouvoir
royal. Sous Louis XII le pauvre peuple respire
un peu. Mais François Iᵉʳ accroit les impôts en
se passant des États, la bourgeoisie commence
dès-lors à se séparer de la royauté. L'insurrec-
tion religieuse de Luther agite les consciences,
un ferment républicain traverse l'Europe ; il ne
produit en France qu'une révolte d'aristocratie
et de lettrés ; sauf quelques villes, le peuple reste
catholique, en haine des seigneurs, mais inter-
prète l'Évangile à sa façon. La ligue menace tout
pouvoir et est vraiment une protestation moins
mystique et plus sérieuse que celle de la religion
réformée. La couronne manque, un instant, de
tomber à terre, puis de couronner les Guises ou
Philippe II ; l'intrusion de l'Espagnol dans nos
affaires fait conserver à la bourgeoisie la branche
directe et nationale. Mais les guerres de religion

ont couvert la France de sang et ramené le ban-
ditisme seigneurial qu'Henri IV a peine à éteindre ; son ministre, Sully, protège les campagnes,
elles sont de nouveau dévastées par les guerres
qui précèdent l'avènement de Louis XIII. Richelieu abat la féodalité et le protestantisme, au profit du pouvoir royal, et prépare la monarchie
absolue de Louis XIV qui s'intrônisera sans peine
malgré les essais de révolte parlementaire et seigneuriale de la Fronde. Avec François I" et Charles-Quint est née la question de l'équilibre euro-
péen, chacune des nationalités différentes tendant
à ne pas se laisser absorber par une nationalité
unique. Henri II, Henri IV, Richelieu, combattent pour le maintien de cet équilibre. Louis XIV
rêve la monarchie de Charles-Quint et soulève
l'Europe contre lui : roi anti-national, anti-euro-
péen. Louis XV abaisse la France au-dedans et
au-dehors, pendant que les philosophes sapent
toutes les idées de respect pour édifier sur leurs
ruines les reconstructions de la raison.

6ᵉ période : Époque bourgeoise ? ans ?

6° ÉPOQUE BOURGEOISE (1774-19...). La Révolution française est la revendication du pouvoir
(ou, si vous voulez, du droit de vivre libres et de
jouir des biens de la terre) par la bourgeoisie,
c'est-à-dire par la classe héritière directe des anciens Gaulois maîtres du sol. Les principes philosophiques mis en avant pour pousser cette
révolution devant la brèche des privilèges, obli-
gent, certes, à concéder au peuple quelques droits ;
ces droits cependant brillent plus sur le parche-
min des Constitutions et les pages des Codes

qu'ils ne prennent effet en réalité. Par l'éducation, la richesse acquise, les positions prises déjà dans le camp ennemi, la bourgeoisie demeure le véritable souverain ayant remplacé le roi.

Les assemblées républicaines qui ferment le XVIII° siècle sont un champ de bataille entre les fractions diverses du nouveau parti vainqueur. Feuillants, Girondins, Montagnards, combattent plutôt pour telle thèse de gouvernement qu'ils ne se disputent sur le fond même de la question. Quelques représentants de la classe du peuple, des précurseurs de la période suivante, se montrent cependant : Marat, Babœuf, plus tard Blanqui.

La bourgeoisie accepte toute forme de régime qui lui promet des libertés à elle et l'espoir de s'enrichir : elle accepte, le Directoire, se réconcilierait volontiers avec les Bourbons, subit Napoléon qu'elle acclamerait si, fou furieux, il ne ruinait la France et l'Europe, presse contre son cœur le Louis-Philippe et son régime taré, maugrée et conspire contre une seconde république, s'endort joyeux dans les bras d'un second empire, se réveille, hélas! hébétée dans les désastre de 1870, est poussée par le peuple de Paris et des grandes villes dans une troisième république, s'esbaudit de joie d'avoir fusillé, exilé ou emprisonné tous les démocrates et socialistes en 1871, est surprise de les sentir toujours plus nombreux, plus puissants, se console en faisant fortune sous le régime prospère de la République définitive, peu à peu s'accoutume à ce gouvernement établi, passe insensiblement du gris au rose, du rose au cerise, du cerise au rouge, comme si les destins la poussaient à se préparer de bon goût à une abdication forcée et prochaine.

4

ESPRIT DES CONSTITUTIONS

Principes des Sociétés.

Chaque société nouvelle qui se fonde, a la prétention de reconnaître un principe nouveau, raison et base de son organisation ; ce principe, fondement de la société, étant proclamé dogme sacré, inattaquable jusqu'à ce qu'il soit violemment remplacé par un autre, source de vie plus féconde.

Le principe des premières sociétés de conquête est le droit de la Force ; Siva, Mars ou Odin président aux destinées de l'empire ou de la race. « Nous sommes forts et beaux, éloquents au conseil et braves au combat, doux à nos amis et terribles à nos ennemis, peuple chéri des dieux. » C'est l'éternel refrain des tribus victorieuses : nous sommes forts, donc nous régnons.

Dans les sociétés libres, suivant leur âge, le climat, la disposition des races, le principe est autre : nos premiers pères, les Perses saluaient le travail comme loi religieuse de l'union des hommes ; les Grecs reconnaissaient la loi fille du consentement commun, et mettaient la lance aux mains de Minerve, la sagesse de la Cité ; les Romains enfin, vainqueurs de la terre, cherchaient le droit dans les cendres du foyer et partant de l'idée des dieux lares, créaient le droit du citoyen placé au-dessous de l'empereur, au-dessus de l'esclave.

Après le droit brutal des conquérants barbares, le moyen âge, moitié barbare, moitié chrétien, fit un mélange bizarre de la religion de la force et de la religion de la charité, soumettant le faible à la protection du fort : c'est ce qu'on appela la chevalerie, principe moral du système féodal.

L'empire ou la royauté qui partout en Europe s'élève sur les ruines du système féodal, prit son droit dans les cieux chrétiens; le roi se disant représentant de Dieu sur la terre, père et pontife de ses sujets, soit que comme l'Empereur romain, il marchât l'égal du pape, soit que comme les autres rois de la chrétienté, il fut déclaré le fils aîné de l'Église (le roi de France), ou sa majesté très-catholique (le roi d'Espagne), ou sa majesté très-chrétienne (le souverain d'Autriche).

Principes de 1789.

La Révolution française vint à son tour, et « les principes de 1789 » firent peu à peu le tour du monde; ils régissent encore nos sociétés actuelles et sont aujourd'hui le fondement de tout droit.

I

Il est donc intéressant de se reporter aux origines de la Révolution et d'étudier la formation et le développement historiques de ces principes.

Les théories philosophiques du XVIIIᵉ siècle, firent, nous l'avons vu, le mouvement de 1789, elles se marquèrent dans la *Déclaration des droits de l'homme et du citoyen* dont je transcris ici les principaux articles.

Liberté, Égalité.

« Les hommes naissent libres et égaux en droits. Les distinctions sociales ne peuvent être fondées que sur l'utilité commune.

Le but de toute association politique est la conservation des droits naturels et imprescriptibles de l'homme. Ces droits sont : La liberté, la propriété, la sûreté, la résistance à l'oppression.

Souveraineté de la Nation.

Le principe de toute souveraineté réside essentiellement dans la nation. Nul corps, nul individu ne peut exercer d'autorité qui n'en émane expressément.

La loi est l'expression de la volonté générale. Tous les citoyens ont droit de concourir personnellement par leurs représentants à sa formation. »

La liberté est un mot, nous l'avons prouvé suffisamment. *L'égalité civile*, et la *souveraineté de la Nation.* Voilà les deux principes découverts : l'égalité civile, c'est-à-dire la fusion définitive des races et des classes, l'égalité de tous devant la loi et l'impôt (je ne dis pas la proportionnalité devant l'impôt), la liberté de conscience, l'admissibilité aux emplois publics des gens instruits et riches, fussent-ils de basse extraction ; la souveraineté de la Nation, c'est-à-dire le règne des assemblées parlementaires et des ministres responsables devant elles, le roi déchu de sa souveraineté de droit divin n'étant plus que le mandataire de la Nation, les représentants devenant les véritables souverains.

Égalité civile.

L'égalité civile était simplement le redressement des torts de la conquête, principe juste s'il en fût, prélude de l'égalité politique instituée en 1793, puis en 1848, prélude de l'égalité sociale encore à venir.

Souveraineté de la Nation.

Quand à la souveraineté de la Nation, c'était un autre droit divin substitué à celui existant, une conception différente du souverain, une théorie du prince à plusieurs têtes, nullement un principe vrai, réformateur des injustices du passé. Faisant contre fortune bon cœur, les rois s'accomodent de cette souveraineté multiple rivale de la leur, et s'intitulent gaiement : Monarque par la grâce de Dieu et la volonté nationale ; l'intrigue ayant bien vite raison de leurs centaines de rivaux.

La Nation est souveraine, en effet, mais en masse ; nul corps, nul individu ne peut exercer une souveraineté quelconque dans sa sphère naturelle ; il s'ensuit que personne en particulier n'a conquis plus de droits : de fait, quelques centaines d'individus sont sacrés législateurs par le vote secret de quelques millions d'autres. Là est la formule de la bourgeoisie, les hautes têtes du Tiers-État, j'entends les gens de robe, de fortune, d'instruction, de position, se sentant désignés d'avance aux suffrages de leurs concitoyens, crient de tous leurs poumons, sans penser mentir « Nous sommes souverains. »

La base du droit social est si peu changée que es droits individuels sont, quoiqu'il en semble, mal protégés : je ne rappelerais pas les bris de resse et les poursuites dont Marat fut victime, omme journaliste, de la part du vertueux Bailly t du sage Lafayette ; je citerai seulement la

déclaration des droits : La libre communication
des pensées et des opinions, dit-elle, est un des
droits les plus précieux de l'homme : tout citoyen
peut donc parler, écrire, imprimer librement,
*sauf à répondre de l'abus de cette liberté dans
les cas déterminés par la loi.* Et la loi détermine des cas politiques où il y a abus de pensée.
Quelle sanction peut être donnée à la *résistance
à l'oppression ?* La *sûreté* est affaire hélas, bien
plus à la constitution sociale qu'aux lois et aux
gendarmes, et fait une singulière figure à côté
de la *propriété individuelle*, fruit de la conquête,
garantie sans limitation.

Constitution de 1791.

La constitution de 1791, élaboration perfec-
tionnée des principes de 1789, ne fait que con-
firmer et accentuer les mêmes tendances : le roi,
le pouvoir exécutif, a le choix des ministres et
des commandants d'armée, et le droit de véto
aux décrets de l'Assemblée pendant quatre ans.
— Le pouvoir législatif, le premier pouvoir de
la Nation, est confié à une assemblée unique de
745 membres inviolables, renouvelée tous les
deux ans, par l'élection; cette Assemblée vote
l'impôt, le répartit, décide sur la proposition du
roi, de la paix ou de la guerre, discute les actes
de l'administration et surveille les agents du
pouvoir.

Les citoyens, d'après la définition constitution-
nelle, sont seulement les Français âgés de 25
ans, domiciliés depuis un an dans le canton,
inscrits sur les registres de la garde nationale et
payant une contribution directe de la valeur de

trois journées de travail. Eux seuls forment les assemblées primaires et nomment les *électeurs*. Les électeurs, pris pour un centième dans les assemblées primaires, doivent posséder un revenu équivalant à la valeur locale de 150 journées de travail dans les campagnes et de 200 dans les villes. Ce sont eux qui élisent les députés et leurs suppléants.

Ainsi apparait, à l'origine du règne de la bourgeoisie, le cens à deux degrés. La monarchie de droit divin s'était montrée plus égalitaire dans son décret de convocation des états généraux : elle n'avait exclu que les serfs, les domestiques et les salariés ; la bourgeoisie, non contente d'adjoindre à ces classes exclues, les petits artisans, les vieillards et les infirmes ne reconnaissait encore le droit d'élection directe qu'aux riches propriétaires, aux grands négociants ou aux gros fermiers. Ce n'est pas tout : Depuis que Mirabeau avait ridiculisé la tyrannie des cahiers, les députés se crurent dispensés d'emporter avec eux les vœux de leurs commettants. Qu'en était-il besoin d'ailleurs du moment que les députés, par leur position sociale, résumaient en leurs personnes, toute intelligence et tous droits ? Les cahiers des paysans et petits commerçants avaient donné la charte de la révolution ; il n'était pas besoin de leurs vœux de réformes, maintenant qu'il s'agissait non plus de marcher en avant, mais de conserver et d'arrêter les conquêtes faites.

Les mêmes dispositions s'appliquent au département et à la commune, des règles spéciales, mais calquées sur les mêmes principes, présidèrent aux élections des corps des juges, des

officiers de la garde nationale et des présidents
de compagnies.

Constitution de 1793.

Sous l'empire de la pression populaire, la
Convention établit, dans la constitution de 1793,
le suffrage universel en déclarant que tous les
français âgés de 21 ans, sans distinction de rang
ni de fortune, sont citoyens et membres du souverain ; elle va même plus loin, elle donne le
droit à l'étranger habitant sur le sol de devenir
citoyen français moyennant certaines conditions,
entre autre celle-ci : adopter un enfant, nourrir un
vieillard. — L'élection doit fournir un député
par 50,000 âmes. Les décrets de l'assemblée,
soumis à la sanction des électeurs, n'ont force
de loi qu'après avoir été adoptés, dans un certain délai, par les assemblées primaires. Tous
les ans, le premier jour de mai, ces assemblées
primaires se forment de droit et sans convocation
pour renouveler la députation.

Le suffrage n'est conservé à deux degrés que
pour l'élection du pouvoir exécutif, composé de
24 membres renouvelables chaque année par
moitié, et choisis par le corps législatif sur une
liste de candidats dressée par les assemblées primaires.

Certes, cette constitution qui ne fut jamais
appliquée, semblerait encore un désideratum
hardi au bout de quatre-vingts ans. C'est celle
qui proclame, la première, le droit au travail et
à l'assistance, qui définit la propriété « le fruit
du travail, » et limite ses droits par cet article :
« Les secours publics sont une dette sacrée. La

Société doit la subsistance aux citoyens malheureux, soit en leur procurant du travail, soit en assurant les moyens d'exister à ceux qui sont hors d'état de travailler. »

Constitution de l'an III.

Tout cela resta lettre morte; la Convention thermidorienne — autrement dit le parti bourgeois, vainqueur du parti populaire — rétablit le cens et le suffrage à deux degrés dans sa Constitution de l'an III. La qualité de citoyen n'appartient plus qu'à tout homme né et résidant en France, âgé de vingt-un ans accomplis, inscrit sur le registre civique de son canton (cette inscription nécessitait la preuve de savoir lire et écrire), ayant demeuré pendant une année sur le territoire de la République et payant une contribution directe, foncière ou personnelle. Les électeurs, pris pour un deux-centième parmi les citoyens, doivent avoir vingt-cinq ans accomplis, et posséder un bien d'un revenu égal à la valeur locale de 150 ou de 200 journées de travail, suivant qu'ils possèdent dans une commune au-dessous ou au-dessus de 6,000 habitants.

Le pouvoir législatif est confié à deux conseils : celui des Cinq-Cents, chargé de la confection des lois où l'on n'est admis qu'à trente ans accomplis, et celui des Anciens, chargé de sanctionner ou de rejeter les décrets du premier conseil, dont on ne peut être membre qu'à quarante ans. « Les membres des deux conseils, dit la Constitution, ne sont pas représentants du département qui les a nommés, mais de la nation entière, et il ne peut leur être donné aucun mandat. « Le pouvoir exécutif est confié à cinq directeurs nommés par les Anciens sur une liste dressée par les Cinq-Cents.

C'est le retour à la Constitution de 1791, moins le Roi, mais aggravée du système des deux Chambres, et des limites d'âge exigées pour l'entrée dans ces Chambres. Ainsi, pendant que la Constitution de 1793 ne reconnaissait comme lois de la nation que les décrets de l'Assemblée sanctionnés par les Assemblées du peuple, les Constitutions bourgeoises de 1791 et 1795 instituaient au contraire, au-dessus de la nation, des députés souverains, irresponsables, forts de leur seul génie individuel, ne relevant que de leur conscience ou de leurs intérêts, — choisis par les plus riches propriétaires du pays qui étaient eux-mêmes sacrés électeurs par les gens aisés, domiciliés, ayant reçu une première instruction.

Croit-on que le peuple dût se sentir ainsi représenté, et la bourgeoisie ne le rejetait-elle pas plus bas que ne l'avait fait la Royauté? Avait-il donc tort, ce peuple dont l'énergie révolutionnaire et les sacrifices héroïques avaient sauvé la France, de se précipiter sur cette Assemblée girondine qui lui volait sa part légitime de butin dans la Révolution, et de lui crier : « Du pain et la Constitution de 93 ». Que pouvait devenir une République ainsi dirigée, si ce n'est de tomber après la dictature des assassins royalistes et l'inepte gouvernement du Directoire, sous la botte du premier général venu ?

Constitution de l'an VIII.

Le coup d'État du 18 brumaire dota la France de la Constitution de l'an VIII. Un pouvoir exé-

cutif unique, malgré l'adjonction de deux conseils
à voix consultative, ramenait un Roi sous le titre
de Premier Consul. Quant au suffrage de la nation,
il était ainsi émasculé. Les cinq millions de Français jouissant de leurs droits politiques choisissaient un dixième d'entre eux (liste des notabilités communales), qui à leur tour choisissaient
le dixième d'entre eux (liste des notabilités départementales); et ces derniers enfin, prenant
encore un dixième dans leur sein, formaient la
liste des notabilités nationales. Le Premier Consul élisait alors, en prenant des noms dans chacune de ces listes : 1° les conseils municipaux,
les maires, sous-préfets et juges de première ins-
tance; 2° les conseils généraux, préfets et juges
d'appel ; 3° les conseillers d'État et ministres. Un
Sénat conservateur, choisi au début par les consuls, devait être recruté dans la liste des notabilités nationales; c'est lui qui élisait, dans cette
même liste, le Corps législatif muet, le tribunal
discutant les lois contradictoirement avec le Conseil d'État, et enfin la Cour de cassation.

Il semblera à tout le monde que Louis XIV
eût pu fort bien s'accommoder de ces élections à
trois degrés, corrigées par le choix du pouvoir
ou celui du Sénat nommé à l'origine par le pouvoir. Le nouveau monarque cherchait à tempérer
l'ardeur d'une opposition possible par des élections répétées aboutissant en dernier ressort à
son propre choix, mais à l'encontre des assemblées bourgeoises, n'établissait pas les exclusions
sur le degré de fortune. Quoique les résultats ne
dussent pas être très-différents de l'élection basée
sur le cens à deux degrés ou de l'élection quadruple sans le cens, les riches propriétaires étant

seuls en vue dans l'un et l'autre cas, l'opposition des principes est évidente ; la bourgeoisie entend gouverner avec le concours des seuls gros propriétaires, Napoléon entend gouverner seul, éloignant aussi bien la bourgeoisie que le peuple, et n'acceptant que le concours des capacités spéciales. On peut prévoir que la bourgeoisie, qui acclame Napoléon comme le restaurateur de l'ordre, lui deviendra peu à peu hostile, tandis que le peuple, séduit par cette apparente égalité dans la servitude et trompé par le prestige militaire, lui sera fidèle comme au continuateur de la révolution armée.

Sénatus-consulte organique de l'an XII.

Le 7 février 1800 (18 pluviose an VIII), la Constitution fut votée par 3,011,007 suffrages contre 1,562. Deux sénatus-consultes, suivis de plébiscites, donnèrent à Napoléon le consulat à vie puis le titre d'empereur. Le 18 mai 1804, un autre sénatus-consulte proclama l'Empire héréditaire, acclamé par 3,572,329 suffrages contre 2,569. Le Sénatus-consulte organique de l'an XII incrusta, en quelque sorte, les principes monarchiques ; à côté du Sénat conservateur, les notabilités devinrent des collèges électoraux à vie, nommant directement les conseils électifs jusqu'au Corps législatif, nommant les fonctionnaires ; une nouvelle noblesse fut créée : ducs et princes, les grand dignitaires, comtes, les sénateurs, ministres, conseillers d'Etat et présidents du Corps législatif, barons, les présidents des cours de cassation, des comptes et d'appels, ainsi que les présidents des collèges électoraux et les maires des trente-sept

bonnes villes ; l'institution des majorats donna à
cette noblesse une terre-fief, transmissible, avec le
titre, à l'aîné de la famille.

Restauration, 1814-1824. — Louis-Philippe, 1830-1848.

Je passe, pour abréger, sur la charte de 1814,
l'acte additionnel des Cent-Jours, les lois électorales de 1817 et de 1820 qui, en établissant un
cens très-élevé, transformaient le parlement en
cour de nobles et gros propriétaires, sur la loi
orléaniste de 1831 qui élargissait les capacités
électorales, simplement en admettant 200,000 citoyens actifs *au lieu* de 10 à 12 mille comme sous
la Restauration ; 200,000 sur 8 millions (32 millions d'habitants) : quand Necker, 42 ans plus
tôt, en pleine monarchie de droit divin, convo-
quait 6 millions de citoyens au suffrage sur une
population de 25 millions d'habitants.

Deuxième République. — Suffrage universel. — Scrutin de liste.

La deuxième République devait rétablir le suffrage universel dans son intégrité, la Constitution
de 48 n'exigeant pour seules conditions de capa-
bilité électorale que l'âge de 21 ans et six mois de
domicile. Mais on conservait l'errement monarchique de faire nommer plusieurs députés par le
même électeur (scrutin de liste par département).
La multiplicité des délégués avait une raison
d'être avec l'existence des cahiers, chacun d'eux
s'appropriant la défense d'une partie des vœux et

5

l'appuyant de ses connaissances spéciales; elle
se comprenait encore avec le suffrage des castes,
les députés multiples n'étant en ce cas que les
représentants nuancés d'une même opinion. Mais
avec le suffrage universel secret, sans constitution
d'assemblées primaires, le scrutin de liste devenait simplement une satisfaction donnée à l'esprit
de bascule parlementaire, un étouffement des
votes du peuple, une négation même du droit de
suffrage. Chaque unité du souverain, en effet, se
choisissait une représentation multiple que le
résultat du vote venait disloquer et remplacer par
un panachement de noms représentant les opinions les plus disparates; les grosses personnalités incolores seules surnageaient de cette noyade
de votes.

Deux pouvoirs rivaux.

750 membres, ainsi nommés, composaient une
assemblée unique, souveraine par conséquent,
n'ayant aucune rivalité au-dessus d'elle, aucun
mandat impératif d'en bas; comme seul contre-
poids opposé à elle, le président élu directement
par le peuple; deux pouvoirs rivaux sur le même
plan, provenant de la même élection du souverain, sans arbitre entre eux! Il était clair que la
bourgeoisie se trouvant fatalement représentée
par les 750 membres de l'assemblée, le peuple,
lui, ne trouverait sa personnification que dans le
président, incarnation vivante des suffrages com-
binés de la multitude.

Nulle comparaison à essayer, de ce fait, avec
la constitution américaine: la France ne possédant alors ni États indépendants avec leurs législatures locales, ni Sénat composé des représen-

tants des États et exerçant sa souveraineté au-
dessus de celle du président, contre l'assemblée
fatalement imbue de préjugés de castes, le peuple devait tourner ses espérances vers le président, et être disposé à lui reconnaître une autorité
suprématie : la fortune d'un aventurier doté du
prestige d'un grand nom, la ruine du parlementarisme par le peuple, l'élévation d'un second
empire, tout cela se trouvait en germe dans la
constitution de 1848.

Loi de mai 1850. — Constitution du second Empire.

Passons sur la loi réactionnaire du 31 mai
1850 et sur les constitutions du bas Empire, l'une
ramenant le pays au-delà de 89, les autres inau-
gurant un suffrage universel faussé par les can-
didatures officielles et le terrorisme gouvernemental, et créant un système parlementaire sans
sanction.

La troisième République. — Constitution de 1875.

La Constitution de 1875 a rétabli le suffrage
universel pur, et le système parlementaire effectif.
Les députés sont élus pour quatre ans, au scrutin
d'arrondissement, à raison de un par 100,000
habitants. — Tout mandat impératif est nul et
de nul effet. — Les militaires en activité de service ne peuvent exercer leurs droits électoraux.
Voilà une représentation bien médiate ! Et les 535
députés ont certes raison de ne point s'intituler
représentants du peuple. — Les 300 membres du
Sénat sont choisis, pour 225, par un scrutin de
liste au second degré, dans chaque département,

75 autres étant nommés à vie par le Sénat lui-
même.

Le président de la République est élu par le
Sénat et la Chambre des députés réunis en congrès. — Cette disposition lui constitue en quelque
sorte une inamovibilité pendant ses sept ans
d'exercice. Sur l'avis conforme du Sénat, il peut
dissoudre la Chambre des députés, à condition de
faire procéder, dans le délai de trois mois, à de
nouvelles élections.

Les deux Chambres se réunissent de droit le
second mardi de janvier, et doivent avoir au
moins cinq mois de session chaque année.

Ensemble de dispositions sages et de créations
empiriques dictées par la peur, cette Constitution
peut heureusement être révisée.

Principe du Gouvernement de la Bourgeoisie.

Conclusions : — Si l'on examine les esprits des
huit ou dix Constitutions qui ont régi successivement les Français depuis la chute de la Royauté
de droit divin, on s'aperçoit que la bourgeoisie
n'a pu graver sur la pierre du temps aucun principe de son gouvernement, et en est réduite à vivre
d'expédients : la souveraineté des assemblées devient un dogme ridicule devant les coups d'État
du Directoire, le 18 brumaire, les révolutions de
1830 et de 1848, le 2 décembre 1851, la révolution
du 4 septembre 1870, le ministère du 16 mai
1877 ; les assemblées ne sont souveraines que
jusqu'au jour où on les jette à la porte. Le suffrage universel, tel est le principe des sociétés
modernes, crient quelques-uns, sans s'apercevoir
que l'on n'a pu se mettre encore d'accord ni sur

l'étendue de ses droits, ni sur son fonctionnement, car chaque régime apporte sa nouvelle loi électorale.

Cependant « le parti de l'ordre » vit et règne véritablement depuis la révolution ; quelle est sa raison d'être, quelle est la force qui le retient au gouvernement? sa mobilité de conviction, son titre de parti libéral, sa facilité à accepter tel ou tel régime qui sauvegarde ses intérêts, tout nous indique ce principe de vie, contraire à celui qui préside aux débuts des premières sociétés ; c'est l'HYPOCRISIE érigée en système. Le parlementage coquet et éloquent cachant les mesures les plus draconiennes ; les vengeances sanglantes voilées sous le manteau de la légalité ; les traditions des despotes conservées comme bases indispensables de gouvernements soi-disant libéraux ; les alliances officielles avec la religion qu'on ne pratique pas soi-même ; les vertueux semblants de régénération morale du peuple ; la proclamation des libertés nécessaires de l'individu et de la presse, rognées seulement par l'état de siége, les cautionnements et les suspensions ; les promesses faites et jamais tenues ; le pardon, cette vertu des forts de cœur et de corps demeurant une vertu inconnue, voilà bien le système de gouvernement bourgeois fidèlement conservé depuis les Feuillants de 89 jusqu'aux centriers de 1871 ; ayant pour seul mobile l'intérêt de la caste, pour seule force : l'hypocrisie traîtresse de Judas (1).

(1) Écrit en 1871. — Notre parlement nous a donné depuis le spectacle des Chambres de Louis-Philippe : peu de réformes, beaucoup de discours ; fusions, craquements et réfections des groupes parlementaires ; changements ministériels et sous-ministériels à vue (1880).

Conclusion.

Nul régime pharisaïque ne peut durer longtemps sous peine de décomposition de la société.
Si le peuple ne trouve pas son programme, si à
force de sagesse, de moralité et de dévouement,
il ne se rend pas digne bientôt de gouverner à son
tour, c'en est fait de la France, c'en est fait de
l'Europe : la mort lente et horrible de la gangrène
les attend jusqu'à ce que vienne balayer cette
gangrène une invasion de barbares de la Haute-
Asie, ramenant les meurtres, les dévastations et
les esclavages de la grande invasion du V° siècle (1). — Mais les temps montrent une lueur
d'espoir qui peut grandir, grandir et couvrir
notre monde occidental. Bientôt peut-être le peuple se constituera et sans effort violent (2).

II

Régime Constitutionnel.

Jetons un regard rapide sur les constitutions de
l'Europe où tous les pays, (sauf la Turquie et la
Russie qu'on pourrait comprendre dans les contrées d'Asie), subissent aujourd'hui le règne de
la bourgeoisie.

Partout le pouvoir exécutif du souverain est
limité par la responsabilité des ministres de la
couronne, et le pouvoir législatif à une ou deux
Chambres qui votent les impôts et leur répartition, peuvent mettre en accusation et renverser
les ministres ; partout, liberté de la presse, sauf
citation devant le jury ou les magistrats pour

(1) Écrit en 1872.
(2) Écrit en 1880.

attaques au gouvernement et diffamation des particuliers.

Suffrage en Europe.

Le cens subsiste comme base d'élection en Angleterre, en Belgique, en Hollande, en Portugal, en Espagne, en Italie, en Autriche et dans l'Allemagne du Sud. Ce suffrage universel s'exerce directement en France, Suisse, Grèce et Roumanie ; à deux degrés en Suède, Danemark, Prusse et Allemagne du Nord. Le droit de réunion est consacré dans les pays suivants : Angleterre, Belgique, Hollande, Danemark, Prusse, Suisse et Portugal. La Prusse, la Hollande, la Suède-Norwège, le Danemark, la Suisse, l'Italie depuis 1875, l'Angleterre en partie depuis 1870, sont, de plus, dotés de l'instruction obligatoire.

L'Angleterre.

L'histoire de l'Angleterre est l'histoire de la liberté reconquise à travers les âges par une race d'anciens hommes libres de sang teutonique contre le principe despotique importé par la conquête normande. Cent cinquante ans seulement après cette invasion apparaissait la grande charte des libertés arrachée au roi Jean (19 juin 1215) par les barons et les évêques. La forte race gothique de la Frise et du Jutland qui a fait le fond de l'Anglais, avait écrasé le Celte indigène aussi bien que le Gallo-Romain un instant son maître, et absorbait peu à peu ses conquérants les Français-Normands. Barons et évêques ne régnèrent pas, à proprement parler, sur une classe de serfs comme en Gaule, mais sur des colons à la façon de ceux qui existaient à la fin de l'Empire. Simon de Montfort, comte de Leicester, transforma le grand conseil des barons en chambre représentative. Dès le premier Parlement, outre les nobles, les clercs et les laïques formant la Chambre haute, deux chevaliers par comté et deux bourgeois par principale ville, formèrent la Chambre des communes (1265) ; ceci devint, en 1295, constitution du royaume. Dès 1322, le Parlement posait comme axiome que toute loi, affectant la couronne ou bien le royaume et le peuple, doit être discutée, votée et décrétée dans le Parlement par le roi, par et avec le consentement des prélats, comtes, barons et représentants du royaume. Ce n'est pas que le Parlement ne fut complice avec les rois dans l'essai de refaire serfs et paysans pauvres, et la révolte des paysans d'Angleterre du XIVᵉ siècle fut précédée par les statuts royaux des Journaliers (1351-53) et les subsides par capitation notés par le Parlement de 1378. Mais c'est l'histoire de toute nation : les paysans ne peuvent s'affranchir qu'après leurs aînés, les bourgeois. Les bourgeois d'Angleterre prouvèrent leur pouvoir en 1399 en prononçant la déposition formelle de Richard II, après sa renonciation forcée à la couronne, et en prenant en mains la direction des affaires pendant la minorité d'Henri VI. Sous les Tudors, il est vrai, après les guerres des deux Roses, qui avaient décimé la haute noblesse, le Parlement faiblit et s'efface devant le roi. Henri VIII est le Louis XIV d'Angleterre : lui-même cependant réunit des Parlements pour leur demander des subsides, reconnaissant ici le fondement de tout leur pouvoir. Sous la grande Élisabeth même, le Parlement affirme ses idées inattaquables et son droit de contrôle. Viennent les Stuarts avec leurs folies et leurs prétentions despotiques, le Parlement, poussé par le parti populaire et l'armée puritaine, osera envoyer un roi à l'échafaud (exécution de Charles Ier, 30 janvier 1649), un siècle et demi avant la Révolution française.

Le peu de liberté dont jouit le pays pendant le gouvernement républicain, poussa les bourgeois, après de nouvelles folies des Stuarts restaurés, à rendre en quelque sorte la monarchie élective. La déclaration des droits du 13 février 1689, acceptée par Guillaume d'Orange et Marie d'Angleterre, non-seulement augmenta les pouvoirs du Parlement et limita les prérogatives royales, en fait, elle montrait que la nation (noblesse et bourgeois) prenait le droit d'offrir la couronne sous condition d'une charte jurée, droit qu'elle exerça en 1701 par l'acte de succession qui écartait les héritiers directs de la couronne, tous catholiques, et appelait au trône après Anne, sans enfants, la branche de l'électrice douairière de Hanovre, petite-fille de Jacques Ier.

La bourgeoisie anglaise est, depuis lors, maitresse presque souveraine. Malgré leurs énormes possessions territoriales (provenant surtout des confiscations des terres d'église par Henri VIII), les nobles ont vu constamment leur pouvoir et leur influence battus en brèche par les marchands des riches cités, devenus les négociants et banquiers du monde connu, depuis l'établissement du pouvoir colonial et maritime de la Grande-Bretagne, à partir d'Elisabeth. La chambre des lords s'efface devant la chambre des communes.

Et le peuple véritable, que devient-il ? Il a mar-

ché patiemment derrière ses frères aînés et les
oblige, de temps à autre, à lui accorder des ex-
tensions de droits politiques et sociaux. Le progrès se fait lentement, mais, mis en avant par les
philosophes, soutenu par la presse et surtout les
réunions publiques, de droit dans ce pays libre,
il arrive à son heure. Les chartistes de 1839 de-
mandaient le suffrage universel, le vote au scrutin secret, les Parlements annuels, des districts
électoraux d'égale importance numérique, oint
de qualification censitaire pour les députés et leur
paiement. Aujourd'hui, le suffrage universel
existe, à peu de chose près, dans les bourgs, et
le même système existera demain dans les com-
tés, le scrutin secret est la loi, des actes de réforme
successifs font disparaître les bourgs pourris et
créent des circonscriptions nouvelles, des ouvriers
sont élus au Parlement, et les Chambres sont dis-
soutes presque au commandement de l'opinion
publique. De plus, des lois limitent les heures de
la journée de travail de l'ouvrier, surveillent l'emploi de la femme et de l'enfant, donnent l'après-
midi du samedi et quatre jours fériés par an,
outre les dimanches, à la population travailleuse.
La propriété féodale subsistante est attaquée et
restreinte ; bientôt, peut-on dire, des lois favori-
seront le bris des héritages terriens et assureront
au fermier sa quote-part dans l'amélioration de
la terre.

L'intérêt, bien entendu, dicte ici sa conduite au
bourgeois et au noble ; ils cèdent lorsque la résistance deviendrait dangereuse à leur existence. Et
le jour où une révolution sociale s'annoncera
comme inéluctable, on verra la transformation
s'accomplir par contrats en due forme, garantis-

sant les intérêts viagers des privilégiés. Le présent réservé, l'avenir aura à s'arranger de son mieux sur de nouvelles bases. Peuple jeune encore, l'Angleterre a assez de vie en elle pour se transformer sur son sol indigène, tout en colonisant des empires sur la face de la terre.

Irlande.

Que dire de l'Irlande ? Ce malheureux pays, divisé contre lui-même, épuisé de misère, dégradé de pauvreté et de superstition par suite des conquêtes impitoyables de l'Angleterre, conquête inachevée de Henri II (1169), conquête d'Henri VIII et d'Elisabeth, se terminant par la confiscation de l'Ulster, au profit de colons anglais et écossais (1588 - 1610), répression sanglante de Cromwell (1649), tyrannie pesante des Orangistes après les victoires de Guillaume III (1691), n'a de salut ouvert que dans une transformation de son système propriétaire, jointe à une instruction obligatoire répandue largement et promptement. En ce siècle, l'Anglais a commencé à lui distribuer une justice mesurée ; il faudrait qu'il se hâtât de lui donner en succession toute justice possible, car l'Irlande est prête à la révolution sous deux formes : la révolution agraire et la reconquête de son indépendance. Celle-ci seule ne procurerait point celle-là bien plus importante, mais serait le signal d'une guerre de classes à classes et de pays à pays. La première, changée en réforme pacifique et progressive, peut éviter la perte de l'île-sœur au royaume-uni, en tout cas créerait un peuple de ce qui n'est que factions rivales ou ennemies.

Portugal.

Le Portugal (1826-1852) jouit d'une constitution analogue à celle de l'Angleterre : Chambre des pairs héréditaire nommée par le roi, Chambre des députés, élue pour quatre ans par des électeurs payant 6 francs d'impôt foncier. Ce petit royaume, qui ne fait guère de commerce qu'avec l'Angleterre, paraît être régi par des Chambres suivant les errements des Chambres bourgeoises pures : bavardage et corruption ; les finances sont dans un état peu prospère et les travaux publics fort lents. Le peuple, endormi par l'influence des prêtres catholiques, n'apparaît point.

Belgique.

La Belgique fut faite indépendante en 1830 par les efforts révolutionnaires des ouvriers de Bruxelles, organisés par l'héroïque Pletinkse, la bourgeoisie seule profita de la victoire. La Constitution de la Belgique (1831) donne l'élection aux citoyens payant 42 fr. 32 c. de contributions directes et âgés de vingt-cinq ans ; un député par 40,000 électeurs ; renouvellement partiel des Chambres aussi bien que des Assemblées provinciales et communales.

Le peuple des grandes villes n'ayant pas voix délibérative au gouvernement est obligé d'avoir recours aux manifestations publiques, réunions et processions pour manifester ses sentiments ; le peuple des campagnes flamandes soumis docilement au clergé, accepte sa pauvreté comme un don du ciel, tandis que le peuple Wallon des mines, essaie en vain de faire apporter quelque

allégement à sa misère. Libéraux et catholiques
sont d'accord pour étouffer ses revendications sous
la fusillade et la prison.

Hollande.

En Hollande, la constitution de 1848 reconnaît
les États-Généraux, composés de la Chambre
haute, renouvelable par tiers tous les trois ans,
dont les membres sont élus par les conseils provinciaux, et de la chambre basse renouvelable
par moitié tous les deux ans, dont les membres
sont élus directement par des électeurs censitaires; le cens varie de 20 à 60 florins d'impôts
directs (42 fr. 40 c. à 127 fr. 20) suivant les lieux;
la limite d'âge est fixée à 23 ans. Le roi a le droit
de s'opposer aux lois votées.

Les colonies, le bénéfice d'un commerce inter-
océanique rendent riche et satisfaite cette population de marchands, qui songent volontiers aux
réformes d'administration, mais non à l'accession
du peuple aux droits politiques et aux jouissances sociales.

Italie.

L'Italie, créée par la diplomatie de Cavour, l'enseignement de Mazzini et l'héroïsme de Garibaldi,
est régie par le statut Piémontais de 1848 étendu
successivement à tout le royaume. Deux Chambres: le Sénat nommé par le roi, la Chambre des
députés élue pour cinq ans par le suffrage restreint; pour être électeur, il faut avoir 25 ans
d'âge, savoir lire et écrire, et payer un cens assez
élevé, créant 600,000 électeurs. Le peuple italien,

endormi par le catholicisme et l'ignorance, deux
sœurs jumelles, se laisse docilement gouverner
par les doctrinaires-libéraux parmi lesquels les
radicaux - doctrinaires semblent pires que les
constitutionnels de la droite. Quand l'industrie
aura absorbé en cette terre fertile les métiers
solitaires par la constitution de grandes manufactures, la domination dure d'un côté et le sentiment de révolte de l'autre complèteront l'harmonie du système parlementaire. La misère aujour-
d'hui est déjà grande, et le fisc y semble aussi dur
que l'ancien fisc des empereurs. Dans tous ces
pays le peuple semble libre, il est encore serf.

Pays de liberté et du suffrage censitaire.

L'ouvrier est pour les patrons une force qu'il
faut entretenir en aussi bon état que possible,
dont il est même utile de développer les aptitudes
spéciales, mais qu'on doit laisser sans l'intérêt
même de la production à son infériorité de position de vie. Droits de l'individu, de presse, de
réunion, de pétition, tout cela n'est rien sans le
suffrage, tout cela n'est rien sans la possession
de la terre; l'ouvrier n'a aucun moyen légal de
faire entendre sa voix et de développer publique-
mant ses revendications; si on l'écoute quelquefois, nulle chance que les législateurs, de caste
ennemie, obtempèrent à ses vœux. Libertés
constitutionnelles avec exclusion de vote, bouffon-
ne hypocrisie.

Espagne.

Un autre pays latin, l'Espagne est dans une
situation encore plus arriérée que celle de l'Italie :

même constitution à fort peu de chose près, mêmes franchises municipales, plus grande absence d'industrie, instruction à peu près nulle. Le manque d'un roi constitutionnel a failli amener l'avènement de la République, et la position d'Alphonse XII aujourd'hui n'est rien moins que stable. D'après la Constitution de 1837 succédant à la Constitution de 1812 calquée sur celle française de 1791); le pouvoir législatif appartient à deux chambres, le Sénat et le congrès qui, réunis, forment les cortès; des membres du Sénat sont choisis par le souverain sur une liste de trois candidats présentés par chaque province; les membres de la Chambre des députés sont élus par des électeurs censitaires dans la proportion de un par 50,000 citoyens. L'Espagne a prouvé en 1873 qu'elle n'était pas mûre pour la République. Une révolution doit être faite dans les esprits de la majorité d'une nation avant de pouvoir s'accomplir sur la place publique.

Autriche.

L'empire d'Autriche (1860-1867) est actuellement un empire fédéral fondé sur le dualisme de la Hongrie (pays transleithans) et de l'Autriche (pays cisleithans); chacun de ces royaumes a sa diète spéciale et son ministère responsable; chaque province a également ses diètes provinciales : diète de Gallicie, de Croatie, de Carniole, de Bohême, etc. Au-dessus de ces divers pouvoirs locaux, le Reichsrath de l'empire formé des deux diètes provinciales et ayant devant lui le conseil impérial comme ministère de la couronne, traite des intérêts généraux des pays unis. Malgré le

bon vouloir du descendant des Hapsbourg, les
contrées unies ne peuvent trouver leur équilibre
constitutionnel, et les ministères successifs n'arrivent à gouverner qu'au moyen de la corruption
électorale. L'on peut prévoir par les oppositions
des pays non hongrois ou autrichiens que le dualisme se changera forcément en une fédération
libre d'autant d'Etats que la monarchie autri-
chienne comprend de nationalités : Galicie, Autriche, Bohème, Hongrie, Transylvanie, Bosnie
et Herzégovine, Croatie, Dalmatie, Illyrie et Is-
trie, Tyrol. Alors s'établira vraiment dans chacun
de ces états le régime bourgeois ou le régime
populaire ; nous n'assistons en ce moment qu'à
une lutte de nationalité.

Pays catholiques.

En Espagne, Portugal et Autriche comme hier
encore en France, le catholicisme a la puissance
de mettre souvent arrêt aux manifestations de la
pensée, et d'imposer aux assemblées ou aux gouvernements ses doctrines de direction despotique:
il accapare, en tous cas, l'éducation de la plus
grande partie de l'enfance, qu'il façonne à la soumission obéissante.

Prusse et Allemagne du Nord.

Si l'Autriche se morcelle, l'Allemagne s'unit
sous le sceptre impérial du roi de Prusse. La
Prusse proprement dite possède, depuis 1850,
une Chambre des Seigneurs mi-partie héréditaire, mi-partie nommée à vie par le roi, et une
Chambre des députés élue pour trois ans par le

suffrage universel à deux degrés ; 24 ans d'âge
et six mois de domicile sont les seules conditions
d'électorat. Liberté de la presse et droit de réunion sont de droit écrit ; en fait, le puissant chan-
celier y met ordre à la façon napoléonienne. Le
service militaire et l'instruction sont obligatoires
pour tous. Ces conditions ont été étendues à l'Allemagne du nord annexée après 1866.

Le Reischtag de l'Empire allemand (1871), est
formé des délégués de la Chambre prussienne et
des délégués des Chambres des autres pays alle-
mands nord et sud, sauf l'Autriche, depuis 1871.
L'empire allemand gémit sous le poids de son
service militaire écrasant, le commerce languit,
la bourgeoisie se trouve comprimée entre les nobles favorisés par le militarisme, et le peuple
socialiste, que Bismarck rêve d'aider par une
organisation d'Etat.

Allemagne du sud.

La Bavière, le Wurtemberg, le Grand-Duché
de Bade jouissent du gouvernement représentatif
censitaire. Ces pays d'influence catholique ont
essayé en vain de secouer le joug de Rome et de
constituer une église nationale. Satellite de la
Prusse, ils en suivront les fortunes.

Grèce, Roumanie, Serbie.

La Grèce, la Roumanie et la Serbie ont aussi
leurs monarchies constitutionnelles sous des dy-
nasties nouvelles nées de révolutions nationales.
Le problème social, espérons-le, ne se posera pas
à l'état aigu chez ces jeunes populations qui man-

quent non-seulement d'air autour d'elles, mais
surtout de bras pour se développer et venir à maturité de nation.

Pays scandinave.

En Danemark (1849) règne le suffrage universel, moyennant les conditions de 30 ans d'âge et
d'un an de domicile. Le pouvoir législatif est confié au Rigsdag composé de deux Chambres élues
à deux degrés : la Chambre du peuple composée
de 101 membres est élue pour trois ans; la chambre du pays composée de 52 membres élus pour
8 ans, est renouvelable par moitié tous les quatre ans.

La diète de Suède (1809-1815) ne se réunit que
tous les trois ans; elle comprend quatre Chambres
correspondant aux quatre ordres de la nation : noblesse, clergé, bourgeois, paysans : la première
chambre composée par l'hérédité, la deuxième
renfermant, outre les prélats, un certain nombre
de prêtres élus par le clergé; la troisième élue
à un ou deux degrés par les villes suivant leur
importance; la quatrième élue à deux degrés par
les campagnes.— Les Etats-Généraux ont une
cession de trois mois; chaque ordre délibère et
vote séparément : l'assentiment de trois ordres est
nécessaire pour le vote des lois, l'unanimité des
quatre ordres pour la réforme de la constitution.
Le roi partage le pouvoir exécutif avec un conseil d'Etat composé de dix membres responsable. Heureux pays comparativement. La conquête
n'a pas passé par là.

Suisse.

La Suisse, dont l'indépendance politique et la constitution républicaine datent du commencement du XIV° siècle, est une confédération de vingt-cinq cantons à gouvernement autonome. La diète est composée du Conseil national (128 membres), nommé pour trois ans par le suffrage universel avec la seule condition électorale de vingt ans d'âge, et du Conseil des Etats (50 membres), nommé à deux degrés, chaque canton élisant deux députés pour cinq ans. La diète, outre le pouvoir législatif dont elle jouit sans partage, nomme pour trois ans le Conseil fédéral, composé de sept membres, chargés du pouvoir exécutif. Ces sept membres se partagent les départements ministériels, et élisent pour un an leurs président et vice-président.

Malgré cette constitution républicaine, malgré l'autonomie des pouvoirs locaux, il y a malaise social en Suisse, comme partout ailleurs ; la bourgeoisie industrielle et capitaliste écrasant de son usure le reste du peuple. Les gouvernants appartiennent, là aussi, aux classes dirigeantes : avocats, industriels, souvent honteusement tarés. M. Formerost, ancien président de la Confédération, puis président d'une société financière d'escroquerie, le *Crédit Foncier suisse,* est aujourd'hui sous les verroux, à Paris, du chef de ses agissements dans cette dernière Société (1873). Sous un voile démocratique, la Suisse est véritablement une oligarchie bourgeoise. Qu'importe au progrès qu'on augmente ou qu'on diminue les attributions du pouvoir central ? Tyrans locaux et tyrans fédéraux se valent.

Etats - Unis.

Trouverons-nous le modèle d'une Constitution harmonique par delà de l'Atlantique, dans la République des Etats-Unis ? Quelque mieux sans doute, mais pas encore la perfection. Comme la Suisse, les Etats-Unis (1776) ne sont qu'une confédération d'Etats jouissant chacun de lois, de budget et d'administration particulière. Le Congrès se compose de deux Chambres : celle des représentants, élue par le suffrage universel et direct (chaque Etat nomme un député par 70,800 habitants) ; celle du Sénat, nommée par les législatures des Etats (les trente-huit Etats choisissent chacun deux sénateurs). Le président, chef du pouvoir exécutif, est élu par le suffrage du peuple s'exerçant à deux degrés; nommé pour quatre ans, il est rééligible. Outre la représentation extérieure de l'union américaine et la nomination des fonctionnaires, le président exerce un contrôle sur le législatif, non par la suspension ou la dissolution des Chambres comme dans nos monarchies d'Europe, mais par son droit de *veto* et ses messages au Congrès. D'autre part, la sanction du Congrès est nécessaire à la plupart des actes du président, de sorte que les deux pouvoirs se contiennent mutuellement. Malgré ce bel équilibre politique, malgré même l'abolition de l'esclavage, obtenu par la terrible guerre de sécession (1861-65), les Etats-Unis doivent renouveler leurs institutions sous peine de rouler dans la fange des vieilles sociétés. En aucun pays du monde, le triomphe de l'argent ne s'étale aussi despotiquement; la véritable production est délaissée pour la spéculation agioteuse et les jeux

de Bourse, d'où, si profit énorme pour quelques-
uns, élévation croissante du prix de toutes choses
pour les autres. L'union américaine ne se sauve
de la plaie du paupérisme que par ses concessions
de territoires nouveaux, mais, depuis cent ans,
sa population a décuplé ; le jour est prochain où
les territoires entiers seront envahis et défrichés,
et les derniers Indiens dépossédés ; alors, si le
culte du dieu Dollar a persisté, à quelle terrible
exploitation sociale et à quelle révolution effrayante l'Europe n'assistera-t-elle pas surprise,
car tout revêt, dans ce pays, un caractère immense : les fleurs, les forêts, les territoires, aussi
les inventions et les travaux, et aussi, hélas ! les
luttes des hommes !

CHAPITRE IV

POSITION DE LA QUESTION SOCIALE
A LA FIN DU XIX· SIÈCLE

Différents Etats de la conquête européenne.

Nous avons vu les sociétés humaines, parties
de l'état de paix initial, se transformer par la conquête en des sociétés tout autrement constituées.
L'invasion des barbares a institué, dans toute
l'Europe, des empires divers de coutumes et de
mœurs, mais semblables par la hiérarchie des
classes. Les Germains, sous le nom de Francs,
Bourguignons, Lombards, Suèves, ont été les
maîtres de la Gaule, de l'Italie du nord, de l'Allemagne centrale et septentrionale. Les Scandina-

ves, sous le nom de Saxons, Ostrogoths, Visigoths, Normands, Russes ou Varègues, ont dominé dans l'Angleterre, l'Italie, l'Espagne, la Suède, le Danemark et la Russie. Quelques contrées ont subi deux ou trois dominations successives : ainsi l'Italie, soumise aux Ostrogoths, puis aux Lombards; ainsi l'Espagne, conquise par les Romains, puis par les Visigoths et enfin par les Arabes; ainsi la Gaule passant du joug des Romains à celui des Burgondes, des Visigoths et des Francs; ainsi la Grande-Bretagne envahie d'abord par les Saxons - Danois, puis par les Normands du royaume de France. D'autres pays n'ont éprouvé que des incursions temporaires, et sont restés occupés, pendant des siècles, par la même race : ainsi la Pologne, la Serbie et la Moravie (Slaves), la Bohême (Tchèques), la Croatie (Croates), la Hongrie (Huns - Finois), les pays germains de l'Allemagne : Saxe, Franconie, Souabe, Thuringe, etc. (1).

L'esclave.

Mais partout, quel que soit le maître, nous voyons surgir l'esclave, et cet esclave, c'est l'ancien possesseur de la terre, le premier occupant ou le cultivateur par choix, le travailleur de la nature, le véritable propriétaire enfin, si propriété est droit.

Marche des classes.

Partout aussi, la royauté apparait à l'origine de la conquête, voulant régir, pour son seul avan-

_____

(1) Voyez sur ce sujet : Koch, *tableau des révolutions.*

tage, les pays conquis, entraînée par suite à lutter
contre les nobles, ses égaux de la veille. Partout
également, entre les nobles et le roi, les maitres
de par la gloire, et les esclaves, serfs de par le
travail de la terre, s'élève peu à peu une classe
moyenne, composée de gens de négoce, d'habitants des villes, qui trace sourdement son avéne-
ment au pouvoir sur la destruction des priviléges
des nobles et la limitation de l'autorité royale.

France.

En France, c'est le Gaulois indigène qui est le
serf; le Romain, l'homme de la première conquête, donne naissance à la bourgeoisie; le Franc
plane sur le tout jusqu'au jour où la royauté,
appuyée sur la bourgeoisie, tient la noblesse en
échec, puis la soumet; enfin, la bourgeoisie asseoit sa prépondérance par une révolution heureuse, dont les principes font non-seulement le
tour de l'Europe, mais même celui des deux
Amériques. L'idée cependant marche toujours, et
les idéologues préparent un autre avenir.

Angleterre.

En Angleterre, l'esclave, c'est le Breton indigène; l'Anglo-Saxon, vainqueur, devient à son
tour soumis aux Normands de la seconde conquête, mais constitue bien vite une classe intermédiaire par sa fusion avec les hommes libres
de la race normande, race sœur de la sienne. La
royauté est trop abaissée par la coalition des
nobles et des prélats, qui s'adjoignent volontairement les communes, et leur victoire du XIIIe siè-

cle se résout au XVII° siècle par les révolutions bourgeoises de 1642 et 1688 ; du XVII° au XIX° siècle, les lords et prélats voient enfin leur puissance s'éclipser devant celle des députés des communes. Comme en France, les philosophes véritables préparent, par leurs travaux et leur enseignement, l'avènement futur du peuple.

Espagne.

En Espagne, les Ibères primitifs forment les serfs ; les Goths - Romains constituent, sous le règne des Sarrazins, la classe moyenne, puis sous les rois catholiques ressaisissent la suprématie nobiliaire, pendant que le peuple s'élève en entier au rang de classe moyenne ; mais le pouvoir absolu que s'arrogent les rois au nom de la religion, les emplois héréditaires, les investitures de terres et dons de gouvernement, inséparables de ce pouvoir absolu, rétablissent des distinctions tranchées, c'est-à-dire l'abaissement des paysans sous les classes des marchands et des nobles. Le XIX° siècle voit enfin se consommer la révolution bourgeoise aux dates de 1812, 1837, 1868, 1874. Plus de lumières, et la lueur de République, entrevue en 1873, se rallumera brillante.

Italie.

En Italie, les Romains, autrefois vainqueurs du monde, deviennent les serfs des barbares ; non les Romains pourtant, les Italiens et Latins cultivateurs ; les Goths - Romains forment la classe moyenne, les Lombards étant les nobles. Pendant le moyen-âge, la bourgeoisie, cantonnée dans des villes industrieuses, conserve une puissance demi-souveraine, malgré les excursions allemandes ou normandes ; les Républiques oligarchiques, gouvernées par des comtes, doges ou podestats, distinguent elles-mêmes leurs citoyens en gens de hauts métiers *(artes majores)* et gens de bas métiers *(artes minores)* ; le « peuple maigre » des villes constitue donc, avec les paysans, le peuple serf soumis au « peuple gras ». L'absence d'un véritable souverain, l'empereur ou le pape, ayant pouvoir purement nominal, permet à l'Italie de n'être pas absorbée complètement par la conquête ; elle sort, au XIX⁰ siècle, de la domination allemande et étrangère, pour fonder son unité nationale sous le sceptre constitutionnel du roi de Piémont et Sardaigne (1859-1870). L'Italie se débarrasse peu à peu des liens du catholicisme, et s'adonne en même temps aux hautes études sociales ; l'instruction se répand, le peuple point.

Allemagne.

En Allemagne, ce sont ou les races primitives (sud), ou les colons de la race conquérante elle-même (nord) qui ont constitué le bas peuple. Les nobles luttent longtemps avec succès contre l'empereur, et la féodalité n'est vraiment défaite qu'après les promenades triomphales de Napoléon Iᵉʳ. La réforme religieuse profite aux nobles et aux souverains, non aux paysans, dont les revendications sont étouffées dans les massacres des XVᵉ et XVIᵉ siècles. Quant à la bourgeoisie, elle naît comme toujours dans les villes par le commerce, et les bourgeois des villes henséatiques, des villes libres, des villes d'évêques ou de comtes, savent

6

so faire respecter des barons féodaux : la féodalité
renversée, la bourgeoisie fait triompher, dans
tous les pays germains, le système constitutionnel, après avoir même failli constituer l'unité cons-
titutionnelle allemande au Parlement de Francfort
(1848); elle existe aujourd'hui sous un empire
militaire. Mais qui sait ce que la fin du siècle
tient en réserve dans ce pays profondément philosophique, et où le socialisme est déjà si puissant ?

Suède.

En Suède, pays non remué par les invasions, les
paysans, quoique toujours la dernière classe du
pays, ont su se faire reconnaître des droits à
côté des droits de la bourgeoisie et de ceux de la
noblesse dès un temps immémorial ; leur entrée
aux États date de la fin du XVᵉ siècle. Le pouvoir royal a toujours été contre-balancé par la
puissance des États, dont l'origine était aussi ancienne que la sienne ; et en 1720 il fut même
réduit aux limites constitutionnelles les plus
étroites : pour se venger des nobles et prélats ins-
tigateurs de cette constitution, la royauté abolit
tous les priviléges nobiliaires en reprenant aux
États son pouvoir de gouvernement par les coups
d'État de 1772 et de 1789. La Révolution française
trouvait donc la révolution faite en Suède contre
les nobles et contre le souverain, et la bourgeoisie jouissant concurremment avec les paysans des
droits politiques. La question sociale semble ici
à moitié résolue, les principes ne devront pas
avoir grande conquête à faire pour s'accommoder
aux faits existants.

Russie.

En Russie, les serfs, formés par la race slave, n'ont été affranchis que dans la seconde moitié de notre siècle (1864); la nation était divisée depuis sa formation en boyards, bourgeois et paysans. Depuis Pierre-le-Grand, les nobles ont dû se courber sous la puissance du tzar, et si le système parlementaire n'est pas encore né, les bourgeois ont néanmoins voix consultative dans les conseils du souverain. Les paysans ont propriété commune dans leur mir (commune), mais aucun pouvoir politique, en revanche, tout pouvoir administratif et judiciaire est déjà démocratisé, et la Révolution, pour être complète, n'attend qu'une organisation politique rationnelle.

L'Église chrétienne.

Dans toute l'Europe, l'église chrétienne s'est établie par l'appui armé du pouvoir intérieur ou de la propagande extérieure, et, recrutée d'abord dans la classe moyenne, puis dans la classe noble, a constitué bientôt une caste particulière, représentant à l'origine de la civilisation romaine et ensuite des idées théocratiques. L'autorité de l'église, bienfaisante contre l'esprit de cruauté barbare, s'est peu à peu changée en esprit d'inquisition et de domination absolue, se posant comme autorité rivale de celle des rois. Sous ce rapport, il serait curieux de suivre l'histoire intérieure du christianisme: partie de l'égalité des prêtres entre eux comme représentants au même titre des apôtres, et de l'élection des prêtres par les fidèles, citoyens de la communion nouvelle, l'église catholique est arrivée à la hiérarchie du

haut et du bas clergé, à la suprématie du pape, à
la prédominance des prêtres sur les chrétiens;
dans le dogme, elle débute trois cents ans après
la mort du Christ par le saluer Dieu adéquat au
Dieu père (concile de Nicée), puis déclare l'Esprit
Saint une troisième manifestation de Dieu ; in-
vente à la fin du moyen-âge la religion de la
Vierge, proclame, dans notre siècle, les dogmes
de l'Immaculée Conception, puis crée les saints et
les Notre-Dame multiples, et arrive enfin à l'in-
faillibilité du pape représentant de Dieu sur la
terre. Dans les pays de réforme protestante, la
religion chrétienne a d'abord fait alliance avec
l'esprit humain, l'esprit d'examen et de critique,
pour se séparer aujourd'hui en deux écoles : l'une
de foi aveugle aux dogmes consacrés et aux formes spéciales prescrites dans sa nationalité ;
l'autre d'indépendance de la foi individuelle. La
première secte tombera avec le système qui la
soutient, l'autre s'épanouira en congrégations
d'amis harmoniques confondus dans l'état libre.

Le grand pays de schisme grec, la Russie, con-
fond, comme la Turquie mahométane, le pouvoir
religieux avec le pouvoir monarchique, et au-dessus du patriarche reconnaît l'Empereur de Russie
comme le pape de sa foi. Les autres pays de
schisme grec sont à vrai dire des églises nationales protestantes, comme l'est l'église anglicane:
l'avenir est le même pour leurs cultes. Que conclure de ces faits? sinon que la lutte contre l'esprit du passé n'a plus pour objectif la royauté ou
les nobles aujourd'hui à terre, mais l'Église aux
prétentions immuables, qui veut tracer leur limite aux flots débordants de la pensée humaine, et
la bourgeoisie, qui s'intitule l'ordre matériel.

L'Église succombera sous la science moderne;
malgré ses affirmations orgueilleuses, elle s'effon-
dre chaque jour. Qu'on lui ôte l'appui de la puissance séculière, et elle disparaîtra bientôt comme
force dirigeante.

Dans les contrées protestantes, l'Église n'est
plus une force, mais une affiliation de bonne
compagnie.

La bourgeoisie-caste.

Le grand ennemi qui demeure devant les revendications des misérables et des opprimés, c'est
la bourgeoisie-caste, abritant sous son aile l'É-
glise malade, la noblesse agonisante, le fonctionnarisme gouvernemental et l'usure du négoce.
Pendant que la misère du peuple, du propriétaire
indigène restait fixe d'âge en âge, les habitants
des villes se sont émancipés, ont pris force et
finalement ont fondé partout ce régime constitutionnel ou parlementaire qu'on peut appeler le
système du gouvernement bourgeois. Négociants,
industriels, banquiers, propriétaires, gros fonctionnaires, ils constituent véritablement aujour-
d'hui une nouvelle féodalité, la féodalité banco-
industrielle.

D'où provient cette différence ? Est-ce supériorité d'aptitudes, droit quelconque de force, de
savoir ou d'intelligence ? Nullement, c'est le fruit
d'une fatalité historique.

L'homme, qui a commercé ou qui a fait une
industrie, s'est trouvé affranchi par la vie en
commun entre de bonnes murailles, des exactions
des nobles et de l'esclavage direct. Commerçant
et fabriquant toujours, instruisant ses fils avec

l'aide des clercs, toujours amassant son pécule —
argent et son pécule — savoir, la bourgeoisie a
bientôt détenu seule l'argent, le signe de toutes richesses ; elle a pu alors ruiner la noblesse et
égorger la royauté, et, ayant renversé ses maîtres,
se rendre à son tour possesseur du sol (1). De ce
sol maintenant, elle ne veut bouger, plus que
ceux qui le détenaient avant elle.

Le Paysan.

Le malheureux, au contraire, attaché à la
terre, notre nourrice à tous, qui arrache de son
sein à force de sueur et de fatigues le blé nourrisseur de l'humanité, qui fait pousser la vigne
et engraisser les bœufs, — celui-là toujours
honni, conspué, maltraité, pillé, n'a jamais vu
son sort s'améliorer. Il est isolé, en butte à toutes les tyrannies ; l'histoire marche, les vainqueurs se succèdent ; lui reste enchaîné à son
sillon, et ne fait que changer de maître : hier, le
seigneur ou l'abbé, aujourd'hui l'anglais, demain
le roi, après-demain un nouveau maître ; le bourgeois, touchant sous le nom de propriétaire les
loyers annuels, et augmentant, par récompense
des améliorations introduites, le fermage à chaque bail, ou sous le nom de prêteur, exigeant
de gros intérêts fixes d'une somme d'argent qu'il

(1) Les nobles et l'Église, en maintes contrées, sont en
apparence plus gros propriétaires que la classe moyenne ;
mais celle-ci est véritablement leur seigneur par la richesse
mobilière ; les chemins de fer, c'est-à-dire les routes, les
fonds d'État, c'est-à-dire l'hypothèque du sol entier du pays,
les valeurs des sociétés de banque, c'est-à-dire l'hypothèque des industries, des terres et des maisons, sont entre ses mains.

ne sait faire valoir lui-même, et expropriant en
fin de compte le paysan par droit de sa créance
hypothécaire.

Le Bourgeois a des alliés.

Le bourgeois marche avec le pouvoir dominant
— le roi ici, les seigneurs là-bas, — dogue tantôt le léchant, tantôt lui arrachant des concessions, mais suivant toujours la voie tracée dans
sa pensée : à l'intelligence, pense-t-il, doit revenir la force ; à l'argent, doit revenir la terre.

Le paysan n'a que des ennemis.

L'autre n'a pour soutien ni les nobles qui l'é-
trillent et le rançonnent d'importance comme
leur chose, ni l'Église qui ne voit en lui que la
forme du péché, le satan composé de tous les
vices et de toutes les laideurs, ni la Royauté à
qui son aide ne peut profiter, ni la bourgeoisie
qui l'abandonne tout haut comme [trop sauvage
et trop compromettant, mais qui pense surtout
à part elle qu'il faut toujours en bas des misérables pour faire le labeur commun, et que c'est aux
intelligents à s'élever au-dessus de cette foule.
Celui-là est seul, seul. Il est seul comme groupe,
il est seul comme individu. Point de beffroi
autour duquel il puisse se réunir, point d'hôtel
de ville, point de maison commune. Les parsou-
niers (communiers ruraux) ne constituent qu'une
association de travail sans liaison avec les autres
associations, sans ressources, sans l'ombre d'un
pouvoir politique : ce sont couples de bœufs atte-
lés à même charrue, non frères conjurés en-

semble. Que de serfs isolés, du reste, et n'ayant
même pas cette consolation d'un joug commun!
Dans les champs vastes, sillonnés à l'horizon de
donjons élevés aux ombres fantastiques, bordés
d'arbres servant de gibets, les villages mornes
sommeillent, accablés sous le poids du travail
journalier; le couvre-feu et le guet du seigneur
empêchent tout réveil. Le jour à l'ouvrage, sous
l'œil de l'intendant, la nuit au sommeil; — pour
se rencontrer, les paysans doivent aller en forêt;
toute la terre n'est-elle pas au donjon ou au mo-
nastère? Abruti de misère et de honte, le peuple
ne peut bouger, il ne peut davantage s'instruire;
le progrès de sa pensée lui est défendu.

Persistance de l'état de conquête.

Aussi, sauf quelques mutations individuelles,
reconnaîtrez-vous, en examinant la France de
Louis XVI, le Celte aborigène dans le paysan
attaché au sol comme serf, fermier ou manou-
vrier, le Gallo-Romain dans le franc-bourgeois
de la Cité, bailli, intendant, échevin, juge,
avocat, ou commerçant, industriel, banquier,
propriétaire; le Franc dans le noble de châtelle-
nie, le gouverneur de province, le fonctionnaire
royal, le serviteur de cour. — Aujourd'hui
encore, après quatre-vingt-dix ans de boulever-
sements politiques, en mettant de côté les parvenus qui se sont élevés et ont formé caste nou
velle, vous voyez réapparaître les anciennes familles nobiliaires avec leur prestige de nom et
de fortune, tandis que les petits-fils des serfs ou
des paysans de 89 continuent à vivre misérables
sur le coin de terre où habitaient leurs aïeux.

La Révolution française fut donc seulement, comme l'ont montré les chapitres précédents, l'avènement de la bourgeoisie. Pendant que les ouvriers des villes pouvaient, plus que jamais, en l'absence de corporations fermées, s'émanciper individuellement par l'industrie et le commerce, les paysans, tombés sous le joug des bourgeois enrichis, plus rapaces que les intendants des seigneurs, eurent moins de chances encore d'arriver à la propriété du sol. Leur conquête de la terre ne s'étendit point de ce fait. Il est de mode d'affirmer que la Révolution a donné le sol aux paysans ; profonde erreur (1). Qui pouvait profiter de la vente des biens nationaux, sinon les commerçants enrichis, les banquiers spéculateurs, les propriétaires bourgeois ? Les prolétaires campagnards n'ont pu acheter, faute d'argent, pendant la période des assignats ; si, plus tard, à force de labeur et d'économies, affranchis des lourdes redevances nobiliaires, ils ont fait venir à eux quelques parcelles de ces biens, ils sont restés — tant pour ces parcelles que pour celles acquises avant la Révolution — propriétaires bien précaires, achetant argent sonnant, et à plein prix, parfois obligés d'emprunter, battus en brèche par l'impôt, la concurrence de la grande propriété et l'intérêt usuraire.

Les domaines ecclésiastiques et les biens des émigrés sont venus simplement augmenter la fortune de la bourgeoisie. Et ce propriétaire du sol, plus avare encore que les anciens, laisse peu de

---

(1) Depuis 1789, le nombre des propriétaires ne s'est accru que proportionnellement à l'accroissement de la population. « La vente des biens nationaux n'a développé que la propriété moyenne. » (Taine.)

place au développement rival de la propriété pay-
sanne ; mieux que les droits seigneuriaux, la
puissance du capital limite l'avènement du quatrième ordre.

Révolution industrielle.

Quelque temps après la Révolution, les découvertes scientifiques modifient l'état de la question : l'invention de la chimie, la création de la
machine à vapeur, les perfectionnements de la
mécanique, changent du tout au tout les conditions de l'industrie. L'introduction des machines
amène la division du travail ; on ne demande plus
à l'ouvrier la science pratique, l'intelligence du
métier, il suffit qu'il sache conduire la machine
et soit, à sa suite, infatigable travailleur. Les
ouvriers sont dès lors réduits à l'état de manœuvres, bons à tout comme forces, incapables d'un
seul métier comme savoir complet. La bourgeoisie industrielle est fondée : l'ouvrier n'est plus
une individualité avec laquelle on compte, mais
est passé troupeau ; il est inféodé à la machine.

Économie politique bourgeoise.

La bourgeoisie a alors trouvé sa formule scientifique : « A chacun selon sa capacité et selon
ses œuvres », dit le réformateur Saint - Simon.
« Hiérarchie industrielle », expose comme système
de l'avenir son disciple, le philosophe A. Comte.
Comme sous la monarchie, comme sous la féodalité, la terre et le paysan sont dédaignés et
mis à l'écart : le gouvernement du monde appartient aux gens des villes, gros propriétaires

ou riches banquiers, aux directeurs d'usines, aux ingénieurs, aux princes de la science. « La richesse est signe d'intelligence, la misère marque d'infériorité. » Pourquoi s'occuper du sort du manœuvre ? son *utilité générale* est si restreinte ! Entourez de soins, au contraire, et couronnez de fleurs le directeur aux vastes idées, aux conceptions grandioses.

L'agiotage de Law emplit de nouveau l'Angleterre et la France et déborde sur l'Europe et l'Amérique. Mines, raffineries, banques, compagnies industrielles, chemins de fer, naissent à l'envi, sous forme de sociétés par actions, et ruinent les entreprises privées concurrentes : la séquelle des Juifs et des Saint-Simoniens, des nobles et des fonctionnaires, profite de cet engouement aux dépens des intérêts des pays ; des richesses colossales s'élèvent sur les ruines des épargnes particulières. La période du commerce honnête est finie ; lui succède la période capitaliste, c'est-à-dire la période de sophistification, de vol, de mensonge, d'accaparement, d'étranglement des petits. Le Tiers-État, en prenant place au pouvoir, a pris les vices du pouvoir : la corruption et l'hypocrisie.

Conséquences ouvrières.

Les ouvriers ont en vain fait des émeutes contre cette introduction des machines amenant à sa suite la division du travail et l'abaissement des salaires, la science économique bourgeoise leur a prouvé que plus les patrons produisaient, plus la richesse générale augmentait, et plus les pauvres, par conséquent, devenaient riches ; que quant au déplacement particulier produit par l'introduction des machines, il n'était que temporaire, et que les ouvriers renvoyés retrouveraient bientôt leur place dans les ateliers nouveaux par suite de l'augmentation de production. Les ouvriers se sont laissé convaincre et ont admis le service des machines sous la main des maîtres. La conséquence a été la diminution constante des salaires, l'accession des étrangers, des femmes et des enfants dans les manufactures, pour tout dire, d'un seul mot, la misère se faisant une horrible concurrence, et les âges et les sexes courant se précipiter sous l'aveugle rouleau de fer de l'industrie.

L'Ouvrier-Machine.

L'ouvrier des mines, usines et manufactures est descendu plus bas que le paysan, plus bas que le serf de la glèbe, plus bas même que l'esclave antique; car celui-ci avait, du moins, le pain de chaque jour et la hutte du soir assurée; règlements rigoureux, amendes odieuses, surveillance géôlière, tout le courbe sous la férule du maître, et s'il tente de se coaliser, les gendarmes ou l'armée accourent surveiller cette révolte, prêts à faire feu à la moindre marque d'hostilité. Seule en Europe, l'Angleterre reconnaît le droit de coalition, et permet franchement aux ouvriers d'élever le prix de la main-d'œuvre par les grèves, s'ils ne peuvent y contraindre le capital. Aussi l'ouvrier y est-il plus aisé que partout ailleurs. Les paysans journaliers sont cependant encore dans une situation voisine du servage; mais l'association des laboureurs se forme, et soutenue par les autres associations ouvrières, prendra bientôt, elle aussi, sa place au soleil. L'explication de cette tendance générale des industriels et propriétaires anglais à céder aux demandes de leurs salariés, c'est que l'Angleterre a le monde entier pour tributaire de son industrie. Seul, l'ouvrier-artiste, qui a su conserver son métier à l'abri des machines, de la division du travail et de la direction d'un ingénieur (le serrurier-forgeur, le ciseleur, l'horloger, le peintre-décorateur, le tailleur et le cordonnier sur mesure, etc.) est resté homme, tout prêt à l'émancipation ; les autres (mineurs, fondeurs, raffineurs, mécaniciens, maçons, menuisiers, ouvriers de confection, etc.) sont tombés à l'état d'esclaves enrégimentés.

Les Employés.

Les grandes entreprises industrielles, mines, chemins de fer, entrepôts, ont créé, en outre, une classe d'employés, ne faisant plus partie comme autrefois de la famille du maître, mais machines à écrire, semblables aux machines à travail. L'absence d'un métier spécial ou d'une instruction spéciale a conduit à la concurrence de ces places, à l'abaissement des appointements, au service hiérarchisé et caporalisé. Au même titre que les ouvriers des usines, les employés des grandes administrations, fils de petite bourgeoisie, sont des unités sacrifiées comme corps et intelligence à la production ; ainsi un général sacrifie, sans compter, à la victoire, la vie et la santé de ses soldats.

7

Le Peuple reconstitué.

De cet accroissement de misère, de cette augmentation de la dernière classe, de cette conséquence imprévue de la révolution de 89 et 92, doit sortir le véritable affranchissement du peuple. Le voilà bien reconstitué, ce peuple, tel qu'il était au jour de la première conquête : colons et artisans peuvent se donner la main; ils souffrent les mêmes maux et ont les mêmes tyrans à combattre.

Le Peuple vient des Champs.

N'est-ce pas des campagnes d'ailleurs que sortent ces pauvres servants de l'industrie? Les fils de bourgeois, par droit de naissance, deviennent ingénieurs, directeurs, patrons et propriétaires comme leur père, ouvriers et petits employés ne se recrutent que parmi le peuple ou la petite bourgeoisie, classe supérieure du peuple. Cependant la misère, la guerre et les révolutions déciment les fils d'ouvriers; les champs seuls sont assez féconds pour remplir les vides. Le coin de terre est trop petit pour faire vivre tous les enfants que l'amour donne. Deux ou trois d'entre eux iront à la manufacture voisine gagner leur vie. Il faut si peu d'apprentissage! Poussés par le désir d'augmenter leur savoir et leur gain, ces paysans-ouvriers viennent ensuite aux grandes villes, s'y marient, s'y établissent et font souche pour une génération ou deux, d'ouvriers citadins.

Émersion des capacités ouvrières.

Les ouvriers-artistes sont les heureux d'entre leurs frères, ceux que leurs parents ont pu maintenir à l'école ou à l'apprentissage pendant un long temps, ou bien ceux que la bourgeoisie a favorisés d'un enseignement spécial, afin de montrer que « toute capacité peut s'élever dans la hiérarchie. » Cette faveur ne coûte guère à la bourgeoisie : les bourses sont restreintes, les capacités ne peuvent courir les rues, et ses fils, dotés de richesse et d'instruction supérieure, occupent à l'avance toutes les fonctions directrices. Au contraire, la sélection des capacités ouvrières appauvrit les forces du peuple, en constituant à côté de lui la classe des petits bourgeois, et en empêchant ainsi bien des revendications autorisées.

Absence de sens moral.

La prétention de la bourgeoisie est de régner de par le droit de l'intelligence : elle avoue ainsi que la justice lui est un sentiment inconnu. Le côté moral échappe à ces manieurs d'argent, à ces héros de chiffres. Ils ne se demandent pas si telle organisation sacrifie plus ou moins d'individus et quelle est celle qui profiterait le plus à la masse. Leur système économique se résume en cette loi : *produire beaucoup, afin de consommer beaucoup*, et ils inventent les machines, enrégimentent les ouvriers, et suppriment tout emploi inutile de l'intelligence. Ils se complaisent alors dans la vue des produits créés, et dans la satisfaction du comfort et du luxe, pendant que leurs

aides, leurs collaborateurs meurent de misère
sur leur grabat, ou de maladie à l'hôpital.

Principes Malthusiens.

Leur loi de société est donc fausse? Et peut-
être s'agit-il non de tant produire, mais de bien
répartir les produits. « Eh, non, répondent-ils,
c'est que l'ouvrier se saoûle, n'est pas économe
et fait trop d'enfants. Du reste, le paupérisme
est une loi des sociétés humaines; il faut que
chaque année un certain nombre d'individus
meure de misère. C'est pour cela que les guerres
soulagent l'humanité, et que les hommes d'Etat
intelligents font toujours décréter quelque guerre
de temps à autre. On peut songer à alléger le
paupérisme ou à lui trouver un dérivatif, mais
non à l'éteindre. » Les sociétés de secours mutuels et caisses de retraite, établies avec l'argent
des ouvriers et gérées par les patrons, semblent
le suprême remède. Ceux qui vont plus loin sont
des utopistes; ainsi cet académicien des sciences
qui proposait, sous l'Empire, l'exstinction gra-
duée du paupérisme par le jeu de l'intérêt composé, appliqué à la rentrée de subventions annuelles de l'Etat.

Protestation ouvrière.

Le paysan continue de bêcher son champ pour
le profit d'un autre, l'ouvrier des manufactures
se sent prêt à remercier les patrons de leurs bien-
faits; seul, l'ouvrier des villes crie au nom de
tous ses frères opprimés: « Votre production et

votre consommation ne se font pas dans des
conditions de justice et suivant une égale répartition de travail et de satisfaction des besoins. Qui
produit? Nous. Qui consomme? Vous. De quel
droit vous arrogez-vous, sans travail effectif, la
direction de toute la production, et de quel droit
dirigez-vous à votre guise la répartition par vos
salaires? De quel droit enfin détenez-vous la
terre, l'outillage et les produits? Et pourquoi ne
nous est-il pas permis d'arriver nous aussi à la
possession de ce capital?

La Bourgeoisie n'a plus de raison d'être.

Comme les nobles autrefois, les privilégiés du
capital haussent les épaules et traitent ces demandes de rêveries insensées, d'attaques au bon
sens, de sentiments dangereux d'envie, de folies
révolutionnaires, de libertinage d'esprit. Mais la
bourgeoisie de nos jours, pas plus que la noblesse au XVIIIe siècle, n'a une raison majeure
d'exister; quatre-vingts ans de règne ont cor-
rompu ses qualités d'ordre et d'économie, affaibli
son intelligence et son instruction, amolli son
courage, énervé sa pensée; elle n'a plus d'intelligence que pour le gain, elle est mûre pour l'abdication.

Qui existe et veut, a droit.

Que le peuple pourtant le sache bien : pour
gouverner à son tour, pour abattre le dernier
tyran, il faut qu'il s'affirme, qu'il s'élève de lui-
même et sache marcher seul. La première condition pour avoir le droit de vivre, c'est d'avoir

conscience de son existence. Qui donc, dans tous les temps et dans tous les pays, a créé les empereurs? Eux-mêmes en se posant la couronne sur la tête. Les nobles se sont faits seigneurs terriens à la pointe de leur glaive. La bourgeoisie a pris le pouvoir en posant la main sur sa sacoche, et en exigeant le contrôle des impôts, par suite l'administration du pays. Le peuple sera le maître à son tour quand il pourra dire, se regardant et se retrouvant enfin: « Je suis et je veux. »

Formation du Peuple.

Que tous les tronçons dispersés du peuple se rassemblent donc, qu'ils se cherchent, qu'ils se serrent; qu'ils forment une famille où chacun aide l'autre de ses vertus et de ses qualités spéciales. Petits commerçants, employés, ouvriers-artistes, ouvriers d'usines, paysans, appelez-vous, unissez-vous, coalisez-vous; de vos classes isolées, il vous faut constituer le peuple.

Tous ceux qui se lèvent le matin pour se courber tout le jour sous un travail manuel, qui le soir n'ont que le temps d'embrasser leur famille, en mangeant la soupe du foyer, et doivent se reposer presque aussitôt dans le sommeil des fatigues de la journée, qui recommencent le lendemain la même besogne et toute la semaine ainsi, n'ayant de libres que quelques jours dans l'année; qui ne forment d'autre souhait que celui d'amasser quelques sous pour se reposer au soir de la vieillesse et vivre tranquilles avec la femme fatiguée elle aussi de travail, pendant que les enfants recommenceront le labeur des parents, — tous ceux-là forment le peuple : quelque nom que porte leur fonction dans la société, ils peuvent se donner la main, ils sont frères par le cœur et le travail.

L'ennemi. — Le parti de l'ordre.

Ceux, au contraire, qui fuient le travail véritable sous prétexte de direction, qui prétendent à gagner pour des efforts égaux ou moindres le triple ou le centuple de ce que gagne la masse, ceux qui courent après l'oisiveté, les plaisirs ou les débauches, qui n'ont pas de famille ou la négligent pour le cercle, les cafés, les bals ; qui ne savent comment passer leurs nuits et leurs jours pour abréger leur ennui et aiguiser leurs jouissances, qui gaspillent jeunesse, esprit, force, instruction, au service de leur seul intérêt, ceux-là ne sont pas du peuple : ils constituent, au contraire, son constant ennemi : la classe des satisfaits, des repus, des ventrus, des débauchés, des immoraux, des sceptiques, qui ne peut vivre que les pieds sur une classe exploitée, mangeant en moins ce qu'eux dévorent en trop. Ce sont pourtant ceux-ci qui s'intitulent « les honnêtes gens » parce qu'ils ne volent pas, n'assassinent pas, ne se mêlent pas d'émeutes et chérissent « l'ordre » par-dessus tout.

Désunion avec la bourgeoisie caste. — Union entre les classes travailleuses.

Avec cet ennemi, point de compromis ; vainqueurs, ils se disent eux-mêmes : « la canaille ne peut s'allier aux gens bien pensants » les travailleurs victorieux diront à leur tour qu'ils ne peuvent admettre dans leur sein ces frelons inutiles. En revanche, l'union de toutes les classes travailleuses est indispensable pour mener à bien la Révolution. L'éloignement de la blouse et de la cotte, la scission entre l'ouvrier des villes et le travailleur des champs, c'est ou la démocratie vaincue par la coalition des campagnes avec la bourgeoisie, comme sous le second empire, ou le paysan vaincu avec la féodalité bourgeoise par une révolution ouvrière retombant à l'état de caste sacrifiée par tous, une seconde édition de l'histoire du Tiers-État.

Apprendre au paysan son histoire et ses droits.

Pour conquérir le paysan, pauvre possesseur précaire qui respecte ses tyrans-propriétaires, et ne craint que « les partageux », il faut aller à lui, l'instruire, lui conter son histoire, lui apprendre que lui, l'homme du sol, qui a nourri le pays pendant tant de générations, a toujours fourni des esclaves à tous les maîtres, des serfs aux nobles et aux abbés, des soldats au roi, des domestiques à la bourgeoisie, des manœuvres aux patrons des villes, sans préjudice de l'argent que tous ont prélevé sur son travail, le roi par l'impôt, le clergé par la dîme, le seigneur par les redevances, les villes par les octrois, les patrons par le salaire, les propriétaires par le fermage. Alors on peut lui demander s'il n'est pas las de supporter tant de charges, s'il n'est pas las de servir de bête de somme à toutes ces classes privilégiées qui vivent de lui. S'il veut s'affranchir et être son maître, qu'il ne consente plus à payer l'impôt sans savoir à quoi il sert et où il passe ; qu'il refuse tout don volontaire et toute dîme, qu'il se coalise avec ses frères des campagnes et avec ses frères des villes pour réclamer le gouvernement, la terre gratuite et le crédit mutuel auxquels tous ont droit; qu'il fasse enfin la Sainte-Ligue de la revendication du travail contre l'exploitation.

Ligue, coalition, union, le salut est là, les gens des villes ne se sont affranchis que par la communion, la conjuration; la faiblesse du paysan, c'est son isolement. Parqué dans son terrain comme un loup dans son bois, il ne voit personne, cause peu, travaille seul ou avec ses fils, ne peut développer ni son intelligence, ni son raisonnement par la vie en commun. Le jour à son travail, il n'a pour compagnon que le ciel et la terre, plus isolé que le marin sur la mer immense; le soir, il rentre fatigué des travaux et de la lourdeur du jour, s'enferme dans sa hutte, soupe et s'endort. A peine le dimanche voit-il ses voisins : sans intérêts communs, sans droits politiques autres que des élections éloignées, que peuvent, du reste, se dire ces hommes ? Leur conversation demeure sur les changements de temps, les caquets du village, quelquefois sur des faits politiques qui sont, pour eux, à l'état de curiosités et de légendes comme les mystères que prêche le curé. Si au lieu de parler de la France et de la Russie, du grand Napoléon et du bon Louis-Philippe, ils pouvaient parler de leurs intérêts, de leurs routes, de leurs écoles, des cultures qui conviendraient le mieux à chaque terrain de la commune, des gars qui seraient le plus propres à faire prospérer telle ou telle culture, leur intelligence aiguillonnée s'ouvrirait, se développerait et

deviendrait peu à peu apte à toutes les conceptions sociales. — L'isolement, au contraire, ne
produit dans leurs esprits qu'ignorance des choses
de la vie et méfiance des hommes.

Associations agricoles.

Il faudrait rappeler au paysan que ses pères
n'ont échappé en partie aux misères affreuses du
moyen-âge que par l'association : les communautés agricoles seules ont pu se faire respecter
et vivre à peu près libres dans ces temps trou-
blés. Pendant que les serfs isolés mourraient accablés, battus, pillés, traqués, sans faire souche,
les parsonniers se développaient en face du seigneur, faisant respecter leurs droits acquis par
l'union du nombre, protégés dans leurs familles
par la communauté, héritant des biens de leurs
pères, grâce à la possession générale qui se per-
pétuait et pouvait même s'agrandir par le droit
d'hérédité conféré à la Communauté. — Ce sont
les parsonniers qui ont créé en face de la féodalité
terrienne les associations héréditaires de serfs et
qui ont donné naissance, après l'affranchissement, à beaucoup de propriétés individuelles de
vilains et aux communes rurales appuyées sur
des biens communaux : pâtures, bois, etc. S'ils
avaient existé plus généralement les parsonniers
eussent institué le Quart-état, l'ordre des campagnes, et auraient pu envoyer aux États-Généraux non seulement des vœux, mais des représentants de leur ordre; et des cahiers de bail-
lages n'auraient pas eu besoin de proposer en
1789 d'établir l'ordre des campagnes, — ce

qu'avait déjà demandé le philsopoho Diderot, (1)
à l'instar de ce qui existait en Suède.

Histoire du parsonnage.

Le travail des parsonniers, commencé sous la
protection de l'église et à l'ombre des moutiers,
a été silencieux comme celui de l'araignée ; de là
communauté monachale, les réunions de cultivateurs ont passé à l'association coopérative,
puis à l'appropriation individuelle, bien souvent
aussi, cette toile ainsi tissée à tant de peine, a
été brisée par les guerres et les révoltes. Du
XVe siècle, époque où a commencé l'affranchissement général, jusqu'au XVIIIe siècle, combien
de communautés ont été détruites par la misère,
l'abandon, la mort, les droits d'expropriation du
seigneur en cas de cessation de redevance ou
d'aliénation, combien peu ont survécu ! On n'en
trouve plus que quelques rares exemples dans
la France de Louis XVI ; la monarchie des
Louis XIII, XIV et XV par l'impôt, le développement de la bourgeoisie par la concurrence de
l'argent, le droit coutumier par la dispersion des
héritages, ont tué ces communautés. C'est ainsi
que les campagnes arrivèrent à la Révolution
sans représentation spéciale, et que leurs revendications traduites, par les hommes du tiers-
ordre où les curés ne demandèrent que la suppression des droits seigneuriaux et l'établissement de l'égalité civile.

Conséquence sociale de la Révolution.

Le Code civil de la Révolution, qui maintint et
généralisa le partage des biens entre les enfants,

(1) Correspondance de Grimm et Diderot.

porta un aussi rude coup à la propriété parsonnière qu'à la propriété féodale; cette forme de
posséder fut définitivement abandonnée. Les
derniers biens communaux restèrent ce qu'ils
étaient devenus sous la monarchie : une propriété
commune aux habitants, mais leur permettant
toute propriété particulière, une espèce de terre
des pauvres, un pacage banal comprenant seulement ce qui n'avait pu être vendu et aliéné, ce
qui n'était pas appropriable par nature. Les
paysans affranchis restèrent propriétaires de leurs
terres, mais sans pouvoir prétendre les conserver
dans leurs familles, la division des propriétés par
l'héritage, et les droits de succession et de mutation perçus par l'état venant à chaque mort
dissoudre cette propriété formée à grand'peine.

Division de la propriété.

La petite propriété individuelle a remplacé au·
jourd'hui définitivement la propriété communale.
Les paysans d'un même lieu ne forment plus,
comme au moyen-âge, une Société universelle de
biens et de gains; ils combattent seuls, rivaux et
jaloux l'un de l'autre, convoitant de l'œil la terre
du voisin, tentant d'arrondir par tous les moyens,
le lopin qui est leur bien personnel, toujours en
chicane et procès pour le bornage du tien et du
mien. Les 30 millions d'hectares de terre arables
et de prairies que renferme la France se trouvent
actuellement divisés en 4 millions et demi de parcelles (1), ayant en moyenne, pour 3 millions de
parcelles, 3 hectares d'étendue, et pour 900,000,
5 hectares et demi.

(1) Dernier cadastre (1848.)

Démoralisation de la propriété.

Eh bien, s'il n'est pas bon que l'homme soit seul, il n'est pas profitable non plus que les champs soient ainsi divisés et cultivés par parcelles, il n'est pas juste que chacun envie la part de son voisin, que tous se précipitent, avides, à la curée de la terre, sans s'inquiéter si quelques-uns ne seront pas complétement exclus du partage par cette avidité. Il n'y a pas d'état plus instable pour le propriétaire que cette concurrence jalouse et anarchique; celui qui travaille avec plus de vigueur et de courage risque de se voir dépossédé, du jour au lendemain, du fruit de son travail.

Propriété collective.

Il faut donc persuader le paysan de cette vérité dans l'intérêt de la production de la terre, dans l'intérêt du repos du cultivateur : les communautés agricoles doivent reparaître. Les communaux doivent être étendus aux terres cultivées, et les bénéfices se répartir justement entre chaque associé : moins de frais et de dépense, augmentation du produit par l'emploi possible de chevaux, d'engrais et de machines, utilisation de toutes les terres, de tous les produits, et de toutes les forces individuelles ; les terres qui, isolées, rapportaient 100, avant dix ans rapporteraient ainsi réunies 200, le double.

Le paysan de nos jours, rendu égoïste par la possession individuelle, se refuse à l'association de crainte des paresseux ou des moins forts, ne voulant pas donner pour autrui un excédant de

travail. C'est à la fois, qu'il le sache, faux calcul
et mauvais sentiment. L'association doublera le
produit parce que toutes les forces seront utili-
sées au mieux de leur destination, voilà pour l'intérêt. Dans toute association, des dispositions
peuvent empêcher les paresseux de vivre aux
dépens des travailleurs, et faire respecter, comme le fait le maitre à l'égard de ses ouvriers, l'é-
galité de travail dans chaque fonction, voilà pour
la justice.

Vos terres sont différentes en qualité et quantité ? Apportez-les, suivant un prix de vente débattu, à l'association, qui amortira ces achats
par un service d'intérêts annuels ; cela sera plus
sage que d'hypothéquer chacun votre terre, ce
qui en cède, en fait, la propriété aux possesseurs d'argent : au lieu de servir à autrui un
gros intérêt, vous le recevrez vous-mêmes, au
prorata de votre apport, outre votre part de bénéfices comme associé.— Le jour où les communautés agricoles existeront d'une façon générale,
le peuple des champs sera constitué ; il pourra
prendre alors dans la société la place qui lui appartient, la première, comme au nourrisseur de
l'humanité.

Continuation de la lutte contre les conquérants.

Que le paysan ne s'y trompe pas, sa lutte contre les conquérants n'est pas terminée. La noblesse
est encore, même en France, malgré la confiscation des biens des émigrés, la classe la plus riche
en propriétés territoriales (Moreau de Jonnès,
statistique 1847). La main-morte religieuse,

depuis 1815 et surtout depuis 1852, s'est de nouveau étendue sur le pays, et on estime qu'elle a
reconquis dans la seconde moitié de ce siècle
plus même que ce dont l'avait dépouillé la révolution de la fin du siècle précédent ; si l'importance de ces biens religieux échappe à la vue,
c'est qu'elle se déguise sous la propriété de valeurs mobilières, et sous des propriétés particulières possédées par fidéi-commis, mais l'argent,
c'est de la terre, comme c'est des usines, comme
c'est du crédit. Contre ces deux classes envahis-
santes, le paysan doit continuer l'œuvre de juste
spoliation entreprise jadis par la bourgeoisie devenue aujourd'hui leur alliée et leur complice.
Contre la coalition des privilégiés, il faut former,
par l'association, la coalition des travailleurs,
pendant que la propriété privilégiée s'arrondit, la
propriété populaire diminue. En 25 ans, de 1840
à 1865, la statistique constate que le nombre des
propriétaires fonciers s'est accru de 4 millions à
8 millions. Ainsi, tandis que le morcellement
doublait en fait général, les grandes propriétés
se reconstituaient en particulier par l'alliance de
la bourgeoisie riche et de la noblesse appauvrie,
la recrudescence de l'esprit monastique, les scan-
daleuses fortunes industrielles de notre époque et
la connivence du pouvoir. N'est-il pas temps que
le peuple oppose une digue à cet appauvrisse-
ment d'une part, à cette dangereuse reconstitution
de l'autre part ? N'est-il pas temps qu'il cherche
à se décharger de cette dette hypothécaire de
13 milliards : représentant sa subordination au
capital, redevance aussi inique et aussi dure que
les anciennes redevances seigneuriales ?

Infériorité du paysan.

Je ne puis trop le redire ; le salut, c'est l'association agricole. Que font aujourd'hui les paysans ?
Courbés sur leur coin de terre, ne réclamant
rien que cette jouissance bornée, ils se laissent
conduire par les gouvernants quels qu'ils soient,
ne font entendre aucune plainte, ne manifestent
aucun vœu. Ni sociétés de secours mutuels, ni
chambre syndicale, ni congrès ne sont formés
par eux ; et c'est du pouvoir qu'ils attendent
l'émulation des concours régionaux. « Ils paient
et sont contents », disent les classes dirigeantes
et exploitantes. « Ce sont des brutes qui votent
contre nous, et nous imposent la tyrannie», disent
leurs frères des villes, et quelques-uns ne seraient pas éloignés de reléguer cette classe inférieure hors des réformes politiques. Amis et
ennemis ont tort, les ennemis ne se doutent point
du bon sens, de l'énergie et de l'esprit d'indépendance qui réside au fond de ces natures gauloises. Les amis ne savent point qu'un peu de propagande et d'instruction suffirait pour changer
l'esprit d'apathie et d'égoïsme du paysan, en un
esprit de fraternité et de justice.

Le remède.

Par la nature de sa vie, le paysan est resté à
l'écart du mouvement des idées. Les livres, les
journaux ne pénètrent point au village ; ou ce
sont les journaux de faits divers, de racontars
innocents ou scandaleux ; les livres aux légendes
absurdes, aux histoires de saints ou de grands
hommes. S'il pénètre par hasard un écrit parlant

de l'homme et de la société, ou de la nature et
de la science, cet écrit rempli de termes d'école, supposant une foule de connaissances acquises,
citant des auteurs inconnus, des mots latins ou
grecs, est fait pour rebuter le paysan, non pour
l'attirer. Des journaux de province ont entrepris,
en ces derniers temps, l'éducation des campagnes; ils ont fait œuvre bonne et qui a déjà porté
ses fruits. Il nous faut, en effet, à nous gens de
villes, nourris de la moëlle de science de toute
l'humanité antérieure, créer au complet la propagande des campagnes, composer des bibliothèques spéciales pour ces ignorants qui ne demandent qu'à apprendre, leur parler leur langage,
nous mettre à leur portée, recommencer pour
eux toute science par le commencement. — Un
journal bi-hebdomadaire, relatant les faits politiques importants et les comparant aux faits historiques de même ordre, trouvant dans la narration
de chaque *fait-divers* un enseignement social,
s'abstenant avec soin des chroniques prétentieu-
ses, des on-dit menteurs, des polémiques personnelles, recherchant au contraire les études
spéciales sur la culture des champs, bannissant
la littérature de roman ou de critique pour se
borner aux histoires vraies du peuple, et aux
grandes œuvres de l'esprit humain, donnerait
bien vite au paysan conscience de son être et de
son état, lui ferait sentir son injuste abaissement,
et lui inspirerait la ferme volonté d'en sortir ;
cette instruction sainte d'une foule, cette création
d'un nouvel être social ne tentera-t-elle pas des
esprits généreux ?

L'ouvrier.

C'est un apostolat qu'il faut faire. Les foules
ne se conquièrent que par la parole; sans le ca-
téchisme et la prédication, aucune église ne se
fonde. Les ouvriers ont tout autant besoin de cet
apostolat que les paysans. Les grandes villes, si
révolutionnaires, en apparence, sont composées
de croyants bien mêlés; combien peu qui aient
une foi sincère! L'ambition, la vanité, ces plaies
des grandes agglomérations, font agir bien des
audacieux, tout prêts à se retourner du côté des
privilégiés, quand leur nom devenu glorieux est
sollicité par plus d'honneurs de ce côté; de simples combattants vendent même leur notoriété à
la police. Ces trahisons et ces apostasies provien-
nent inévitablement du relâchement des mœurs,
les mœurs, seul fondement d'une rénovation
sociale, se pervertissent, en effet, de haut en
bas, par l'exemple qui descend des classes supérieures; l'ouvrier des grandes villes tend à devenir oisif, luxurieux, gourmand et flâneur comme
le fonctionnaire épanoui, l'étranger cosmopolite
et le journaliste boulevardier, — le foyer ne lui
offrant pas comme au bourgeois satisfaction complète de ses besoins.

Les campagnes, par leur union intime avec la
démocratie des villes, lui apporteraient l'appoint
de tempérance et de travail, de moralité pour
tout dire, qui lui fait un peu défaut; la démocratie
ouvrière rendrait en échange aux campagnes les
idées de solidarité et de fraternité, d'indépendance
et de raisonnement qui manquent à celles-ci.
L'union de la démocratie des villes et de la démocratie des campagnes est donc le salut comme

elle est la vérité. Le peuple n'existera réellement,
et ne sera prêt pour la victoire, que le jour où la
fusion d'intérêts et la fédération de sentiments
seront opérées entre ces deux grandes classes de
travailleurs, étrangères l'une à l'autre, mais ne
pouvant être hostiles.

Question ouvrière.

Le paysan, appuyé sur la terre, peut tenter
son affranchissement complet par l'association
des forces. Mais la question ne se pose pas la
même pour l'ouvrier, nanti de ses seuls instruments de travail et à qui le fonds échappe : Le
fonds pour lui, on l'entend bien, c'est le sol industriel avec les constructions et machines qui
constituent sa puissance. Je vais prouver que
l'affranchissement de l'ouvrier par ses seules forces est un leurre, un mirage.

Celui qui a un fonds à lui, par droit de naissance, de mariage, ou autre chance quelconque,
l'exploite à son profit exclusif par la propriété, l'industrie ou le commerce, et dans l'état d'anarchie
sociale qui nous régit, il fait bien, il pourvoit à
sa conservation et à celle de sa famille. Celui qui
n'a pas de fonds à lui est réduit au métier de
salarié. Que, pour des métiers particuliers n'exigeant pas grande mise de premier établissement,
des ouvriers puissent s'associer et devenir ainsi
leurs propres patrons, je le concède ; mais que
ces efforts heureux puissent se généraliser et
qu'ils tendent à l'extinction du salariat, c'est ce
qui est contraire au fait et au raisonnement.

Dialogue Bourgeois-Ouvrier.

Vous parlez d'économie, d'ordre, de frugalité,
de persévérance, c'est fort bien ; mais encore
faut-il que ces vertus puissent s'appliquer à quelque chose de matériel. Aidez-nous, bourgeois
favorisés du ciel, en mettant quelque fonds à
notre disposition : terres, matières premières,
machines et crédit. Vous le pouvez, le voulez-
vous ? Alors, la face du monde est changée :
vous faites vous - mêmes l'accouchement de la
révolution. Ne le voulez-vous pas ? Vos conseils ne
sont que conseils hypocrites. — Quoi ? la bourgeoisie capitaliste détient la terre, ce sol sur
lequel nous sommes tous obligés de nous ap-
puyer pour vivre, et fait payer cher son tribut de
location, elle détient l'argent, c'est-à-dire les
produits fabriqués et échangeables, les produits
nécessaires à la vie et au travail ; elle détient la
matière première, fer, bois, charbons, pierre,
blé, etc., par les mines, forêts, carrières et terres arables qu'elle exploite ou fait exploiter à son
profit ; elle détient par les titres mobiliers, les
services publics monopolysés : canaux, chemins
de fer, banques de crédit, c'est-à-dire les moyens
de circulation de la matière première et des produits ouvrés, et elle ose dire à celui qui ne possède rien, et qui, comme Job, n'a qu'un tesson
pour essuyer ses plaies : « Lutte, mon ami, il n'y
a point de barrière devant toi. Travaille, fais
comme moi, sois sobre, économise sur ton salaire, prive-toi de fumer ou de boire un verre de
vin mal à propos, et tu pourras alors, avec ton
épargne, t'établir, et, t'agrandissant peu à peu,
venir au point où tu me vois parvenu. »

Qui parle ainsi ? Est-ce le haut bourgeois, le fils-né, le représentant des anciens privilégiés, ou bien est-ce le bon bourgeois, fils du peuple, qui a commencé, dit-il, sa fortune avec 30 sous dans sa poche et qui étale maintenant son gros luxe insolent ? Au premier, le pauvre Job peut répondre : « Mais, Seigneur, vous détenez tout, comme les barons d'autrefois, étant, vous et vos frères, propriétaires de la terre, de ce qu'elle renferme et de ce qui pousse au-dessus, du voiturage et de l'argent, seigneurs de tous biens enfin et de tous produits. Naturellement, c'est vous qui faites les prix et nous qui les subissons. Si les produits abondent et amènent dépréciation des prix, vous ralentissez la production et les salaires baissent. Si la consommation au contraire sollicite la production, les salaires montent, mais immédiatement aussi, vous élevez le prix de toutes choses. Comment pourrions-nous économiser et vous faire concurrence ? Nous sommes serfs comme devant. » — Au second, il peut dire : « Vous vous êtes affranchi, criez-vous. Mais comment, par quelles voies ? Pouvez-vous les avouer ? N'avez-vous pas côtoyé le vol et l'escroquerie, employé la fraude, la ruse, la dissimulation ? N'avez-vous pas combiné la flatterie avec la tempérance, été aussi avare pour vos frères que dur pour vous-même ? N'est-ce pas enfin avec vos vices bien plus qu'avec vos vertus que vous vous êtes élevé, et n'avez-vous pas écrasé quelques-uns de vos camarades pour vous frayer le chemin ? Si ce n'est pas votre histoire, je vous en félicite ; mais c'est celle de beaucoup d'autres, et ce qui fait dire parmi nous qu'il n'y a que « les malins » qui réussissent. Il n'est pas donné à tous, vous le comprenez, d'avoir ce degré de finesse, ou votre heureuse chance. »

Critique de l'économie politique bourgeoise.

Les économistes bourgeois nieront néanmoins la puissance oppressive du capital, et soutiendront que la débauche seule des ouvriers cause leur misère. Je voudrais voir ces beaux messieurs, dotés d'un salaire de trois francs par jour (salaire moyen en France) et obligés de subvenir avec cela à l'entretien d'une femme et d'enfants. Il y a, c'est vrai, des ouvriers ivrognes, paresseux, débauchés. Et après ? s'ensuit-il que ce qu'ils dépensent sottement leur ferait, s'ils l'économisaient, une fortune ? Vous ne le croyez pas, vous qui dépensez en futilités de meilleur ton, c'est possible, mais tout aussi oiseuses, le triple, le quadruple, peut-être le centuple. Vous savez bien que chez la plupart l'absence d'esprit d'ordre provient de la conviction de l'inutilité de cet esprit d'ordre, et du découragement qui s'ensuit. L'ouvrier a déjà son logement étroit et insalubre en regard de vos somptueuses habitations, sa nourriture commune en face de vos mets recherchés, cela ne suffit point, il faudrait pour vous satisfaire qu'il ne logeât point, qu'il ne se vêtît point, qu'il ne se nourrît point, qu'il n'eût enfin ni besoins ni passions. Quel bon serviteur et peu importun ce serait là !

Situation sociale.

Je ne crois pas être loin de la vérité en comptant que sur 10 millions de familles pouvant exister en France, il y en a :

1° 10,000 de très riches possédant une fortune moyenne de un million, soit en tout dix milliards.

2° 499,000 de gros propriétaires possédant une fortune moyenne de cent mille francs, soit en tout 49 milliards 900 millions.

3° 7,500,000 de petits propriétaires ayant une fortune moyenne de vingt mille francs, soit ensemble 150 milliards.

4° 2,000,000 de pauvres, ne possédant en moyenne que cinquante francs, soit ensemble 100 millions.

Total général : 200 milliards.

Les cinq mille plus riches familles de la première classe représentent, par leurs chefs, les hauts seigneurs actuels, banquiers, administrateurs de mines ou de chemins de fer, grands propriétaires terriens, armateurs, manufacturiers, presque tous sénateurs, députés et conseillers généraux.

Les cinq mille autres forment, avec les premières de la deuxième classe, la caste des industriels, négociants et riches propriétaires, au nombre de 250,000 ou 300,000 environ, les électeurs censitaires de l'ancien régime.

Puis viennent les autres propriétaires, au nombre de près de 8 millions, commerçants, paysans, petite bourgeoisie, formant la majorité de la nation.

Enfin, en dernier lieu, les misérables ouvriers, serfs de l'industrie, de la terre ou du négoce, vivant au jour le jour de leur salaire.

Répartition de la production.

En regard de cette situation sociale, posons les résultats de la production. La statistique évalue à 18 milliards environ le revenu annuel de la France, comme produits consommés, c'est-à-dire comme prix de vente, et elle évalue à 11 milliards la production annuelle comme prix de fabrication. Autrement dit, 7 milliards de différence ; 4 milliards (1) restent annuellement entre les mains des classes privilégiées (2) comme bénéfice du capital, ou redevance payée au droit d'intelligence et de direction. Il faut bien se rappeler que ces 4 milliards se répartissent inégalement entre les détenteurs d'argent : les hauts seigneurs de la finance et de la terre touchent 10 à 20 0/0 d'intérêt de leur fortune, les gros propriétaires de 5 à 6, et les petits de 3 à 4. Quant aux 11 milliards de salaire, ils se répartissent entre les deux dernières classes travailleuses, de façon à donner à chaque famille un salaire moyen de 3 francs par jour ; la troisième classe, la plus nombreuse du pays, a ainsi un produit quotidien composé de salaire et de revenu qu'on peut évaluer à 4 fr. 50 par famille.

(1) 2 milliards vont aux frais généraux de la Société (budget de l'État, des provinces et villes), 1/2 milliard à l'amortissement du capital industriel, autant à la perfection de l'outillage.

(2) Ces 4 milliards représentent en théorie le gain de la Société entière d'une année ; mais ce gain se trouve aujourd'hui presque en entier aux mains des bourgeois, patrons, propriétaires ou budgétaires.

Prélibation du capital.

Traduisons ces faits généraux en langage particulier : ils gagneront en précision éloquente. Au
lieu de 11 milliards ou 10 milliards 800 millions
d'un côté et de 18 milliards de l'autre, prenons
les deux chiffres les plus simples qui soient dans
le même rapport 3 et 5. Le salaire moyen de
l'ouvrier étant de 3 francs, il pourra dire : « Vous
parlez d'économie, patrons, soit, raisonnons. Je
vous livre une paire de souliers qui m'a coûté
un jour d'ouvrage pour 3 francs ; après avoir
passé dans vos mains et celle des autres intermédiaires, après avoir payé sa part de subvention
aux besoins généraux productifs et improductifs
de la patrie, cette paire de souliers est vendue
5 francs de façon au consommateur. Tous vos
pareils en font autant des produits que nous
autres travailleurs leur livrons fabriqués après les
avoir reçus bruts, tissus, bois, fer, blé, vins, etc.
Cela nous importerait peu si nous n'étions aussi
nous-mêmes, par la force de nature, hélas ! consommateurs. Ce que nous avons produit pour
3 francs, qui, par l'échange direct, nous aurait
donné 3 francs d'un autre produit ayant demandé
même travail, nous le rachetons 5 francs pour
nos besoins journaliers. Ainsi, la masse ouvrière
rachète 5 ce que, sans vous, elle devrait payer
tout au plus 4, les besoins de l'État restant les
mêmes qu'aujourd'hui. Et la prélibation du cinquième que vous prélevez sur tous produits par
droit du seigneur, vous l'appliquez presque exclusivement à des dépenses superflues, jouissances
de luxe non reproductives d'utilité. Outre cela,
nous payons comme vous, par les contributions

indirectes, l'impôt des institutions de sécurité,
armée, police, justice, etc., qui font votre force
et assurent votre pouvoir. Parfois, je le veux
bien, vous nous rendez quelque peu de cet argent
en établissements de secours, mais votre charité
n'est que pauvre restitution. »

« Tout ceci peut être fort juste, reprend le
bourgeois, et je compatis à vos peines. Il est clair
qu'il y en a de trop riches et que les autres sont
trop pauvres. Mais à qui la faute? Ce n'est pas à
moi. Que tout le monde devienne riche, je ne demande pas mieux. Tâchez que les 18 milliards
de revenu annuel soient partagés plus équitablement, faites que les charges de l'État deviennent
moindres, et que chaque famille de Français ait
en moyenne un revenu de 1,600 francs, je vous
applaudirai. Mais c'est à vous de le tenter, non à
moi; j'ai fait mon affaire, faites la vôtre. »

Impossibilité de l'affranchissement ouvrier.

« J'ai rêvé quelquefois à cela, patron, mais j'ai
trouvé que nous étions bien tenus par la fatalité.
Comme le disait Turgot, il y a une centaine d'années, à la naissance de l'industrie : Le simple
ouvrier, qui n'a que ses bras et son industrie, n'a
rien qu'autant qu'il parvient à vendre à d'autres
sa peine. Il la vend plus ou moins cher, mais ce
prix plus ou moins fort ne dépend pas de lui
seul, il résulte de l'accord qu'il fait avec celui qui
paie son travail. Celui-ci le paye le moins cher
qu'il peut; comme il a le choix entre un grand
nombre d'ouvriers (et qu'il peut attendre, ajou-
terai-je, tandis que ceux-ci ne le peuvent faute
de vie assurée), il préfère celui qui travaille au

meilleur marché. Les ouvriers sont donc obligés
de baisser le prix à l'envi les uns des autres. En
tout genre de travail, il doit arriver et il arrive
que le *salaire de l'ouvrier se borne à ce qui lui
est nécessaire pour lui procurer de la subsistance* (1).

Hypothèse.

L'ouvrier seul ne peut donc lutter. Je mets en
fait que, même unis, les deux millions de chefs
de famille ouvriers ne pourraient rien tenter d'efficace, et je veux vous le prouver. Les grèves ne
sont qu'un emprunt sur l'avenir, ruinant les corporations qui s'y livrent. C'est la coopération, ce
but prôné des économistes modernes, qu'il faut
examiner. Je suppose que, par un miracle de frugalité, d'ordre et d'esprit fraternel, ces deux
millions de travailleurs prélèvent journellement
un dixième de leur salaire pour le mettre en
commun, et je suppose que cela dure ainsi un
an. Vous le voyez, je fais les suppositions les
plus larges, je pourrais dire les plus extravagan-
tes. C'est bien, voilà 216 millions de fonds commun constitués. Qu'allons-nous faire ? Nous ne
sommes pas assez riches pour acheter la France,
je veux dire ses terres à façonner, ses mines,
ses bois, ses machines; il s'en faut d'environ
80 milliards pour la seule propriété industrielle.
Nous ne pourrions que fonder des établissements
particuliers de telle ou telle industrie, c'est-à-
dire faire sortir de terre de nouveaux patrons
associés, et laisser la masse plus misérable qu'auparavant. Point donc de sociétés de production.

(1) Turgot : *Formation et distribution des richesses.*

Faut-il nous tourner du côté des sociétés de consommation ? Que si nous créons des entrepôts et
des magasins secondaires de détail, il nous fau-
dra, — à moins de cesser d'être producteurs,
prendre comme entrepositaires et vendeurs ceux
qui en font aujourd'hui métier, les commerçants
de la petite bourgeoisie. Gagnent-ils trop, et ré-
duirons-nous leur gain ? C'est possible, mais
quel pauvre profit si nous supportons toujours la
prélibation des hauts bourgeois industriels, banquiers, gros négociants à qui nous devons en
somme acheter tous nos produits ! Notre coalition
nous aura juste servi à éteindre une classe intermédiaire, à la ravaler à notre niveau misérable,
et à laisser vivre au-dessus de nous la classe
supérieure, principal auteur de nos maux. —
Constituerons-nous plutôt une société de crédit
ouvrier chargée de soutenir les formations successives de groupes ouvriers producteurs et de
groupes consommateurs ? Ce serait peut-être plus
pratique. Mais nos adversaires sont si riches
comparativement à nous : leurs ateliers tueront
les nôtres. Nous laisseront-ils tranquillement
procéder avec l'aide du temps à notre émancipation ? Que nenni ! Nous avons affaire à des ennemis héréditaires et implacables, parce qu'ils ont
besoin de notre abaissement pour la conservation
de leurs jouissances, des ennemis vigilants et
intelligents, parce que leur intérêt tient toujours
leur esprit en éveil. La consommation générale
s'étant ralentie, ils baisseront les salaires et par
la misère grande obligeront les ouvriers à manger leur fonds social dans des grèves ou des chô-
mages. Les caresses et les menaces ne manque-
ront pas d'ailleurs pour faire dissoudre la ligue et

en détacher chaque jour un nouveau groupe ; ce sera tantôt élévation des salaires à cette condition, tantôt même intérêt dans l'entreprise avec le patron, ou renvois, plaintes devant les tribunaux, objurgations de la police, coalition enfin des patrons contre la coalition des ouvriers. Pour lutter dans ces conditions, nous avons réuni à peine un quart de milliard contre 80 ; nous sommes en richesse 1 contre 320, c'est la lutte du pot de terre contre le pot de fer. La législation, au besoin, viendrait au secours des patrons ; la gent industrielle n'est-elle pas la gent parlementaire et gouvernante ? Les ouvriers étant devenus riches, ayant des millions d'économies, devraient évidemment payer davantage à l'État, éteindre une partie de ses dettes, coopérer plus fortement à l'entretien des services publics — augmentation des impôts de consommation. Cette pauvre industrie, au contraire, embarrassée d'un stock écoulé, aurait bien droit à un dégrèvement des impôts directs qui pèsent sur elle.

Interrogation.

J'ai fini, patron, et je me résume : Est-il possible d'économiser chaque jour 30 centimes sur 3 francs devant servir à l'entretien de toute une famille ? Est-il possible de réduire d'un dixième ce budget si congru, si instable d'équilibre ? Est-il possible que tous le fassent et le veuillent faire, que les plus favorisés, les salariés de 7 et 8 francs consentent à payer, pour les plus misérables, les salariés de 1 franc 50 et 2 francs ? Est-il possible que chacun se soumette, pendant un an, à cette cotisation, et n'élève plus, le fonds constitué, aucune réclamation sur sa part de propriété ? Est-il possible que cette nation d'ouvriers trouve un gouvernement de ses intérêts, sage, intègre, sans souci des maux présents, ne songeant qu'à préparer l'avenir, sachant patronner les entreprises sérieuses et écarter les autres ? Est-il supposable que les patrons laissent s'émanciper sans obstacle leurs ouvriers et voient la fortune de leurs enfants menacée sans mettre arrêt à ce scandale au moyen des pouvoirs qu'ils ont en main ? Est-il supposable enfin que les ouvriers, avec leurs quelques millions, puissent lutter victorieusement contre des adversaires appuyés sur un capital trois fois centuple, sur une instruction et une expérience acquises de longue date et sur une force organisée contre les empiètements d'en bas ?

Conclusions.

Reconnaissez donc avec moi que, si des ouvriers de métiers d'art n'exigeant qu'une mise de fonds restreinte, peuvent, à force d'économie, de bonne conduite et de solidarité, s'émanciper du salariat et devenir à leur tour patrons, la grande masse des ouvriers ne peut viser, par cette voie, à l'affranchissement de la servitude. Il lui faudrait un secours d'en haut, j'entends de la classe des petits propriétaires et commerçants, race travailleuse moins intéressée que les classes supérieures à l'exploitation des petits, ayant même, dirais-je, un intérêt contraire, car elle pâtit plus du poids des puissants qui pèse, sur elle comme sur nous, qu'elle ne profite de ce qu'elle est obligée à son tour de nous arracher. La petite bourgeoisie,

commerçants et paysans, forme à la fois la classe
la plus nombreuse et la plus riche de la nation ;
ce qu'elle veut, elle le peut ; si nous nous unis-
sons à elle, l'Etat, ce sera nous sans conteste, et
les lois de l'Etat n'auront plus à s'occuper des
intérêts de 300,000 familles privilégiées, mais des
intérêts légitimes et réciproques de 9 millions de
familles.

Force de Révolution.

Qui réunira, demanderons-nous à notre tour,
la petite bourgeoisie et le prolétariat dans une
étreinte cordiale de confraternité éternelle? Quelque chose de plus puissant que les lois, que
les habitudes, que les intérêts même : l'idée de
justice et de science qui toujours marche. Les
philosophes, dans la solitude du cabinet, tracent
la route à l'idée ; bannie, conspuée par les puissants, elle paraît tuée en naissant, quand tout à
coup un ébranlement se produit dans le monde,
inattendu et pourtant tout-puissant, au nom de
l'idée qui a suivi mystérieusement sa voie dans le
cœur des hommes.

Œuvre des trois derniers siècles.

Si les sciences mathématiques ornent le
XVIII⁰ siècle (Kepler, Galilée, Descartes, Pascal,
Leibnitz, Newton, Huygens), si le XVIII⁰ a
vu naître les sciences physiques et chimiques
(Volta, Franklin, Priestley, Lavoisier, Berthol-
let, Buffon, Linné, Euler), en même temps que
la critique philosophique (Voltaire, Diderot,
d'Alembert, Rousseau, Montesquieu, Condorcet,

Herder), le XIXᵉ siècle est l'âge des reconstructions historiques et des essais de science sociale.

L'histoire de la nature a été retrouvée par Laplace, Cuvier, Geoffroy-Saint-Hilaire, Haüy, et surtout Charles Darwin ; la science biologique créée par Bichat, Claude Bernard, Raspail, de Quatrefages, Virchow; l'histoire de l'homme reconstruite par Augustin Thierry, Guizot, Quinet, Michelet, Carlyle, Mommsen, Grote; devinée à ses origines par H. Spencer, Lubbock ; la linguistique inventée par Champollion, Eug. Burnouf, Bopp, Dietz; enfin les bégaiements de la science sociale traduits par Robert Owen, de Potter, A. Comte, Fourier, et, au-dessus d'eux tous, Proudhon.

La science sociale.

La science sociale ne pouvait naître qu'après la science historique ; celle-ci a en quelque sorte fini sa tâche, et l'autre ne s'impose que plus vivement à tous les esprits. Il y a quelques années, le premier ministre d'Angleterre (Gladstone), énonçait en plein meeting, cette affirmation « le XIXᵉ siècle doit être le siècle des ouvriers. » Prédiction un peu prématurée, mais qui se réalisera certainement au XXᵉ siècle. Des sages comme Cobden, Gladstone, John Bright, Honneur à l'Angleterre ! y poussent consciemment.

Le mouvement social.

Devançant parfois l'idée et s'abritant sous son drapeau rutilant, marche la revendication populaire. Depuis la conjuration des égaux de 1796 jusqu'à la Commune de 1871, les insurrections du peuple ont leur trace non interrompue. « Vivre en travaillant ou mourir en combattant, disaient les canuts de Lyon en 1831. » Et cette devise est devenue celle de l'ouvrier-martyr. A^te^ Blanqui l'a transmise intacte depuis cinquante ans, à travers les prisons et l'exil, à cent générations parisiennes. Au lieu du cri « la liberté ou la mort » que poussaient ses pères de 92, le peuple crie aujourd'hui « le travail ou la mort » ; la question politique a fait place, pour l'ouvrier, à la question sociale. — Il s'agite souvent dans le vide, il est vrai, et suit des braillards ineptes ou fous. L'idée n'en marche pas moins, et les convictions se répandent, s'étendent.

Essais économiques.

Les mouvements insurrectionnels sont peu de chose cependant vis-à-vis de la propagande théorique et des essais de constitution ouvrière. Ce mouvement économique commence en Angleterre, pays de liberté, il y a environ trente-cinq ans. Ce sont d'abord des Sociétés de consommation entre ouvriers, d'une même manufacture, diminuant les frais de vie de chacun. Puis viennent les Sociétés de résistance (Trades-Unions), appuyant de leur caisse les grèves des ouvriers coalisés. Enfin se forment quelques Sociétés coopératives mixtes entre ouvriers et patrons, faisant participer dans une certaine mesure les salariés aux bénéfices de l'exploitation.

La coopération proprement dite naît en France du mouvement politique de 1848 ; elle donne lieu à des essais heureux, mais qui ne peuvent se généraliser; quelques entreprises mal conduites ont sombré devant les crises commerciales; les autres se sont toutes, à un moment donné, détournées de leur voie, en se fermant aux nouveaux-venus, ou en ne les employant qu'à titre de salariés. La coopération a servi ainsi à former quelques patrons et à montrer la force de l'association, mais non à inaugurer un système nouveau de rapports sociaux. — Des chambres de résistance ou chambres syndicales de métiers ont pu soutenir des grèves, à résultats très-précaires; si l'une aboutit à une augmentation de salaire qui ne répare pas la ruine causée par la perte de travail, combien d'autres sont un chômage tout à fait inutile et doivent cesser devant la force d'inertie des patrons. — Des Sociétés de consommation ont permis à quelques ouvriers intelligents et économes de vivre à aussi bon compte que le bourgeois, en achetant, comme lui, toutes denrées en gros au siége de production; ce bénéfice réel n'existerait pas, faut-il remarquer, si les petits débitants se contentaient d'un gain raisonnable, et n'essayaient pas, comme les grands marchands, de faire leur fortune en peu d'années. — Des Sociétés de secours mutuels ont entretenu le sentiment de solidarité entre ouvriers du même métier, mais, faute de pouvoir se fédérer d'une façon générale, n'ont été que des caisses d'aumônes au lieu d'être une caisse d'assurance mutuelle contre la maladie et le chômage dans toutes les classes ouvrières. — Enfin, des essais de crédit ouvrier n'ont eu aucun succès et ne pouvaient en avoir en l'absence d'une garantie effective de la part des crédités, le nantissement de la bonne volonté ne

suffisant pas pour obvier aux pertes et les pertes
étant fatales, dans la plupart des cas, par suite de
la concurrence patronale.

Il est certain cependant que la solidarité des
Trade-Unions a permis maintes fois à l'ouvrier
de participer aux bénéfices nouveaux des patrons, et qu'une espèce d'association entre ouvriers et patrons s'est ainsi établie de fait, sinon
de droit.

En Allemagne, une école socialiste (les Lassa-
liens) a réclamé le concours de l'État pour
asseoir et développer ses associations, tandis que
l'école moderne repousse ce concours d'un état
bourgeois comme attentatoire à la dignité et à la
liberté de l'ouvrier.

Association internationale des travailleurs.

L'Association Internationale des travailleurs,
née du rapprochement des ouvriers français et
anglais à l'exposition de Londres (1862), et dont
les bases furent posées à Londres en 1864, s'était
donné la mission de centraliser tous les renseignements relatifs à la classe ouvrière en Europe et
en Amérique, et d'en faire sortir des affirmations
générales de revendication, des formules de nouvelle constitution politique et sociale au nom
de la plèbe unie de l'ancien et du nouveau
monde.

Doctrines.

L'association comptait 1200 adhérents seulement quand elle ouvrit son premier congrès à
Genève en 1866; trois ans après, par les sociétés

affiliées, elle en comptait 200,000. Le premic congrès s'est déclaré pour la suppression de l'in térêt et l'obligation du travail pour tous, l'éman cipation industrielle de la femme, l'instructior obligatoire. Le deuxième congrès tenu à Lau sanne (1867) a adopté comme desideratum poli tique la forme républicaine seule capable de per mettre l'affranchissement progressif de la classe ouvrière par la réforme des institutions, voté l'égalité du service militaire, et proclamé le mou vement social athée, c'est à dire devant s'accom plir par le seul fait de l'homme en dehors de toute influence religieuse, la foi étant et devant rester chose individuelle. Au troisième congrès (Bruxelles, 1868) l'Association a voté la reprise des monopoles; mines, carrières, chemins de fer, etc. par l'Etat régénéré, et le baillement de ces entreprises à des compagnies ouvrières, la propriété nationale des canaux, routes et voies télégraphiques ; enfin, revenant sur une ques- tion non décidée au congrès de Lausanne par l'influence des délégués parisiens (Tolain, Fri- bourg), a reconnu désirable l'appropriation col- lective de la terre contrairement à la propriété individuelle. Toutes les nations de l'Europe et les Etats-Unis représentés au congrès de Bâle (1869) confirmèrent le vote de la propriété collec- tive, vaillamment soutenues par les sections bel- ge, allemande et slave ; la section parisienne se séparait avec éclat de ce qu'elle appelait « les théories communistes. » L'association s'était don- né rendez-vous pour son cinquième congrès à Paris, en septembre 1870 : la République s'y trou- va, mais non la paix.

Persécution.

Les événements de la Commune de Paris ont rendu l'Internationale noire de tous les crimes aux yeux des gouvernants des pays latins, et des lois spéciales, analogues à celles des premiers siècles de notre ère contre les chrétiens, ont été dirigées contre tout membre d'une association internationale ouvrière. Cependant les pays saxons, moins effrayés de la liberté, laissent les idées se développer au soleil de la publicité. L'association internationale des travailleurs, qui a toujours son siége à Londres, ne s'est pas laissé distraire de son but par les attaques et les calomnies; elle a répondu à ses ennemis (1871) en engageant toutes les sections affiliées à se serrer de plus en plus autour d'un centre commun, et en faisant un appel énergique, comme l'avait déjà fait le Congrès de Bâle, à la formation de sections de paysans; elle sait aujourd'hui qu'elle ne méritera vraiment son nom qu'autant quelle aura uni les paysans aux ouvriers (1).

(1) J'ai essayé de tracer la marche des idées de cette société, telles qu'elles se sont montrées à ces Congrès publics, telles qu'elles venaient en somme des cahiers inspirés aux délégués par leurs commettants. — Le Congrès de La Haye (1872) m'a paru le signe d'une déviation fâcheuse de la Société internationale, qui de société d'études et de soutien, semblait vouloir aspirer au rôle d'une Société politique secrète; ce Congrès a d'ailleurs donné lieu à une scission importante dans le sein des délégués du Conseil général, et le rôle de l'Internationale pourrait bien être à sa fin.

Trouble des classes.

La question sociale en est là. En France, en Suisse, en Belgique, en Allemagne, en Angleterre, en Italie, en Espagne, les ouvriers commencent à avoir mêmes sentiments et même foi ; peu à peu, par l'apport des uns et des autres, par la discussion publique, par le contact de mœurs différentes, le dogme de la revendication populaire se compose. La haute bourgeoisie, affolée de peur, cherche son salut dans des lois de tyrannie, la petite bourgeoisie reste inquiète, sans but, sans visée, entre les deux ennemis dont la lutte approche, et les paysans se demandent pour la première fois si leur intérêt n'est pas plutôt d'accord avec celui des révolutionnaires qu'avec celui des conservateurs. L'anxiété est générale ; je ne sais quoi d'immense, épouvantable aux uns, réjouissant aux autres, apparaît confusément dans les années qui s'avancent.

LIVRE II

L'AVENIR

CHAPITRE VII

RÉVOLUTION MATÉRIELLE

DE LA TERRE : EXPLOITATION ET HABITATION

Sociétés de conquête et Sociétés de justice.

Revenons, par la pensée, aux siècles qui ont précédé les époques de conquête, supprimons toute cette histoire de violences et de spoliations qu'elles ont amenée, et essayons de tracer le développement régulier qu'aurait pris l'humanité, non disloquée et non détournée de sa voie par ces entraves.

Au lieu du développement guerrier, nous eussions eu le développement économique ; en place des lois de domination, fruit de la violence, les lois de justice, fruit du contrat mutuel.

La Terre.

Pour prendre en premier lieu la situation matérielle, l'occupation du sol, il est évident que la terre, malgré l'accroissement de population, fût restée accessible à tous, et que la propriété particulière, abusive et exclusive, n'eût point trouvé occasion de s'instituer. Nous avons suffisamment démontré que la propriété n'est pas née par le bornage, comme le prétend Rousseau, mais par le glaive : « Cette terre est à moi, parce que je l'ai conquise, » et non : « parce que je l'ai en-

tourée de bornes. » Donc, sans le fer vainqueur,
que la société se composât de cent ou de cent
mille familles, la terre fût restée propriété de la
race, inabsorbable par les particuliers.

Droit à la vie crée Droit à la terre.

Dans une société juste, composée d'hommes
égaux, n'ayant encore connu ni rivalité, ni lutte,
qui a droit sur la terre, le capital commun de
production ? Tous, évidemment. — Si un a droit,
les autres ont droit au même titre que lui : ceux
qui naissent acquièrent ce droit en naissant,
ceux qui meurent le perdent avec la vie. On ne
peut supprimer pour quelques-uns le droit à la
terre, qu'en leur refusant le droit à la vie.

La Société propriétaire.

Si donc nous pouvions supposer une humanité
restreinte, développée dans une paix harmonieuse depuis sa création, une contrée privilégiée
ayant vécu en dehors des luttes de races, il est
certain que dans cette humanité, dans cette contrée, ce serait l'ensemble des citoyens qui consti-
tuerait le seul propriétaire du sol, comme on
admet aujourd'hui qu'il constitue le seul souverain en matière politique.

Il faut pénétrer cette conception de la propriété
collective, voir quelle peut être son organisation,
et quelles conséquences elle entraîne : si les résultats ne peuvent être appliqués immédiatement
à l'Europe contemporaine, ils peuvent, du moins,
servir de modèle à une nation désireuse de révo-
lutionner son état social.

Les individus possesseurs.

Tous étant propriétaires du même sol, personne n'est propriétaire d'une partie : c'est-à-dire que personne n'a le droit d'abuser du terrain qu'il exploite; chacun est colon de la nation, et rien de plus. La Société, de son côté, doit à chaque citoyen une place égale au soleil, la même participation aux biens naturels.

La Nation, propriétaire de droit, non de fait.

En effet, la Nation est propriétaire, mais elle ne doit pas, pour cela, exercer aucune domination sur les individus. Elle n'est, en somme, que la réunion des individus; son droit collectif ne peut que limiter, coordonner le droit individuel, non l'anéantir. La Nation est propriétaire de droit, elle ne peut l'être de fait.

Recherche d'un principe social. — Axiôme économique.

Cherchons la base du droit nouveau. Au point de vue économique, quel est le but d'une Société d'hommes égaux en forces et en aptitudes ? — Evidemment, la recherche du plus grand produit, au profit individuel de chaque membre. Or, dans cette Société, les citoyens, — sauf quelques exceptions qui font l'objet d'une réglementation spéciale, — doivent être considérés comme égaux en forces et en aptitudes, ces forces et ces aptitudes pouvant être d'ailleurs très-diverses dans leur particularisme, mais montrant une somme équivalente, si on leur permet de se développer librement et harmoniquement. Un maçon vaut un ingénieur, un peintre vaut un calculateur, pourvu qu'ils excellent tous dans leur partie, puisque la Société a un égal besoin des uns et des autres.

Les fonctions s'équivalent.

L'harmonie des fonctions dans l'œuvre générale prouve l'équivalence de toutes les fonctions. Si quelques-unes devaient être déclarées supérieures, ce seraient celles dites actuellement les plus basses, les métiers primitifs. Car, une Société se passerait, à la rigueur, de directeurs et d'ingénieurs, bien plus encore d'hommes de lettres, de chanteurs et de peintres, et ne pourrait se passer de manœuvres et de cultivateurs. Ceux qui auraient à se plaindre du dogme de l'équivalence des fonctions, ce seraient donc les manouvriers : mais ceux-là reconnaissent bien volontiers que les travaux plus compliqués méritent autant que les leurs, plus immédiatement utiles. Il n'y a pas à parler de longues études, d'apprentissages laborieux, de rétribution des peines passées, du moment que l'instruction est donnée également à tous : ceux qui auront produit plus tôt, n'auront-ils pas rendu service à la Société, autant que ceux qui se préparaient pendant le même temps à des métiers plus savants ? Travailler avec intelligence au métier choisi par lui, voilà la seule chose que puisse exiger de lui la Communauté : elle lui doit d'abord, et sans aucun préjudice pour lui-même, une instruction intégrale qui lui permette de trouver sa voie, d'obéir à sa vocation. Pour produire, il faut en outre à l'individu un

capital naturel dont il ait la disposition sans entraves ; il lui faut parfois aussi une avance de
produits nécessaires à la fabrication.

L'on peut donc poser ce principe comme régis-
sant les devoirs réciproques de l'individu et de la
Société.

Axiôme des Sociétés.

L'INDIVIDU DOIT A LA SOCIÉTÉ DE PRODUIRE
LE PLUS ET LE MIEUX POSSIBLE, LA SOCIÉTÉ
DOIT A L'INDIVIDU SA PART ÉGALE DU CAPITAL
NATUREL, UNE INSTRUCTION COMPLÈTE ET, S'IL
Y A LIEU, UNE AVANCE DES PRODUITS FABRI-
QUÉS PRÉ-NÉCESSAIRES A SON TRAVAIL.

La nation, propriétaire limitatif et non actif.

Nous bornant, dans ce chapitre, à l'examen
de ce qui regarde le sol, le capital naturel, nous
disons qu'en vertu du principe trouvé, bien que
la nation soit propriétaire, elle ne l'est qu'au
nom et pour le compte de chaque individu. Elle
n'est donc pas propriétaire pour exercer la propriété, ce qui ferait de la Société, c'est-à-dire de
ceux qui la représenteraient, le seigneur et le
tyran des citoyens ; elle n'est propriétaire que
pour empêcher l'individu d'exercer le droit
tyrannique de propriété. Ce caractère est, du
reste, très conforme à sa nature : représentation
de tous les citoyens, elle ne peut les convoquer
tous à l'exercice d'un droit qu'elle refuse à chacun ; d'autre part, une délégation serait un choix,
une élection de privilégiés, un mensonge au

principe d'égalité. Le droit de la nation ne peut donc être que limitatif, et non pas actif.

La race, grand propriétaire.

Le véritable propriétaire, du reste, ce n'est pas même la nation existante, c'est la race passée, présente et future. La terre se confie à tous et à chacun, passant de main en main et d'âge en âge, mais ne se donne à aucun.

Les individus, possesseurs de droit.

Personne n'étant propriétaire de droit, pas plus la collectivité que les individualités, et la collectivité ne pouvant sans atteinte au droit d'égalité, posséder de fait, il en résulte que tous les citoyens sont possesseurs de droit, j'entends locataires, à vie ou à temps, du groupe représentant la race, le seul vrai propriétaire.

La possession de droit est l'affirmation de l'égalité matérielle des hommes. Ni maître en-dessus, ni serfs en bas : chaque homme naît avec son morceau de terre dans la main. La Société ne fait que régler l'appropriation, au nom de la race : ce pouvoir de contrôle, étant mandat défini, peut facilement être délégué. Antérieure à toute constitution, de même que la liberté des manifestations de la pensée, est donc cette loi naturelle.

Premier droit social.

La terre appartient à tous et ne peut être donnée en propriété à personne; elle est allouée

*par la Société en portions équivalentes à chaque
citoyen sous le contrôle de tous.*

Corollaire :
1. La possession inaliénable.

Les citoyens, n'étant pas propriétaires, mais
possesseurs, ne peuvent transmettre, vendre, ou
aliéner leur part du sol ; ils ne peuvent qu'en
échanger la jouissance temporaire. La non-pro-
priété de la terre emporte la non-hérédité et la
non-mutation d'icelle, si ce n'est à titre précaire.
La Société a, en effet, toujours le droit de refuser
une substitution au premier possesseur ; sans
doute, elle ratifie les échanges amiables, faits de
bonne foi, mais refuse de prêter la main à un
trafic de mutations. La possession est incessible
et inaliénable.

2. La possession ne se conserve que par
le travail.

Le droit à la possession crée le devoir de la
possession : les citoyens doivent gérer leur part
en bons pères de famille ; ils ont à rendre compte
à leurs concitoyens actuels et aux générations
qui viennent de la façon dont ils ont fait valoir la
part du capital commun qui leur fut allouée. La
race propriétaire a donc le devoir de surveiller
la gestion des terres, de contrôler qu'aucune
portion du sol ne soit perdue pour la production,
ou épuisée hâtivement par un travail égoïste. La
commission de contrôle, déléguée, garantit à
tous que chaque portion de terre appropriée sert
à l'intérêt commun. Par la mort, le départ, l'a-

bandon par impuissance ou mauvais vouloir, s'é-
teint le droit de possession : cela est conforme
à la première proposititon du principe des
Sociétés.

3. La possession, droit viril, droit quirite.

Le travail et le droit de possession étant ainsi
liés l'un à l'autre, la Société doit la terre à tout
citoyen naissant à la vie publique, c'est-à-dire à
l'indigène arrivé à l'âge viril, ou à l'étranger
naturalisé.

Il y a une naissance et une mort spéciales pour
le droit à la terre, et ce sont les âges du travail
producteur, et de la retraite oisive. Les appropriations nouvelles, sont faites des expropriations
naturelles récentes; à certaines époques ont lieu
des révisions générales des allocations.

Conséquences sociales et politiques.

Quelles sont les conséquences pratiques du
droit universel de possession, substitué au droit
particulier de propriété ?

1. Union de la terre et du travailleur.

La distribution du sol étant soumise à la loi,
non plus à la cupidité de quelques-uns, on ne
voit pas de monstrueuses agglomérations d'un
côté, de ridicules émiettements de l'autre. La
terre est devenue stable, n'échappe plus à
l'homme, se modèle au contraire sur ses besoins
et ses forces : l'ancien domaine était pour le travailleur un tyran, la possession est son serviteur

bienfaisant. Le travailleur retrouve vraiment sa
mère, et comme Antée, puise de nouvelles forces
dans ce contact journalier que rien ne peut plus
détruire. Jadis il était suspendu entre ciel et terre,
agité à tous les vents de la destinée ; aujourd'hui
posé, calé, il tient au monde par cette racine. Le
laboureur, autrefois vivait d'un commerce inces-
tueux avec cette terre qu'il pressurait, épuisait
violait sans merci, craignant de n'en pouvoir
jouir le lendemain ; la terre maintenant s'offre à
lui, comme une fiancée, lorsque vient son âge de
puberté, lui jure fidélité entière sans divorce possible pendant tout le temps de la maturité, et ne
le quitte sur ses vieux jours que pour apporter à
ses fils la même jeunesse, et la même compagnie
fidèle.

2. Responsabilité personnelle.

Point de jalousie ou d'envie possible devant
ces faveurs également partagées. Le fils ne profite plus, parce qu'il a eu la chance de bien
naître, du travail de ses aïeux ; il ne supporte pas
non plus, en cas contraire, les peines de leur
male-chance ou de leurs fautes. Tous arrivent à
la vie avec une puissance égale, ainsi que les lut-
teurs également frottés d'huile pour le combat ·
chacun ne se trouve responsable, dans le cours
de son existence, que de son propre mérite et de
ses propres fautes.

3. Suppression des révoltes contre la Société.

Par suite, plus de revendications individuelles
ou générales, plus de coalitions, d'émeutes, d'in-

surrections, plus de soulèvements de classes, aussi dangereux pour les oppresseurs que pour les révoltés. Les attaques aux propriétés sont aussi bien plus rares : les voleurs auraient vraiment tort cette fois, et ne seraient plus des malheureux à plaindre, mais des coupables à punir, car chacun est nanti, et il ne dépend que de chacun de conserver son bien éternellement.

4. Stabilité politique.

L'éternel cycle de la société politique tombant de la monarchie à l'aristocratie, de celle-ci au bourgeoisisme, et du bourgeoisisme au Césarisme, pour retourner à la monarchie absolue par une nouvelle conquête d'invasion, est enfin fermé. Cette démocratie nantie ne se laissera dominer ni par un homme ni par une classe. Retranchés sur leurs lois, les citoyens sont autant de forteresses vivantes, bien bâties sur le sol, qui font obstacle à tout empiétement. Plus d'antagonisme, plus d'oppression, plus de mécontentement : tous travaillant, tous sont heureux ; par où entrerait donc le coin du despotisme ?

Formule pratique.

La justice du droit de possession est flagrante, ses avantages évidents ; il se formule ainsi dans la pratique : la terre, comprenant la surface, le dessus et le dessous, c'est-à-dire le sol, l'eau, l'air, les mines, constitue le capital naturel commun que la société alloue, avec autant de justice que possible, aux citoyens la composant.

Propriété personnelle des produits.

Hors de la terre, plus de droit général de propriété. Les individus, assis sur le sol, deviennent maîtres absolus par leur travail de tout ce qu'ils créent, ou de tout ce qu'ils s'attachent par l'échange de leur production contre une autre production. La terre est à la société, n'est possédée qu'à bail par l'individu ; mais le blé appartient à celui qui le fait pousser, de même que les habits, les meubles ou les bâtisses que la vente de ce blé lui procure. Les biens fabriqués constituent donc une propriété réelle et personnelle, cédable, transmissible, susceptible d'augmentation ou de diminution. Le droit d'abus, inséparable du droit entier d'user, existe pour tous ces biens, sauf une réserve : le contrat de solidarité défend à l'individu d'accaparer à son profit un produit nécessaire à tous ; et la justice lui défend encore plus de le faire, si cet accaparement n'a pour but qu'un bénéfice unique sur ses frères. Hors de là, l'individu est maître absolu, seigneur, propriétaire des produits créés par ses soins, ou de ceux faits siens par l'échange.

Indépendance de la possession.

La possession du sol équivaut elle-même à une véritable propriété, en tant que jouissance, et moins les abus. La société ne trouble pas l'individu dans sa possession à temps : il cultive et exploite à sa façon, fait des essais heureux ou malheureux, sème ceci ou cela ; le profit ou la peine est pour lui. La Société n'intervient que lorsqu'il y a danger de non-valeur ; les lois fixent à l'avance le minimum de production que la Société réclame, dans tel rayon géologique, comme simple garantie de travai et de bon vouloir ; mais la récompense ou la punition du possesseur est dans sa production même : la Société est pour lui un protecteur, non un tyran.

Cas d'expropriation.

L'expropriation a lieu dans l'un des quatre cas suivants : Mort, indignité, utilité publique, ou révision générale.

1° MORT OU RETRAITE : Le premier cas comporte à la fois la mort naturelle, et la retraite du travail ; le possesseur propose généralement, avant sa mort où sa retraite, un successeur au groupe chargé de l'appropriation, et ce successeur est aussi généralement accepté.

2° INDIGNITÉ : En cas d'indignité, la Société frappe le possesseur d'une expropriation sans indemnité, peine terrible qui jette l'individu dans une sorte d'esclavage, en le mettant inférieur à ses concitoyens, peine d'ailleurs susceptible de rachat. La possession est immédiatement allouée à un producteur naissant.

3° UTILITÉ PUBLIQUE : Le cas d'utilité publique amène, comme aujourd'hui, l'expropriation avec indemnité équivalente.

4° RÉVISION GÉNÉRALE : Quand à la révision générale des lots, c'est la grande mesure réparatrice des inégalités amenées par la suite des âges, et les développements inégaux des industries. Je ne pense pas qu'elle doive se faire à périodes régulières, comme le pratiquaient les peuples primitifs, afin que le travail des possesseurs ne

soit pas dérangé et troublé, pendant les dernières années de chaque période. Il me paraîtrait préférable que la révision fût entreprise à la suite de
changements économiques, après que se seraient
fait jour les réclamations du plus grand nombre. La révision aurait alors une base certaine :
périodique, elle transformerait un peu au hasard,
et voulant faire mieux, serait exposée à faire
pire.

Régularisation de l'appropriation.

Ceux qui affirment la liberté comme suprême
régulateur des choses de ce monde ne manque-
ront pas de dire que malgré le droit de possession générale, malgré l'intervention de la société,
malgré les révisions de partages, une inégalité
naturelle se produira néanmoins, par suite de
mauvais cadastres, de fausses estimations des
terres ou même de favoritisme des délégués à
l'appropriation. Cela peut être vrai dans une
certaine mesure : la terre, évaluée par des essais
et des cadastrements plus ou moins certains,
soumise à l'influence changeante de la vie, distribuée par la mains des hommes, ne saurait
être toujours appropriée, en raison composée de
son étendue et de sa puissance, suivant une rigueur mathématique. Mais je les prie de considérer qu'il sera toujours préférable que la terre
soit appropriée à tous avec quelques inégalités,
que distribuée toute aux uns et aucunement aux
autres. Et l'on comprend d'ailleurs que d'autres
éléments organiques de la société, complétant
l'élément de la possession garantie à tous, viennent équilibrer les inégalités que celui-ci pourrait

entraîner : qui n'aperçoit déjà un balancier compensateur dans l'impôt? « *Sancta sanctis* » comme dit Proudhon, après l'écriture. « Tout se fait juste pour l'homme juste. »

Association et Travail isolé.

La production comprend trois grands groupes : les agriculteurs, les industriels et les artistes. Pour les deux premiers, comprenant la grande majorité des citoyens, l'association est la règle, le travail isolé l'exception. L'individu doit, en effet, à la Société de produire le plus possible ; or la science et l'expérience démontrent que la division des tâches, rendue possible par l'association, donne un produit notablement plus élevé que celui fourni par le travail isolé, pour la même somme d'efforts individuels : la Société a donc intérêt à favoriser les associations partout où elles fécondent le travail, c'est-à-dire dans l'exploitation agricole et la grande industrie. Cette faveur, on conçoit qu'elle s'exercera tout d'abord dans l'appropriation ; je veux dire que les associations auront, en premier, le choix des terres, et les producteurs isolés, en second lieu seulement. On comprend, du reste, que la tâche d'appropriation sera d'autant plus facile qu'elle se partagera sur moins de têtes et envisagera plus de groupes : de plus, les inégalités, commises fatalement, se réduiront à des fractions négligeables en se répartissant sur tous les individus d'une association. Certes, les lois doivent se modeler sur les mœurs, et une Société dont les membres, par constitution encéphalique ou nature de leurs travaux, répugneraient à l'association, ne pourrait édicter des dispositions favorisatrices de ce mode de travail. Mais le développement historique, parti de la communauté de la famille et de la clientèle seigneuriale pour arriver à l'individualisme bourgeois et paysan, tend de nouveau à l'association. Et nous avons montré que le peuple ne pouvait arriver à l'affranchissement qu'en prenant l'association comme levier, la terre comme point d'appui.

Associations productives.

L'association doit d'ailleurs être restreinte dans certaines limites : elle arrive à déperdition de forces, et non plus augmentation, si elle veut trop embrasser. Ces limites, on le sent, sont d'abord dans le genre de travaux entrepris : la loi de la division des tâches existe aussi bien pour les associations que pour les individus ; plus elles se bornent à un travail spécial, plus et mieux elles produiront ; il ne peut y avoir d'exception que pour les travaux différents suivant les saisons, opposés aux périodicités de chômage d'un seul de ces travaux. — Il ne serait pas bon non plus qu'une industrie fût unique ou presque unique, de façon à avoir forcément pour tributaire tout le pays ; défaut de concurrence, augmentation de frais pour les transports éloignés : l'intérêt général demande la formation de plusieurs centres industriels semblables, placés chacun autant que possible, dans un bassin géographique différent. La société a donc à tenir compte de ces sollicitations de l'intérêt général, dans les appropriations consenties aux associations productives.

Pratique de l'appropriation.

La pratique de l'appropriation sera des plus simples. Les associations formant la majorité des producteurs, le mouvement des retraites et des entrées de possesseurs se fera, le plus souvent, dans leur sein même. Des terres sont-elles vacantes, elles sont attribuées, suivant les demandes faites et suivant les distinctions naturelles entre les terres arables et les terres industrielles, aux groupes nouveaux de possesseurs associés : les individus, travaillant isolément, pour qui habitation et atelier se confondent, auront ensuite leurs allocations. En cas de révision générale, la Société, sauf l'équivalence du lot pour chacun, et les réserves faites plus haut, soumet l'appropriation à une sorte d'enchère publique, enchère fondée non sur un impôt à servir, mais sur l'importance et la moralité de la production des divers demandeurs ; le plus méritant producteur emporte le lot réclamé par plusieurs ; les livres de l'entreprise et le témoignage public sont les certificats de ce mérite.— Il est inutile de pousser plus loin ces détails : tout propriétaire sait régir ses biens au mieux de ses intérêts : la Société est maintenant propriétaire, ses intérêts sont à la fois ceux de tous et de chacun : qui doute qu'elle ne se tire à merveille de sa charge ?

De la propriété bâtie.

Quelles lois régiraient, dans ce nouveau mode de possession, les mutations de la propriété ? Nous avons dit que les immeubles rentraient comme tous autres produits, dans les biens particulier :

chacun, sur son coin de terre, se bâtit telle habitation qu'il entend et la possède en pleine propriété. Eh bien, à l'extinction de la possession,
le nouveau preneur est tenu de payer à l'ancien
possesseur ou à ses héritiers aussi bien la valeur
de l'immeuble logeant que la valeur des immeubles d'exploitation ; l'estimation de ce reliquat actif de toute possession se fait au moyen d'arbitres
amiablement nommés par les deux parties, ou en
cas de non-entente, au moyen d'experts nommés
par les tribunaux. Deux lois doivent présider à ces
estimations : 1° le prix d'estimation doit toujours
être inférieur au prix d'établissement des immeubles, diminué de l'amortissement calculé depuis
leur construction ; 2° des règlements publics
fixent, dans chaque contrée, un maximum de
prix de revient des différentes natures d'immeubles, suivant leur destination. On comprend pour
la première loi, que le nouveau possesseur soit
un peu favorisé dans la reprise de constructions
qu'il doit accepter telles qu'elles, et qu'il a peut-
être le désir de modifier; par la seconde loi, il ne
peut être obligé de faire acquisition de propriétés
luxueuses, bâties non pour le besoin mais pour
une fastueuse folie : le maximum, du reste, comporte toutes les conditions de salubrité, de con-
fort, de perfectionnement que les années amènent,
s'arrête seulement aux limites d'un luxe vaniteux
et inutile. Voici les lois : mais les contractants
peuvent traiter comme bon leur semble, et se
faire mutuelles concessions. L'ancien possesseur
n'est jamais tenu, en outre, d'acquiescer aux ex-
pertises: s'il se trouve lésé par l'estimation, libre
à lui de prendre son bien et de l'emporter sur sa
terre nouvelle ; il doit seulement débarrasser

l'ancien terrain de ses constructions, dans un laps de temps fixé.

Complexité de la question d'habitation.

Si les hommes restaient tous producteurs jusqu'à leur mort, et si chaque producteur ne comprenait qu'un individu ou une famille, la solution serait complète : tous les producteurs vivant sur leurs terres, les infirmes ou les indignes seuls parqués dans des asiles dépendant de la Communauté. Mais des producteurs se retirent sans avoir cessé de vivre et sans avoir démérité, à l'époque de la vieillesse ; les associations productives comprennent le plus souvent un certain nombre de familles qui, réunies dans la personne de leurs chefs pour la production, se séparent pour l'habitation et la vie : l'hypothèse de l'habitation unique sur le terrain d'exploitation est alors infirmée ; il faut trouver d'autres lois.

Solution anté-historique.

Une solution historique qui agréerait fort à certaines tendances héréditaires, serait de séparer le terrain d'habitation du terrain d'exploitation, de rendre le second seul meuble et partageable, et de conserver au premier le droit de propriété particulière et d'hérédité. Mais qui ne voit que cette solution appartient aux temps primitifs, qu'elle n'est possible et juste qu'avec le droit d'aînesse, la famille conservée après la mort du père, sous l'autorité du fils aîné ? La division du travail, la dispersion des fils et des filles à l'âge nubile et la constitution de nouvelles familles ont frappé de caducité cette propriété éternelle de l'héritage ; poussez le principe jusqu'au bout, il conduit aux émigrations et aux conquêtes. L'homme, aujourd'hui, du reste; n'a plus un fol attachement pour le berceau de ses ancêtres ; la tradition et le souvenir ne l'enchaînent plus à cette partie du sol ; citoyen du monde, il reconnaît sa patrie et salue son foyer, partout où il peut vivre libre et heureux ; les cadets ne sont plus condamnés à chercher fortune violente ; les fils d'un même père essaiment chacun de leur côté.

Les bourgs.

Partie sauvage des prairies, l'humanité est arrivée civilisée dans les cités ; le soin de son développement pacifique lui commande de ne pas revenir à l'"habitation primitive. Les bourgs, et nous comprenons sous ce nom depuis le plus humble hameau jusqu'aux villes les plus orgueilleuses, sont la forme rationelle de l'habitation humaine : rapprochement de vie crée rapprochement des intérêts, et celui-ci commande l'autre. Nous estimons donc qu'il faut séparer, le plus qu'on peut, le terrain d'exploitation du terrain d'habitation, sans pourtant affranchir aucunement ce dernier des lois qui régissent le sol. Cela ne veut pas dire que la Société ait à intervenir dans la vie d'une association productive pour lui enjoindre de former un ou plusieurs villages d'habitation sur son sol ou sur un espace commun à plusieurs exploitations ; mais qu'elle ait à intervenir pour empêcher toute restriction opposée d'avance à cette formation par les statuts de l'Association. Le phalanstère, le familistère nous paraissent des conceptions mathématiques, non des réalisations de faits humains ; nous ne croyons pas au parquement volontaire des ouvriers d'une même industrie dans une grande maison commune sur le sol industriel, l'association convient au travail, non à la vie intime, et les sympathies, qui font les rapprochements, naissent indépendamment des métiers. Le familistère de Guise (Aisne), auquel nous rendons plein hommage, comme amélioration actuelle du sort de l'ouvrier, ne se maintient que par l'autorité industrielle de son chef : association productive républicaine, le familistère s'émietterait naturellement en plusieurs villages, il n'est resserré que par les avantages matériels accordés à son habitation par le souverain de cet Etat. Chaque bourg doit dépendre d'une ou plusieurs exploitations, et son sort demeure lié à l'étendue de ces concessions ; l'habitation ne pouvant être que la subordonnée de la production. — Des exemples rendront ceci plus clair.

Hameaux d'une exploitation.

1° Une grande exploitation agricole, industrielle, donne naissance à un, deux, ou trois hameaux : le groupe de l'exploitation a reconnu nécessaire pour l'habitation telle étendue de terrain à distraire de la concession, et cette étendue a été prise, d'un commun accord, sur un, deux ou trois côtés ; les hameaux ainsi constitués se régissent chacun économiquement, c'est-à-dire que chacun des groupes concède en sous-œuvre les portions de terrain aux individus, trace ses routes, établit des communautés, etc., les mutatations de propriétés se produisent dans chaque hameau, ou de hameau à hameau. Tout habitant d'un de ces bourgs, (j'entends tout locataire en titre, pouvant admettre chez lui parents ou alliés étrangers à l'association) est sociétaire de l'association ; mais des sociétaires peuvent exceptionnellement avoir leur résidence ailleurs, moyennant indemnité ou non, suivant que cet éloignement provient du fait de l'association ou de leur volonté.

Villages.

2° Deux, trois ou plusieurs exploitations s'accordent pour aliéner des portions respectives de leur sol, et en constituer un village. La commune, ainsi créée, se régit de même autonomiquement, décide des rues, des places, de la hauteur et de l'alignement des maisons, concède enfin en sous-œuvre aux associés des différentes exploitations, les emplacements d'habitations. Déclaration est faite de cette formation d'un centre d'habitation au groupe économique, chargé de l'appropriation ; celui-ci doit alors considérer les associations désignées, comme fédérées sous le rapport du sol, et les frapper toutes ensemble, s'il y a lieu, d'expropriation.

Villes.

3° Une ville se forme par une multitude d'industries diverses, métiers en chambre, industries ayant besoin du concours d'autres productions, fournisseurs des denrées nécessaires à la vie, artistes, etc. La ville tient alors sa conces-

sion directement du groupe central, comme fédération industrielle ; sur le sol qui lui est alloué,
elle allotit à chacun des citoyens sa part d'habitation, plus sa part de sol industriel, s'il y a lieu.
Un règlement, conforme aux règles d'ordre, de
salubrité et de commodité, sépare les industries
proprement dites de la cité d'habitation ; d'un
côté, la cité industrielle avec son bruit, son mouvement, sa fumée, ses eaux troubles, renfermant
les usines, ateliers et bureaux, située près des
voies de circulation, canaux, railways, docks ;
de l'autre côté, la cité logeante, avec ses appartements tranquilles, ses rues saines, ses eaux
limpides, comprenant toutes les habitations,
aussi bien celles des citoyens travaillant chez eux
que celles des citoyens travaillant au dehors.
Ce serait la généralisation de ce qui existe déjà
sur une certaine échelle dans toutes les grandes
villes, et surtout à Londres : la cité et les bords
de la Tamise ainsi que le sud-est (Borough,
Southwark) appartiennent à l'industrie et au
négoce ; les grandes rues du centre au commerce
londonien, et les autres parties de la ville sont
de petites habitations à jardins, claires et co-
quettes, contrastant avec les places enfumées et
boueuses des quartiers de travail. La zône industrielle sera appropriée sur les demandes des
groupes industriels, en tenant compte des besoins spéciaux de chaque industrie ; la zône d'habitation sera appropriée suivant l'étendue de terrain restant, et le nombre des habitants, en
donnant d'abord droit de préférence aux métiers
en chambre, pour la facilité de leur travail. Si
l'on suppose que la terre soit tellement étroite
pour les membres de la Société que les habitants

des villes ne puissent avoir une petite maison par
famille, la ville fixera le nombre des étages à
construire sur chaque lot, et fera, en conséquence, la concession à un nombre correspondant de familles : c'est, par exemple, un groupe
de quatre familles ; chaque famille se construit
alors, suivant les termes de la concession, son
étage, dont elle sera et demeurera propriétaire,
en tant que matériaux et puissance absolue du
local. Les charges de construction et de réparation pourront être régies par les dispositions suivantes, que j'emprunte au code civil (art. 664) :
les gros murs et le toit à la charge de tous les
propriétaires, chacun en proportion de la valeur
de son étage ; chaque propriétaire fait le plancher
sur lequel il marche, ainsi que l'escalier qui
conduit chez lui à partir de l'étage inférieur.

Mobilité des propriétaires.

Dans chaque bourg, les habitants peuvent
échanger, vendre, céder leur titre de concession
avec leur immeuble ou part d'immeuble ; donc,
mobilité complète dans le sein de la concession
industrielle, mobilité même de ville à ville pour
les métiers ambulants ; mais, en chaque lieu,
l'habitant est possesseur, toute location est interdite, au moins comme fait permanent (nous en
dirons, au chapitre suivant, la raison).

Les dépossédés.

Les retraités, déchus de la possession-exploi-
tation, ont droit, dans chaque ville, à une pos-
session-habitation ; ils peuvent, d'ailleurs, vivre

au milieu d'une famille de possesseurs, par entente amiable, s'ils trouvent ce genre de vie préférable; quant aux infirmes, aux dépossédés par indignité, ils sont relégués dans des asiles spéciaux, à moins qu'ils ne soient pris à charge par des particuliers.

Différences des deux systèmes de propriété.

Cet établissement de la propriété diffère-t-il beaucoup de l'établissement aujourd'hui en vigueur? Oui, certes, en principe, mais non en réalité. On trouve, dans tous deux, même subordination de l'habitation au travail journalier, même mobilité d'habitation dans les limites de cette subordination, mêmes facilités de construction, d'échange et de cession, même soumission de la propriété particulière aux besoins publics de l'expropriation, cette soumission étant étendue seulement et régularisée dans l'établissement que nous préconisons. La différence radicale, féconde en résultats justiciers, c'est qu'il n'existe plus, dans notre théorie, de propriétaires d'un côté, de locataires de l'autre; tous les hommes confondent en eux ces deux qualités antinomiques, étant locataires au même titre de la Société, et propriétaires au même titre de leur part de sol. Il n'y a donc rien de supprimé que la fortune privilégiée des uns et la misère obligée des autres. L'individu est aussi libre, que dis-je, bien plus libre qu'auparavant : non-seulement il va, vient, se déplace, change de travail à sa guise, mais encore la terre, ce pain nécessaire au travail et à la vie, le suit partout, le retrouve en quelque lieu qu'il se fixe dans la mère-patrie. Quelques-uns n'emportent plus cette terre bénie à la semelle de leurs souliers, ne l'amassent plus des points opposés, pour en faire trafic et l'imposer comme une dure marâtre aux déshérités ; en revanche, la masse n'est plus soumise à cette expropriation honteuse, à ce déplacement continuel, à ces expulsions accompagnées de saisies de meubles qui la mettaient au-dessous d'une tribu de nomades, sans lien, sans foyer, sans patrie.

Migrations.

Si la population devient trop nombreuse, à un certain instant, dans un centre donné, pour l'étendue de terre concédée par le groupe central, il y a simplement lieu à une migration de l'excédant de population, soit dans un canton voisin, soit dans une autre province, et, en dernier ressort, à une émigration à l'étranger, dans des pays de protection ou d'alliance française. Mais cette dernière hypothèse ne se réalisera de sitôt, bien de la place reste encore vacante sur le sol de la France, malgré le doublement de la population depuis une centaines d'années, et l'on sait qu'actuellement ce n'est pas la terre qui se refuse à une plus grande production, mais les bras libres, les corps bien nourris et les cœurs satisfaits qui manquent à la terre.

Mouvement croissant de la population.

Une remarque curieuse à propos de l'augmentation excessive de la population, c'est que les

Sociétés pauvres ou barbares procréent plus que les Sociétés riches ou civilisées ; la famélique Irlande voit sa population doubler en cinquante ans, tandis que la France moderne ne double la sienne qu'en cent vingt ans ; les époques de guerre amènent à leur suite reproduction excessive qui comble et au-delà les vides faits (1). Il est permis de penser, d'après ces données, que l'augmentation de bien - être et une plus juste répartition de l'aisance amèneront, contrairement à ce que l'on pourrait croire, un mouvement plus lent de population, et éloigneront des nations à venir ce terrible fléau de la reproduction hâtive, en leur laissant le temps et les moyens d'une émigration régulière ; que de contrées restent encore sur la terre à coloniser !

A chaque siècle, ses lois.

Il se peut que l'accroissement de population nécessite des dispositions complémentaires, ce sera affaire aux Sociétés futures. Nous n'avons pas la prétention de tracer immuable le développement de l'humanité, mais l'orgueil de vouloir démêler, dans son passé, les lois d'ordre d'avec les lois de passion, et de remettre celles - là en lumière, afin d'éclairer la raison collective sur sa propre marche vers le progrès. Pour le temps

(1) Voyez Moreau de Jaunès : Eléments de statistique. — L'expérience, quant aux individus, prouve de même que le goût des choses, de l'esprit, une vie régulière et aisée, l'amour dans le mariage, sont un obstacle à une fécondité désordonnée, partage presque exclusif de la misère, des instincts brutaux et de la froideur des relations conjugales.

présent, pour l'institution d'un ordre de choses nouveau conforme aux lois de justice, ce que nous avons dévoilé nous semble suffire, l'humanité bien ordonnée trouvera d'elle-même les lois d'ordre compatibles avec son développement.

Travail scientifique de l'appropriation.

Le travail scientifique de l'appropriation consistera à établir des statistiques aussi exactes que possible : 1° des terres propres à chaque culture et des terres non cultivables; 2° du nombre des habitants et de la nature de leurs travaux; 3° de l'accroissement de population dans un temps donné. Les industries ne seront pourvues qu'en deuxième lieu, les métiers solitaires en troisième lieu. La réunion des travailleurs en association facilitera singulièrement l'élasticité des lois d'appropriation en permettant à tout nouveau venu l'entrée d'une association qui n'a pas encore atteint son maximum de production, relativement aux ressources matérielles dont elle dispose.

Substitution facile d'un droit à l'autre.

D'ailleurs, l'application se modèlera nécessairement sur les faits existants. Supposons, par exemple, que notre pays adopte demain ce système de propriété : les paysans et manouvriers agricoles se verront concéder directement en association les terres qu'ils tenaient autrefois à ferme ou qu'ils travaillaient à salaire mesuré; les ouvriers d'industries seront associés pour exploiter l'usine dans laquelle ils travaillaient et

remplaceront les patrons dans la perception des
bénéfices ; les artistes et habitants des villes n'auront plus affaire aux propriétaires, mais à la
Commune qui leur demandera, pour tout prix de
location le respect de ses règlements, tout au
plus un léger impôt d'occupation variable comme
la diversité d'étendue et de situation des terrains.
Au bout de dix ans d'épreuve, une révision générale, fondée sur l'expérience de ces dix années,
remédiera aux abus, corrigera les inégalités.
Encore une fois, quelle entrave véritable pourrait
surgir de la substitution du propriétaire commun
au propriétaire particulier, et quelle différence
troublerait les usages, si ce n'est la suppression
du droit exorbitant de location, suppression profitable à tous, même à ceux qu'elle dépouille,
puisqu'elle les formerait au travail sain et joyeux ?

Qu'ils n'aient crainte, d'ailleurs, nos propriétaires. Leur folie seule, j'entends des tentatives
de contre-révolution, amènerait expropriation
violente ; le peuple ne leur demandera même pas
le sacrifice d'une nuit du 4 août, et sera prêt à
racheter leurs droits par des pensions viagères.
Destruction des faux principes, tendresse aux individus, peuvent se concilier avec la justice.

CHAPITRE V

RÉVOLUTION ÉCONOMIQUE

VALEURS, VENTE, CIRCULATION, CRÉDIT, LOUAGE, SALARIAT, COMMERCE.

Producteurs.

Chaque homme, dans notre société nouvelle, est producteur, sauf les infirmes et les hors d'âge, enfants ou vieillards. Les producteurs, proprement dit, se classent, avons-nous déjà remarqué, sous les trois genres suivants : agriculteurs, industriels, artistes. Les employés, nécessaires à chaque sorte de travail, sont compris dans la catégorie à laquelle ils sont associés, quelle que soit d'ailleurs leur occupation spéciale ; ainsi, un comptable d'une exploitation agricole, un forgeron, un menuisier, attachés par l'association à cette même exploitation, sont des producteurs agriculteurs ; au contraire, des cultivateurs, attachés à une grande industrie pour la nourriture exclusive des associés de cette industrie, sont des producteurs industriels ; de même, un comptable-expert, vérifiant les écritures de toutes associations qui l'appellent, un boulanger fabriquant du pain pour le public, sont des producteurs solitaires, compris dans les métiers d'art. Il est clair que tout individu peut passer successivement, sans quitter son métier, dans l'un des trois genres. — Consommateur, tout le monde l'est au même titre.

Circulation.

Mais, entre la production et la consommation,
il est le plus souvent besoin d'une fonction intermédiaire : la circulation. Les produits, pour
arriver des lieux d'exploitation aux débouchés qui
les attendent, ont besoin d'être voiturés : *circulation matérielle*. Relativement à la consommation
générale, ils doivent être parvenus à l'avance, en
prévoyance des besoins et choisis suivant une
nature et une quantité particulières, selon les
lieux de consommation : *circulation de spéculation*. L'économie politique bourgeoise, trouvant
cette double fonction reproductrice d'utilité, nomme producteur, au même titre que les trois classes citées plus haut, la classe des entrepreneurs
de circulation. Pour nous, nous distinguerons.
Tout d'abord la circulation ne nous apparaît pas
production au même titre que la production proprement dite, puisqu'elle ne crée rien de matériel, ne fait éclore aucune transformation et est
plutôt une cause de détérioration des produits. Il
est clair que le service de la circulation n'est
fonction utile, qu'autant qu'il est lié à la production et à la consommation par la loi suivante. Le
coût de la production d'un centre A, augmenté
des frais de circulation du centre A au centre B,
doit être inférieur au coût de la même production
au centre B. — La plupart du temps, la circulation n'existe de A à B que parce que B n'a
jamais songé à faire la production de A; et, ce
qui empêche le plus souvent l'entreprise de cette
production dans la région B, c'est la peur de
n'avoir pas une consommation assez abondante
et les craintes de concurrence des établissements

anciens do A. Or, remarquons que ces risques
très-entiers pour une entreprise particulière, dans
notre époque d'anarchie industrielle, diminueront
singulièrement dans une société équilibrée, surtout pour une entreprise associée : les associés
entreprendront deux ou trois séries do travaux
différents qui effaceront l'intermittence d'une seule
production ; et, quant à la concurrence injuste,
elle n'est plus à craindre, le sol et le crédit étant
acquis à tous. — Il suit de là que le rôle de circulation tendra à s'effacer de plus en plus devant
le rôle de production et no subsistera que dans
les cas vraiment nécessaires, à savoir quand il y a
impossibilité matérielle de fabriquer dans telle
région un produit à aussi bon compte que celui
auquel on le tire d'une région étrangère.

Circulation matérielle.

La circulation matérielle comprend le camionnage et les transports par routes, eau et voies
ferrées; le camionnage est ordinairement un service
particulier, j'entends fonction annexe de toute
production. Il peut constituer une entreprise spéciale, et est alors production comme toute fonction
de travail. Les transports d'un lieu à un autre
sont évidemment service public : tous étant consommateurs, ont égal intérêt à voir arriver les
produits à destination, ceux qui ne sont pas
acheteurs aujourd'hui le seront demain, et il est
peu important au premier abord que les frais
soient partagés par tous également (par l'impôt)
ou payés par les destinataires directs, puis réper-
cutés par l'échange sur les consommateurs. Pour
l'ordre, il est nécessaire que les expéditeurs ou

destinataires directs, payent une taxe d'enregistrement ; pour ne pas fausser les circonstances
de production, il est aussi nécessaire que les produits soient augmentés des frais afférents à leur
voiturage ; les frais de transports doivent donc
être acquittés directement par le destinataire,
confondus avec la taxe d'enregistrement. Mais
ce que paie la communauté économique, c'est le
tracé et l'aménagement des routes indispensables
à ce voiturage ; et elle obtient non-seulement la
propriété, mais la possession de ces routes, de
façon à ce qu'aucun particulier n'abuse d'une
possession qui serait un monopole : en d'autres
termes, la communauté a soin que les prix de
transport ne représentent que le coût du service
effectué à prix de revient, et déchargé de tous frais
de premier établissement, ou de réfection des
œuvres d'art.

Circulation de spéculation.

Est-il utile à la Société que quelques-uns se
fassent entrepreneurs d'approvisionnements ? Cela
ne peut être utile, répondons-nous, que pour les
objets qui ne sont pas susceptibles d'être livrés
en gros aux particuliers, à cause tout à la fois de
la rareté et de la diversité des besoins auxquels
ils répondent. Il est bien certain qu'il y a perte de
travail, si quelques-uns sans nécessité se font
les approvisionneurs d'objets communs, leur
temps pouvant être mieux employé à la production. Il y a, du reste, tendance générale dans une
société équilibrée à ce que chacun commande,
pour son compte, dans les centres de production,
les objets de besoins journaliers : les spéculateurs

de circulation (marchands en gros, commision-
naires) seront donc remplacés fatalement, dans
une pareille Société, par des commissionnaires-
associés (commis-voyageurs) des maisons de production. Quand aux marchands de détail, les seuls
véritables approvisionneurs, ils subsisteront en
agrandissant le cercle de leurs opérations, et
créant de véritables bazars soit d'épiceries et
denrées de ménage, soit de comestibles et fruits,
soit de nouveautés de toile, coton, laine et soie,
soit d'habillements confectionnés, etc., etc.; plus
ils seront bien fournis de produits de différentes
provenances dans leur spécialité, plus ces produits seront achetés directement aux producteurs, mieux et à meilleur marché seront servis
les consommateurs, mieux prospèrera leur propre commerce (1).

Voituriers, Circulateurs, Commerçants.

Nous concluons donc que les voituriers (rou-
leurs, camionneurs, déchargeurs, messagers,
etc.) sont de véritables producteurs industriels,
ayant droit, comme tous les autres, au sol et au
crédit; que les circulateurs de transports généraux sont, au contraire des employés spéciaux de
la production, soumis à des charges et lois fixées

(1) Ecrit en 1870. — Aujourd'hui 1880, des magasins de
produits multiples existent à Londres et se propagent à
l'exemple des Coopérative Stores ; Whiteley, approvision-
neur général (draperie, bijouterie, épicerie, cordonnerie,
fruits, viande, charbon, entreprise de bâtiments, pompes
funèbres, etc., tout se trouve dans cette boutique de nouveautés, à Westbourne); Grave, Roberts et C°, dans Isling-
ton (nouveautés, ameublement, épicerie, charbons) et autres.

par la communauté, par suite non producteurs libres, mais fonctionnaires appointés. Quant aux intermédiaires de gros, ce sont de véritables parasites à supprimer, artisans de hausse et de baisse, pêcheurs de fortune en eau trouble; ils ne seront pas plus reconnus producteurs ou fonctionnaires que les voleurs de grande route ou les chevaliers d'industrie. Les marchands de détail et demi-gros sont des artisans, puisqu'ils conservent pour leurs voisins les produits qu'ils font venir et qu'ils les façonnent en quelque sorte par la division : à eux seuls, nous conserverons le nom de commerçants.

De la Valeur.

Le prix d'un produit se fixe par l'échange. La comparaison directe de tous les produits avec un produit-type amène à énoncer les prix différents de ces produits. Un bœuf vaut dix brebis (Italie, Germanie) ; telle marchandise vaut tant de bœufs et tant de brebis. Pour le producteur, tout produit sorti de ses mains a d'abord une valeur intrinsèque, résultant du prix de la matière première employée et du temps passé à le façonner ; mais suivant leurs besoins, ceux qui échangent avec lui, accepteront le produit pour un prix supérieur à cette valeur intrinsèque ou n'en voudront que pour un prix moindre que cette valeur ; le prix débattu et accepté de part et d'autre est la valeur extrinsèque, la valeur vénale du produit ; l'autre valeur est ce qu'on appelle son prix de revient. La *valeur*, en conservant exclusivement cette dénomination pour le prix vénal du produit, est donc absolument et seulement fixée

11

par l'échange. Ce n'est pas que le prix de revient
ne joue un rôle dans l'offre faite par le producteur; mais le consommateur ne se détermine
dans sa demande que par ses besoins; si la demande est pressée et abondante, les consommateurs enchériront à l'envi sur le prix de revient;
si, au contraire, peu de demandes se font jour,
le producteur ne se débarrassera de son produit
qu'en l'offrant au-dessous du prix de revient. Les
produits sont faits pour être consommés, non
pour être produits et subsister ; c'est donc toujours
le prix de la demande qui prédomine sur le prix
de l'offre. Une production qui ne couvre pas les
frais de fabrication est abandonnée ; d'autre part,
si la demande abondante laisse, par son prix
élevé, un large bénéfice à la fabrication, il surgit
immédiatement d'autres productions identiques
ou analogues s'offrant à prix réduit : la valeur
d'un produit tend donc à se niveler légèrement
au-dessus de son prix de revient. Ce léger bénéfice pouvant être considéré comme le salaire de
vie du producteur, on voit que tous les individus
d'une société où les rapports ne sont faussés par
aucun privilége échangent entre eux à prix coû-
tant, ce qui est aussi le fait des sociétés primitives. Si le bénéfice s'exagère, c'est que quelques
hommes adroits profitent de la plus-value au
détriment de la masse : les moyens de cet esca-
motage s'appelant escomptes, commissions, concessions de monopoles, accaparements, ruine des
concurrents, etc... Les comptes embrouillés ne
sont favorables qu'aux gens de mauvaise foi :
2 pour 2, je suis sûr que personne ne me vole.

Des valeurs égales.

On conçoit qu'à un moment donné, une mesure de grains équivale à une mesure différente de vin et à des mesures particulières de chaque autre produit ; ces quantités diverses de chaque produit s'équivalent, c'est-à-dire s'échangeant troc pour troc, ont même valeur. La valeur, en économie sociale, est une idée générale, comme l'idée de temps en astronomie, l'idée d'espace en géométrie ; elle ne se définit que par la notion de quantités égales, amenant à sa suite les notions des quantités doubles, triples, et, en général, ayant tous les rapports numériques possibles. Rapportant toutes les valeurs à une supposée invariable et prise pour unité, par exemple, un mouton de tel âge et de tel poids, on dit ensuite ce bœuf vaut tant de moutons, cette mesure de blé vaut tant de moutons.

De la monnaie métallique

Mais la mesure commune des valeurs doit être un produit inaltérable, facilement transportable et pouvant se prêter à des divisions indéfinies. C'est ainsi qu'on est venu à créer la monnaie : monnaie de cuir ou d'airain d'abord, puis monnaie d'or et d'argent. L'or et l'argent, métaux brillants et communs, inaltérables, servirent à représenter des valeurs importantes ; ce furent les métaux précieux. Certes, la monnaie a servi à la diffusion de l'échange entre tous les hommes, elle s'est prêtée merveilleusement à toutes les différences de situations économiques, mais elle a fait dévier l'humanité de la recherche de la plus grande production et l'a lancée à la poursuite de biens imaginaires. On a cru qu'ayant de l'or, on posséderait sans peine tous les produits, et tout le monde a cherché à acquérir de l'or, comme si la possession de ce jaune métal faisait sortir de terre un produit utile de plus. Quelques-uns ont dû toujours travailler, les autres se sont appliqués à faire suer ce travail en or pour eux-mêmes. Au demeurant, l'humanité a été d'autant plus pauvre qu'elle s'est crue plus riche. Les nations, qui se sont tournées vers l'exploitation des mines précieuses, ont vu peu à peu la pauvreté les envahir, et leur or déprécié s'enfuir vers l'étranger; elles avaient lâché la proie et couru après l'ombre.

L'Argent, nerf de corruption.

La monnaie métallique porte la marque du prince comme garantie de la valeur nominale du signe; le prince, (nous employons ce mot au sens philosophique de gouvernant, le prince pouvant être un directoire républicain, une junte aristocratique, comme un roi constitutionnel ou un monarque absolu,) bien souvent prend la monnaie pour chose sienne, impose des tributs, falsifie le titre des monnaies, crée du papier à cours forcé en échange de l'or qu'il a reçu, agiote enfin scandaleusement sur la production et le commerce de tout son peuple. Les courtisans et policiers sont payés, avec cette monnaie anonyme, de leurs services inavouables, et achètent, riches à leur tour, la conscience et les services des fonctionnaires subalternes. La corruption, née des sueurs du travail, descend ainsi en flots sur toutes les classes du peuple. Argent bien acquis ou mal acquis, qui peut le reconnaître ? Nulle trace, le sang et la boue n'y laissent pas de marque. Dans toute société où cette monnaie existe, il doit y avoir des pauvres et des riches, une classe exploitante et une tourbe d'exploités. Derrière justice, police et soldats, l'argent est le fil secret qui les fait mouvoir et maintient l'ordre inégalitaire, c'est-à-dire, suivant la belle expression de Montesquieu, le désordre organisé.

Le Capital.

La puissance de l'argent a successivement conquis, dans les âges, la place de toutes les autres puissances ; cette puissance multiple, la science moderne l'appelle la puissance du capital. Au point de vue de la théorie économique bourgeoise, le capital est du travail amassé ; au point de vue du fait, nous trouvons que le capital a tout simplement été, jusqu'à ce jour, du produit emmagasiné, produit venant, non du travail du détenteur, mais de sa prélibation sur le travail d'autrui. Les produits emmagasinés ne sont qu'une réserve pour le travailleur qui les possède, mais l'homme qui n'est pas producteur et à qui les hasards des mouvements sociaux ont permis d'acquérir des produits plus que pour sa suffisance, cet homme ne les emmagasine que pour les accaparer, pour les transformer en un signe qui les représente tous, et pour faire fructifier ce signe, l'argent, le plus qu'il lui sera possible ; cet intermédiaire oisif, à qui la production n'est redevable de rien, cherche à agir, à agioter pour son seul bénéfice, et, par des services factices, prélève sur la masse un impôt sans cesse renouvelé. Quand il a ainsi intelligemment volé ses frères, le voleur patenté est assuré de faire vivre les siens une vie de plusieurs siècles, des fruits faciles de l'entremise de son argent, appelé par les travailleurs besogneux.

1° Le Trafic.

La conquête, le droit de la force nous a apparu présidant à tous les groupements humains; le trafic, le droit de l'habileté en a été, dans chaque société, le successeur heureux; chez quelques sociétés même, conquérant et marchand se sont trouvés confondus dès l'origine, ainsi pour les Phéniciens, Tyriens et Carthaginois; assistons à l'éclosion de ce nouveau maître : le trafiquant. Dans une société de pasteurs et d'agriculteurs, un homme imagine d'aller de tente en tente offrir des colifichets, parfums, verroteries, ornements, que fabriquent des tribus éloignées; en échange de ce qui ne lui coûte rien ou fort peu de chose, on lui donne du blé, des moutons, du vin. L'homme qui a créé l'intermédiariat, c'est-à-dire le commerce spéculatif, économisera sur sa nourriture, sera sobre et économe pour lui, avare pour les autres, et cherchera à vendre ce dont il pourrait faire joyeuse vie : ses moutons, son blé et son vin. Ses trafics successifs l'enrichiront sans qu'il courbe son front vers la terre ou qu'il enfle les muscles de ses bras. Son métier, le voici : lui seul saura où est l'abondance de tel produit et où, par contre, le besoin en est ressenti; il ne mettra pas en rapport les deux véritables contractants, se contentant de prélever une simple commission pour son dérangement ; il s'en gardera bien : aux uns, il achètera à vil prix, aux autres il vendra fort cher, parlant encore de sa peine et de son désintéressement.

Ayant ainsi amassé sournoisement toutes sortes de produits, les hommes qui ont inventé le trafic mettront le comble à leur invention en imaginant la création d'une monnaie, c'est-à-dire d'un signe représentatif des produits ayant par lui-même valeur intrinsèque. Il importe peu au producteur qu'ayant vendu son blé en août contre du vin livrable en octobre, il reçoit en échange de son blé une promesse verbale ou écrite de vin ou un signe métallique représentatif de ce produit. Ceci sera argué de faux, l'or étant dit, en économie bourgeoise, à la fois signe et valeur. Je conteste que l'or et l'argent soient plus valeurs dans un État bien policé, qu'un billet à ordre ou autre représentation analogue de la promesse faite, on en verra plus loin la démonstration. Il importe beaucoup à l'intermédiaire d'avoir en main un signe de ses richesses qui ne dénonce point ses façons de faire, qui lui permette d'acheter à volonté soit du vin, soit des moutons, ou d'attendre. En d'autres termes, la monnaie métallique n'apporte aucun secours au producteur-consommateur dont les besoins sont commandés et ne varient pas capricieusement, elle favorise exclusivement le trafiquant qui peut ainsi changer de goût sans inconvénient et porter à chaque instant son attention sur de nouveaux produits. Il est facile de voir que la société productrice est lésée, ayant devant elle une classe de gens qui épient ses besoins et transforment leur arsenal suivant ces besoins. L'intermédiaire est exposé à peu de pertes, ayant plus de métal que de produits, et n'étant pressé de vendre que pour racheter dans de bonnes conditions. Si le détenteur de produits et le consommateur ne subissaient pas l'office de l'intermédiaire, l'échange se ferait directement entre les deux travailleurs par un contrat juste et non faussé ; avec l'intermédiaire, l'échange est désavantageux pour le consommateur qui paye trop cher ses produits, et, comme tous sont consommateurs, tous payent tribut en fin de compte au trafiquant ; parfois même celui-ci, profitant des circonstances, sait enlever le produit à vil prix au producteur, gagnant ainsi des deux côtés. Les Grecs, pour qui les dieux n'étaient que des personnifications typiques, avaient confondu justement dans Mercure le trafiquant et le voleur : tous deux profitent avec peu de peine du travail d'autrui.

2°. L'usure.

Le trafiquant, non content de vendre des produits, songe bientôt à vendre la monnaie elle-même. Il posséderait en magasin du blé ou du vin en nature, qu'il ne pourrait les vendre qu'une fois ; mais l'argent est inaltérable et s'échange sans se consommer ; celui qui en a besoin doit d'abord le payer sa valeur, c'est-à-dire s'engager à rendre pareille somme d'argent dans un délai fixé, puis laisser, comme sur toute vente, un bénéfice au marchand, c'est-à-dire payer une fraction d'argent en plus. De sorte que loin de s'altérer, ce produit-signe tend sans cesse à grossir : telle somme prêtée pour un temps limité, revient au bout de ce temps à son propriétaire, ayant fructifié d'une autre somme, et cela sans embarras, sans gêne, sans travail pour lui. On comprend que, riche des dépouilles des autres, le trafiquant de produits se fasse trafiquant d'argent et vende, contre garanties, aux producteurs dans l'embarras, de l'espèce monnayée qui les sortira momentanément du besoin : ou il est remboursé avec profit, ou il exproprie l'emprunteur de sa garantie; dans les deux cas, celui-ci n'a guère travaillé que pour lui. L'homme d'arme était le tigre qui déchirait et écorchait le travailleur de la terre, l'usurier est le vampire qui, à sa suite, le suce et l'épuise.

3° La propriété.

Peu à peu, le vampire s'est assis sur le sol à la place des conquérants, et par la propriété du sol a forcé les travailleurs à lui payer éternellement rançon. Cette propriété, nous avons vu comment il en avait hérité, par la force de l'argent, des nobles, propriétaires par l'usurpation.

4° Le Patronat.

La dernière forme de tyrannie du capital est le patronat. Le bourgeois riche se fait entrepreneur de tout travail, en calcule d'avance les bénéfices probables, s'assure alors la coopération d'un certain nombre d'ouvriers à qui il donne un salaire restreint, quoiqu'ils aient pourtant toutes les peines, toute la fatigue, tous les dangers, et il garde pour lui seul, comme intérêt de son argent en compensation de ses risques et récompense de son activité bourdonnante, l'écart entre le prix des salaires et le prix de l'œuvre, plus la gloire s'il y en a.

Monnaie fiduciaire.

Avec la multiplicité des échanges et les transactions internationales, l'or lui-même est devenu caduc; il a fallu lui ajouter la lettre de change, le mandat, le billet à ordre, puis au porteur, en un mot la monnaie-papier ou monnaie fiduciaire. L'or et l'argent ne servent plus aujourd'hui en quelque sorte que d'appoint dans les transactions, montrant ainsi leur inutilité comme monnaie. Le billet à ordre est un engagement individuel de payer à jour fixe tel produit qui vous est fourni; le paiement devant se faire d'ailleurs en monnaie légale, c'est-à-dire en monnaie acceptée de tous: cet engagement, transmissible par endos, devient alors véritable monnaie, si le signataire est reconnu solvable. Les billets de banque ne sont qu'une généralisation du billet à ordre: en échange des billets individuels, un établissement, patronné par l'Etat, met en circulation ses propres engagements, sous la forme de billets au porteur, et ses billets deviennent monnaie-courante; ce sont ceux-ci qu'on appelle proprement monnaie fiduciaire. Elle est supposée actuellement toujours remboursable en monnaie d'or ou d'argent, quoique par le fait de son développement, elle représente plus de transactions qu'il n'existe réellement dans le pays de métal monnayé.

Supposons maintenant que, dans une société juste et bien ordonnée, les hommes, au lieu d'inventer la monnaie-produit, se soient contentés d'une monnaie-signe, en se servant de promesses écrites ainsi conçues :

« Bon pour tant de mesures de tel produit, livrable à telle date, en tel endroit.

Signé : X producteur. »

Les échanges de marchandises se seraient ainsi trouvés facilités, sans qu'on donnât privilège spécial à aucun produit. Le billet, livré en échange d'une marchandise, représentait son équivalent ; pour être accepté de tous, il lui manquait pourtant une grande chose : la garantie de probité et de solvabilité du souscripteur ; ces billets ne constituaient pas une monnaie générale à cause de la diversité de leurs origines. Mais admettons, en plus, que dans un groupe organisé de producteurs, la communauté des citoyens ait créé une Banque nationale, chargée d'émettre en échange de ces billets, des billets de forme spéciale, représentant l'unité de valeur, soit un kilogramme de farine, je suppose. En échange des promesses de produits divers des producteurs qu'elle leur escomptait au cours du jour, et suivant le temps à courir, la Banque mettait en circulation des billets ainsi conçus :

« Bon pour tant de kilogrammes de farine livrables au porteur. »

LA BANQUE NATIONALE.

Le kilogramme de farine étant l'unité de valeur adoptée par la nation, voilà bien une monnaie générale créée : elle remplit les conditions de toute monnaie, acceptée de tous, se prêtant à toutes transactions, facilement transportable ; si elle n'est pas inaltérable, la souche des livres de la Banque remédie à cet inconvénient : chaque billet, ayant son numéro d'ordre distinct, peut faire l'objet, en cas de destruction, et même en cas de perte, d'une déclaration d'opposition à son remboursement et à sa circulation. Mais il n'existe vraisemblablement pas dans le pays autant de kilogrammes de farine, qu'il y en aura de promis par la Banque; tel billet qui porte la promesse de 10 kilogrammes de farine a été délivré en représentation d'un engagement d'une paire de bas, et représente cette production bien plus que 10 kilogrammes de farine. De même, nos billets de banque actuels, où il est écrit : « *Mille francs, payables* au porteur » ne pourraient être tous remboursés en francs d'or ou d'argent, ces métaux monnayés étant en nombre limité, inférieur au chiffre des affaires engagées; de sorte que ces billets représentent plus véritablement des produits naturels ou manufacturés que des métaux or et argent, les transactions commerciales de fer, de fil, de laine, etc., qui donnent naissance aux billets de banque, se développant à leur aise, sans souci de la quantité de monnaie métallique existant dans le monde.

Monnaie nouvelle.

Les peuples-enfants avaient besoin d'une *monnaie signe matériel;* les peuples hostiles d'une *monnaie-produit*, livrant garantie au moment même de l'échange : des peuples instruits, des échangistes-frères n'ont que faire de ce signe matériel, de ce produit-monnaie. Au lieu de prendre pour type de valeur une marchandise spéciale, le kilogramme de farine ou le demi-décagramme d'argent, n'est-il pas préférable, une fois la confiance réciproque établie entre les hommes, de prendre pour type de valeur une valeur imaginaire, par suite invariable, qui sera la commune valeur idéale entre les valeurs de tous les produits possibles ? J'appellerai As cette valeur imaginaire de l'économie sociale ; elle représente à l'origine, je suppose, la promesse d'un kilogramme de farine ; mais dans le mouvement des échanges, elle représente ensuite tous les produits en quantités équivalentes à la valeur primitive du kilogramme de farine. Alors la valeur du kilogramme de farine elle même peut changer par rapport aux valeurs des autres produits restant stationnaires : la monnaie n'étant plus un produit spécial ou une reconnaissance de ce produit, mais une entité, un signe métaphysique, conserve une valeur immuable sur laquelle toutes les valeurs se proportionnent naturellement. Expliquons-nous : le kilogramme de farine ou le franc d'argent étant l'unité de monnaie, si ce produit spécial vient à doubler de quantité dans le pays, les besoins restant les mêmes, la valeur de ce produit devient moitié de ce qu'elle était, et comme ce produit est l'unité de comparaison ayant valeur nominale fixe, il faut que les valeurs de tous les autres produits deviennent doubles, exprimées en kilogrammes de farine ou en francs d'argent ; une variation simple amène donc trouble dans tous les prix sans exception ; sans doute, cette hypothèse du doublement du produit unité ne se réalise pas souvent ; mais ce qui se réalise tous les jours, c'est la variation inévitable de la valeur du produit-monnaie par rapport à sa propre

valeur de la veille, et il est évident que ces variations ne se répercutent pas facilement et également sur l'ensemble de toutes les valeurs. Avec
une monnaie idéale, rien de pareil, l'As peut être
défini : « la valeur du kilogramme de farine, de
telle qualité, à tel jour, prise pour unité de valeur
par rapport aux valeurs de tous les autres produits à ce même jour. » Le lendemain, les conditions étant changées, chaque produit prend, par
rapport à sa valeur de la veille, une valeur nouvelle, qui peut s'exprimer également en As ;
comme il est convenu que l'As n'est pas une promesse de produit, mais une unité de valeur, peu
importe que la valeur du kilogramme de farine
varie ; si nous supposons, comme plus haut, que
ce produit soit deux fois plus abondant, les autres restant les mêmes, le kilogramme de farine
vaudra alors *un demi-As* au lieu d'*un As*, et les
prix des autres produits n'auront pas changé : on
comprend de même que les variations insensibles
du kilogramme de farine d'un jour à l'autre se
fassent sentir immédiatement au lieu de rester
enfouies sous les lentes ondulations des autres
prix. En somme, le produit-monnaie est détrôné,
et avec lui tous les abus qu'il engendre. Plus besoin de commissions monétaires cherchant à re-
médier à la dépréciation de la valeur de l'argent
ou de l'or.

J'entends bien qu'on me réclame le gage de
notre monnaie d'As, qu'on veut voir la représentation réelle de ces billets de valeur imaginaire, savoir comment et en quoi ils sont remboursables? — Le gage de cette monnaie, la
représentation effective du *Billet d'As* à un certain jour, c'est l'ensemble des engagements en

portefeuille de la Banque; au cours du jour,
divisé par le nombre d'As émis, (on conçoit, en
effet, qu'un quintal de fer n'ait pas valeur identique le jour de la souscription de sa promesse,
et tel autre jour donné). Quand au remboursement, il se fait continuellement, tous les jours,
au taux nominal, par l'échange accepté des Billets d'As contre toutes marchandises, les citoyens
contractants étant convenus de n'avoir point d'autre monnaie. La forme de ces billets est sobre et
artistique comme celle de la monnaie d'or ou d'argent : la somme en grosses lettres bien apparentes,
répétée en chiffres quelque part ; au-dessus le
nom de la banque nationale ; au bas les signatures, au milieu et dans les coins les numéros d'ordre. Substituez dans les différents billets de la
banque de France, émis depuis août 1870 (1) les
mots : Cinq as, vingt as, cinquante as, cent as,
cinq cents as et mille as aux mots : cinq francs,
mille francs, imaginez les billets manquants de
un as, et deux as, vous aurez une représentation
parfaite du système.

Mécanisme de l'échange.

Je veux montrer qu'on aurait pu se servir de la
monnaie idéale, sans passer préalablement par
la monnaie-produit. Restreignons, afin de le
pouvoir parcourir, le cercle de l'échange, et admettons qu'il y ait seulement cinq producteurs,
formant entre eux, cette banque mutuelle, un

(1) Le cours forcé, décrété à cette époque, a fait remplacer l'ancienne rubrique : MILLE FRANCS ou *cent francs.
payables au porteur*, par la seule annotation : MILLE FRANCS
OU CENT FRANCS : véritable monnaie idéale!

meunier, un maçon, un tanneur, un cordonnier,
un tailleur. Le kilogramme de farine fourni par
le meunier, et dont tous ont besoin, est pris à
l'origine pour unité de valeur, et appelé As;
à cette valeur correspondent tant de peaux, tant
de souliers, tant d'habits, tant de bâtisses, pour
des sommes d'As: le kilogramme de farine vaut
lui-même, suivant la qualité, l'abondance ou la
rareté, plus ou moins que l'As. Cela posé, j'ad-
mets que le cordonnier prenne 300 as de cuir au
tanneur pour sa fabrication; le tanneur, muni de
la promesse du cordonnier, échange à la Banque
son billet particulier de 300 as contre 300 as de
billets de banque en différentes coupures, abstraction faite de l'escompte. La banque met le
même numéro au billet souscrit qu'elle détient et
aux billets imprimés qu'elle émet: celui-là étant
la garantie, le gage de ceux-ci, le tanneur distribue bientôt ses 300 as de la banque entre les
quatre autres producteurs, contre achat de leurs
produits ou de leurs travaux; ceux-ci à leur tour
font circuler de nouveau cette monnaie suivant
leurs besoins. Il arrive un moment où par la
vente de ses marchandises, le cordonnier rentre
dans la totalité de son engagement, et s'il a bien
calculé l'époque de cette rentrée, il se trouve
en mesure de rembourser la banque qui vient lui
présenter sa promesse à l'échéance. Le cercle
est fermé: la promesse est sortie du portefeuille
de la banque en même temps qu'y rentraient ses
propres billets que nous supposerons qu'elle an-
nulle (1). Ainsi, sans monnaie métallique, sans

(1) La Banque d'Angleterre annule tous ses billets au fur
et mesure des rentrées; ces billets portent des numéros
que tout banquier ou détenteur momentané inscrit, en cas

produit-signe, les individus ont pu échanger leurs produits sur une valeur totale de 300 as, trois ou quatre fois répétée. Il est clair que le meunier, le maçon, le tailleur, le cordonnier lui-même, pouvaient avoir en main de leur côté des produits fabriqués ou des matières premières, et que le capital de circulation de la banque, au lieu de 300 as, aurait pu être de 1,500 et davantage; il est clair aussi que ces 1,500 as auraient donné naissance, comme les 300, à une circulation triple ou quadruple.

Valeurs de circulation.

Le cordonnier n'aurait pas eu besoin de souscrire un billet de 300 as au tanneur, s'il avait eu des paires de souliers fabriquées en valeur équivalente, et que les autres producteurs eûssent consenti à l'échange immédiat. Mais qui ne voit que la production est alors soumise à toutes les chances d'instabilité, et qu'elle arrivera à peine à temps pour satisfaire la consommation? Il faut, pour que la production soit continue, que le remplacement des matières premières se fasse indépendamment des demandes journalières et en vue seulement de la consommation annuelle: sous le rapport de la consommation, l'échange est direct, ou quasi-direct, le cordonnier livrant sa paire de chaussure contre 36 kilogrammes de farine ou contre 36 as de la banque, les représentant comme tout autre produit: sous le rapport de la production, l'échange est toujours une pro-

de perte ou de vol, pour faire opposition au paiement; les signatures des donneurs de ces billets sont souvent exigées au dos par le receveur.

messe d'un côté contre une livraison de l'autre ; j'ai besoin de 300 as de cuir, livrez-les moi, je vous paierai dans 60 ou 90 jours, alors que j'aurais vendu les chaussures que je possède ou celles que je fabriquerai avec ce cuir. Donc, la masse des billets souscrits, par suite le portefeuille de la Banque peut être regardé comme égal à la somme de la fabrication courante ; et avant de s'éteindre, ces engagements donnent lieu à des transactions multiples de produits fabriqués. D'un autre côté, tous les produits fabriqués (de même tout produit naturel consommable) sortent d'une fabrication récente ; et pour une même population, le stock des objets attendant leur tour de consommation reste à peu près le même ; il s'ensuit que le mouvement annuel des valeurs de la banque (valeurs reçues ou valeurs émises) représente assez fidèlement la totalité annuelle de production du pays. Arrivé à sa forme parfaite, le produit va s'user par la consommation ; aussi le paiement se fait-il au comptant, c'est-à-dire qu'il s'effectue avec une valeur déjà créée ; au contraire, le produit susceptible de transformation se paie par la naissance d'une valeur hypothéquée sur sa valeur dernière. En d'autres termes, les produits prêts à être consommés s'échangent directement, valeur contre valeur, sans emprunter d'autres secours à la Banque que celui d'un signe ; les produits transformables s'échangent promesses de produits contre produits, et ce sont ces promesses qui constituent seules les *valeurs de circulation*.

Crédit mutuel.

On voit que les valeurs de circulation sont fondées sur le crédit. Celui qui fait la promesse a crédit (confiance) de celui qui la reçoit en échange de sa marchandise ; cette promesse ne devient cédable, comme le produit lui-même, et de plus inaltérable et facilement transmissible, que lorsque le crédit (la confiance accordée) de particulier devient général. Pour cela, il faut à l'individu signataire une caution connue. Je ne mets pas en doute que cette caution n'ait été fournie à l'origine par la gent du producteur (sa famille, sa tribu ou ses patrons); plus tard, l'individu se fit cautionner par un homme d'une certaine consistance qui lui-même obtenait la caution d'un ou deux hommes puissants; ce fût le rôle des escompteurs, banquiers, puis sociétés de Crédit. Il ne s'agit que d'étendre encore cette caution, de généraliser le crédit, de l'appliquer par tous à chacun. Dans une société juste, outre le sol, chacun a droit au crédit, c'est-à-dire à la caution de tous. N'avons-nous pas posé en principe que la société devait à l'individu, s'il y avait lieu, une avance des produits nécessaires à son travail? Or, l'individu est juge, mieux que personne, de ce qui est nécessaire à son travail et de ce qui est nécessaire à ses besoins pendant le temps de sa fabrication : d'ailleurs, ce n'est pas une aumône qu'il réclame, mais la facilité de travailler; le remboursement de cette avance est sous-entendu, et sa participation forcée à la garantie du crédit offert aux autres individus est le corollaire de l'exercice de son droit. Le crédit général mutuel est donc le deuxième devoir d'une société

bien ordonnée; la recouvrance certaine de ce
crédit repose sur le travail de l'individu qui le
sollicite, travail qui n'est plus sujet à obstacles,
l'individu étant nanti du sol, le premier capital,
ayant de plus reçu l'instruction nécessaire à son
métier (troisième devoir de la société), et devant
être supposé dans une société équitable, plein de
bonne volonté pour acquitter sa dette.

Notre Banque de circulation n'est donc autre
chose qu'une banque de crédit mutuel dont les
billets font fonction de monnaie. De même que
ses billets font fonction d'effets particuliers circu-
lant par endossement; de même ils n'empêche-
ront pas la création particulière de bons de monnaie au porteur, remboursables en as de la banque, ou en produits de l'émetteur : seulement, ces
billets n'auront pas cours légal. Au-dessous d'un
demi-as, la banque pourra, du reste, frapper des
monnaies de billon, de 1, 2, 5 et 10 centimes
d'as, servant d'appoint dans les transactions journalières.— Notre billon actuel n'est que fiduciaire,
il ne représente nullement la valeur inscrite.

Escompte de la Banque.

La Banque, en faisant du papier particulier
une monnaie générale, est elle-même un producteur (fabricant de monnaie), et, comme tel, a
droit à une rétribution : cette rétribution est ce
qu'on nomme l'escompte. L'escompte, ou la rete-
nue d'une fraction sur chaque somme qu'elle
échange, sert à solder les différents agents de son
travail. Il doit aussi servir à compenser les pertes qui pourraient se produire dans la réalisation
des effets de son portefeuille par l'anéantissement

de quelques gages particuliers. On comprend donc que cet escompte soit mobile, puisque, outre les frais généraux d'administration, il solde les différences qui peuvent se présenter entre la valeur nominale des billets de Banque émis et leur valeur effective. Y a-t-il prévision de perte dans un exercice, l'escompte est augmenté; s'il y a prévision de gain, l'escompte est diminué. La Banque étant un service public, une association nationale, ne doit pas faire de bénéfices sur les contractants, mais éviter seulement la dépréciation de son gage total : ses agents n'ont droit qu'à la rémunération stricte de leur travail, rien de plus. Les sommes retenues pour l'escompte rentrent du reste, en partie, dans la circulation générale par les achats nécessaires au fonctionnement de l'institution et les besoins de vie des agents ; l'autre partie est une prime d'assurance mutuelle contre les faillites.

Garanties contre les mauvais débiteurs.

Que doit-il se passer lorsqu'un souscripteur ne peut pas remplir son engagement ? Le cordonnier que nous avons supposé est, par exemple, en mesure de payer à l'échéance de son billet de 300 as, 270 as, mais attend la vente d'une dernière paire de chaussures pour solder les 30 derniers as. La Banque, reconnaissant sa bonne foi, lui consent un renouvellement de partie de sa dette, et le commerçant en est quitte pour un second escompte. S'il arrivait au souscripteur incapacité totale de payer, ce serait le fait ou de son inconduite ou d'événements de force majeure; dans ce dernier cas, il y a lieu de substi-

tuer au débiteur insolvable du fait de la nature,
la masse des souscripteurs non frappés par semblables fléaux ; c'est affaire à une institution que
nous appellerons : *caisse d'assurance mutuelle,*
et dont nous développerons plus loin l'organisation ; dans le premier cas, ou le débiteur adonné
au vice, est incapable de se relever, et alors il
doit être rayé de la société des producteurs, après
saisie de ses propres jusqu'à concurrence de sa
dette ; ou il est susceptible de vaincre ses mauvais penchants et de revenir au travail et à la
vertu, et alors il est aidé dans son essai de réhabilitation par une caisse spéciale désintéressant la
Banque en son nom et que nous appellerons :
caisse des avances; il n'est pas exécuté , mais il
perd momentanément droit au crédit ordinaire et
subit des conditions de prêt plus élevées.

Les trois institutions.

Nous concevons donc le crédit mutuel général
fondé sur ces trois institutions :

1° Banque de circulation.

2° Caisse d'assurance mutuelle.

3° Caisse des avances.

La Banque de circulation, donnant simplement
une garantie d'authenticité et de solvabilité aux
promesses particulières, ne court presque aucun
risque, assurée qu'elle est du remboursement,
dans la majeure partie des cas ; les billets de Banque sont donc bien véritablement monnaie générale, représentation exacte de la valeur qu'ils
affichent : les seuls cas de perte auxquels pare la
mobilité de l'escompte se rencontrent lorsqu'un
débiteur est insolvable de volonté et de fait par in-

suffisance d'actif à saisir et que sa mauvaise
volonté, notoirement connue, l'empêche d'être
aidé à se relever; on comprend que ces cas de
perte seront peu nombreux dans une société où
le travail et la moralité sont le seul but des lois
et des institutions.

Le taux de l'escompte est ainsi l'indice de la
moralité travailleuse du pays, comme la prime
des assurances est l'indice des fléaux naturels,
et le montant des avances, l'indice des défaillances
passagères.

Remarques sur les conditions différentes du crédit dans notre société, et dans les sociétés d'alluvions anciennes.

Nous n'avons pas beaucoup changé, en apparence, les conditions d'existence d'une Banque
nationale, et en mettant le mot *franc* (1) au lieu du
mot *as*, notre Banque de circulation paraît
presque identique à la Banque de France. Qu'on
veuille bien considérer cependant deux légères
différences : 1° notre banque n'est plus une société privilégiée concessionnaire de l'État, donnant des bénéfices à ses actionnaires, mais un
service public géré sous la surveillance de la com-

---

(1) Il n'y aurait pas d'inconvénient à conserver le mot
franc, comme marque de l'unité de valeur, pourvu qu'on
oubliât la définition physique attachée à ce mot. La définition du franc (5 grammes d'alliage d'argent à 1 dixième de
cuivre), outre qu'elle mêle un produit spécial à l'idée de
monnaie, ne sert aucunement les notions d'échange : le
rapport des valeurs entre elles est un nombre abstrait, et
non pas un nombre concret; l'intervention d'une quantité concrète entre deux valeurs ne peut que troubler le
rapport de ces valeurs.

munauté, ne servant l'intérêt de qui que ce soit,
si ce n'est l'intérêt général ; 2° notre banque de
circulation a seule le droit de monnayage, de sorte
que la monnaie étant unique, il n'y a plus d'un
côté l'or et l'argent, de l'autre, le billet prenant, dans des circonstances critiques, des valeurs différentes, et que toute crise monétaire est
conjurée.

Suppression des traitants.

Les conséquences sociales sont immenses. Plus
de financiers, de banquiers, de sociétés de crédit,
faisant passer la fortune des particuliers aux
mains de quelques habiles, et ne voyant dans les
crises commerciales que des occasions d'exploiter la misère du pays. Le Crédit, comme la
Terre, appartient à tous, et s'offre même aux
déméritants qui veulent se relever ; qui pourrait
désormais voir ses biens et partant sa liberté,
confisqués par adresse ?

Crédit gratuit universel.

Les valeurs, allant toujours en augmentant, le
taux de l'escompte ira en diminuant, de façon à
réaliser autant qu'il se peut l'utopie du crédit
gratuit. Il est clair que, la moralité allant de même
en augmentant, la caisse des avances réduira,
elle aussi, son taux d'escompte, et élargira de
plus en plus son aide de réhabilitation.

Facile bilan de la richesse du pays.

Les métaux précieux, devenus une simple marchandise, n'ayant plus cours légal dans la nation, le prix des objets d'or et d'argent deviendra moindre qu'aujourd'hui, et rendra ces objets plus communs dans les usages de la vie. D'un autre côté, la monnaie étant unique et spéciale au pays, la nation connaît à chaque instant le montant de sa richesse par le total de ses billets en circulation : que s'il y avait une quantité importante d'effets particuliers émis, l'établissement d'un droit de timbre, proportionné aux sommes émises, donnerait le montant du supplément de circulation.

La production affranchie par la consommation facilitée.

Il reste à montrer l'effet le plus heureux du changement de monnaie. Avec la monnaie représentative de valeur, la demande générale des produits ne se fait qu'autant que les consommateurs ont en main de l'espèce monnayée, c'est-à-dire un produit vendu, une provision de travail, une économie réalisée ; l'offre, au contraire, est, pour ainsi, dire, permanente ; la fabrication ne s'arrêtant que devant le manque absolu de ressources causé à la longue par l'atonie des demandes. Il résulte de cette situation que le producteur voit constamment mésestimer ses produits, par suite de l'abondance de l'offre sur la demande ; en d'autres termes, la société travailleuse est exploitée en coupe réglée par ceux qui possèdent l'argent et qui n'ont, pour métier, que

12

l'épiement féroce des crises de la société; le con-
sommateur-producteur, lorsqu'il a enfin de l'argent par la vente de ses produits, étant obligé d'a-
cheter à ce même spéculateur interposé auquel
le producteur primitif s'est vu contraint de vendre. — Avec la monnaie-promesse, les choses se
passent tout autrement. Chaque consommateur
tient, au bout de sa plume, sa réserve d'argent,
et peut faire ses achats suivant ses besoins : un
chapelier, par exemple, démuni de monnaie, mais
ayant besoin de souliers, fait un billet de 36 as à
son cordonnier; celui-ci le passe à son tanneur ou
à son boulanger qui, l'escomptant à la banque,
le transforme en monnaie publique. Qu'est-ce
qui a amené la transaction ? Non plus une économie faite, mais un besoin; la consommation a
commandé la production. Alors la production ne
marche plus à l'aveugle : elle va se régler et
trouver ses lois. Les besoins sont nécessaires,
semblables d'une année à l'autre pour l'ensemble
d'une population; leur accroissement même se
fait progressivement avec l'augmentation de population et l'augmentation du bien-être général.
Les producteurs sont donc assurés d'avance de
leurs débouchés; au lieu de travailler au hasard,
pour le marchand, pour le spéculateur, ils travaillent en quelque sorte sur commande pour le
client qui, ayant besoin et non pas spéculant, paie
le produit le prix voulu. Dès lors, les détenteurs
de monnaie ne peuvent, quoi qu'ils fassent, faire
la loi. L'or étant limité, l'égorgement des vendeurs et des acheteurs leur était jadis chose facile. Mais que faire, même en se coalisant à plusieurs, du moment que deux échanges consécu-
tifs créent immédiatement un supplément de

monnaie, et par suite que la faculté d'achat
est aux mains de tous? La production suit la
consommation et se passe des intermédiaires aux
services trop chers. Donc, plus de crises commerciales, causées par la raréfaction du numé-
raire venant de la peur ou de l'agiotage des gens
aisés; la masse, vraie souveraine, étant admise
au droit de frapper monnaie, ne retarde pas ses
besoins, force l'industrie à marcher et ainsi se
redonne à elle-même du travail.

Transactions extérieures.

Parlons des transactions extérieures: Un producteur français qui vendra à l'exportation recevra
ou un produit équivalent à son produit, ou sa valeur en billets d'As; je fais rentrer dans le cas du
produit équivalent le paiement en monnaie du pays
étranger, or ou papier; cet or ou ce papier échangeables contre des produits du pays, auront un
cours en France comme en ont aujourd'hui les effets
sur Londres, Vienne, Pétersbourg, etc.; le vendeur français pourra donc au besoin changer cette
monnaie étrangère en As. — Au contraire, un
consommateur français a besoin de produits étrangers; il les solde, à la volonté du négociant étranger, soit en billets d'As qui auront un cours sur
les places étrangères, soit en or ou en papier du
pays, pris chez les changeurs. Ainsi le pays se
suffira toujours à lui-même, pour sa circulation
propre, par sa monnaie exclusivement fiduciaire;
et ses échanges internationaux ne souffr ont
néanmoins aucune difficulté. Le cours du change
de l'As sur chaque pays indiquera de lui-même
la balance de notre commerce avec chaque na-

tion étrangère. On voit bien, par ce qui se passe
sous nos yeux, à l'époque que j'écris, où le papier est presque la seule monnaie légale de la
France, de l'Italie, de l'Allemagne et de la Russie,
que les échanges internationaux s'accommodent
fort bien d'une monnaie idéale ; que sera-ce quand
le papier des banques ne sera plus du papier d'E-
tat dépensier, guerrier, fonctionnariste, mais du
papier d'Etat sans budget, sans pouvoir, sans
fonctionnaires, du papier d'une grande société
de production ? Que si la France seule est cet
Etat, son papier d'As vaudra le double ou le triple des papiers étrangers, c'est-à-dire que le
change de l'As doublera et triplera les bénéfices
de notre commerce extérieur.

De la Vente.

L'échange d'une marchandise contre de la
monnaie, quelle qu'elle soit, porte le nom de
vente. La monnaie, représentant un produit parfait, l'échange n'est loyal que si la marchandise
livrée est également parfaite pour ce qu'elle est
annoncée ; les lois du contrat de vente ne sont
pas, du reste, à trouver ; il suffit de conserver
celles qu'a laissés dans nos anciens codes l'esprit
juridique de la Rome antique. Sauf ce qui a rapport à la terre, immobilisée sous le pied de la
race, les dispositions du code civil (liv. iii tit. vi)
peuvent donc être maintenues : toutes choses,
sauf la terre, son dessus et son dessous, peuvent être vendues et achetées ; les immeubles ne
peuvent être vendus au premier venu que comme
matériaux à enlever ; comme habitation et jouissance, ils ne peuvent être cédés qu'avec le titre

de possession de la terre sur laquelle ils repo-
sent, sous l'agrément de la société propriétaire.

Du Louage.

La nouvelle formule du Crédit emporte modifications profondes du contrat de louage. Le prêt
gratuit est chose bonne et juste : service, contre-
service ; à charge de revanche, comme dit le
peuple. L'argent représente, on le sait, un produit, puisqu'il les représente tous. Est-il naturel,
est-il juste de donner contre un service, un produit ? L'idée de solidarité n'empêche-t-elle pas
qu'il y ait gain d'un côté et perte de l'autre,
l'objet prêté revenant intact à son propriétaire ?
Une société, fondée sur la propriété universelle
et le Crédit général, ne peut permettre que le
prêt mutuel.

Le louage des choses comprend deux espèces:
L'objet prêté est inaltérable de fait ou de convention, — ou l'objet est sujet à détériorations.

Dans la première espèce, qu'il s'agisse d'un
instrument, d'un outil, d'un ornement, d'une
maison, etc., si l'objet ne joue qu'un rôle passif
dans le prêt et serait soumis au même cours
d'évènements naturels, en cas qu'il ne fût pas
prêté (comme une pendule, un moteur, une
glace, un hangar) ; ou qu'il s'agisse d'objets de
consommation qui devront être restitués en nature et en quantité identiques (comme des fruits,
des lingots, de l'argent), le prêt doit être gratuit.
Le prêteur ne perd rien ; il gagne même souvent
à faire exercer sa chose, à ne pas la laisser dans
l'inaction. L'emprunteur n'acquiert rien ; en
échange de l'usage momentané dont il jouit, il

doit seulement promesse de pareil service à l'occasion ; il va de soi que toute lésion causée à la chose du fait de l'emprunteur est soumise à réparation ou indemnité de sa part.

Art. Ier.— *Le prêt isolé est gratuit, quand l'objet prêté n'est pas soumis à détérioration.*

Dans la seconde espèce, l'objet est supposé soumis à un certain user. Un cheval de travail, une voiture, une forge, une machine subissent, même par le louage isolé, une détérioration dont l'emprunteur doit tenir compte au propriétaire ; cette indemnité d'amortissement de l'objet est le seul loyer que la loi reconnaisse. .

Art. II.— *La convention de louage, entre les parties, fixe le prix de loyer des objets soumis à détérioration par l'usage ; à défaut de convention écrite, le prix demandé par le prêteur peut être répété devant les tribunaux comme exagéré.*

Nous avons supposé le louage fait d'une façon isolée. Si le louage est fréquent et successif, les questions changent d'aspect. Dans ce cas, le propriétaire quitte véritablement sa propriété pour la confier à celui qui en est usager. La propriété étant détruite, il n'y a plus de nues-propriétés, d'usufruits, d'emphythéoses, de cheptels, rien autre que la propriété possédante ; notre propriété se prouve d'abord par l'usage, ensuite s'il y a lieu par les titres et les témoignages ; qui ne possède pas, qui ne jouit pas, ne peut pas être propriétaire. Celui qui fait métier de prêter à loyer sa chose, la vend véritablement, puisqu'il échange son usage contre de l'argent exigible en un ou plusieurs termes. La loi intervient alors pour que cette vente ne soit pas faussée et pour que lo prix do l'objet acquitté, le vendeur ne détienne pas encore l'objet au préjudice de l'acheteur, à qui il le vendrait ainsi plusieurs fois. On ne peut vendre et retenir en même temps.

Art. III.— *Tous paiements successifs faits par le détenteur d'un objet dont il conserve sans interruption la jouissance, au propriétaire primitif de cet objet, peuvent toujours être déclarés par le détenteur faits en achat de cet objet, et imputés sur le prix dudit, sans que le propriétaire primitif puisse réclamer autre chose que le montant intégral du prix de l'objet, sur décision arbitrale.*

Le loyer non interrompu de machines, d'appartements, de maisons, tombe sous cet article ; y tombe de même le loyer qu'on demanderait de vivres, d'animaux, d'argent et de toutes choses devant être rendues en summum équivalent ; car la chose prêtée étant de convention inaltérable, tout prix de loyer ne peut être considéré que comme un à-compte d'achat.

De l'intérêt.

L'intérêt de l'argent se trouve donc supprimé. Il faut nous arrêter un peu sur ce point, les législateurs ayant bien cru pouvoir limiter l'intérêt de l'argent, mais non le supprimer tout à fait, et les économistes modernes, enchérissant là-dessus en réclamant à grands cris la liberté de l'usure. La suppression de l'intérêt, la gratuité du louage peut être un principe moral, une recommandation religieuse, dit-on, non un décret de la loi civile ; la vraie limitation de l'intérêt doit se trouver dans la liberté absolue de l'em-

prunteur et du prêteur. — Une société, fondée
sur le respect de la justice, ne peut admettre ces
sophismes libéraux, et dit simplement : « Vous
n'avez pas le droit de spécifier un gain illicite
pour un service qui ne vous coûte rien et par
conséquent doit être gratuit. » — Mais les risques de perte ? « Vous avez le droit de perdre
votre bien pour un ami, mais non pas de le voler
par crainte de perte. Vous ne devez prêter qu'a-
vec votre cœur appuyé par votre raison. De deux
hypothèses, l'une : Ou vous prêtez à un ami en
qui vous avez confiance, vous faites œuvre fra-
ternelle, — et alors vous n'avez pas besoin d'un
espoir de gain ; ou vous faites métier de prêter
sur bonnes garanties et avec gros intérêts, à des
avides d'argent, à des gens de mœurs impures,
à des fils prodigues ou à des inventeurs suant à
la recherche de leur pierre philosophale ; espérant
bénéficier de leurs passions excitées ou de leur
cerveau détraqué, — et alors la Société fait bien
de vous bannir. » — Mais la liberté des emprun-
teurs ? — « Que me parlez-vous de liberté ? Vous
me croyez, je crois, un Régime constitutionnel.
Tous sont libres, chez moi, hormis d'abandonner
leur liberté, je veux dire leurs droits permanents
vis-à-vis d'autrui. Notre réunion en société, notre
contrat social n'a justement pour but que de nous
mettre en garde contre les mauvaises passions
des uns et des autres, contre la cupidité d'autrui,
comme contre la nôtre propre : nous nous garan-
tissons ainsi à la fois contre nos propres vices et
nos propres niaiseries. Les besoins sérieux ont
seuls chance d'être satisfaits ; un inventeur, en
possession d'une découverte réelle, mettra son
idée en exploitation par l'association, en taxant

sa découverte comme avoir de telle valeur ; un commerçant embarrassé trouve à point la caisse des avances, après avoir épuisé la bonne volonté du Crédit public. Il est vrai qu'un dissipateur ou un escroc se trouvera plus gêné : il pourra moins longtemps se soutenir et faire des dupes. C'est justement notre but. » — Très-bien, mais les lois sont impuissantes à empêcher les individus de contracter comme bon leur semble. Il y aura, malgré le code, des prêts à intérêts, et à intérêt d'autant plus usuraire que le risque du prêteur sera plus fort ; l'emprunteur se prêtera docilement à toutes les manœuvres pouvant déguiser l'infraction à la loi ; c'est ainsi qu'il signera un billet de 500 as contre la remise effective de 3 ou 400. « Nous avons omis, en effet, de mentionner la sanction pénale du vol ou de la tentative de vol commise par les usuriers incorrigibles. Rétablissons cette sanction :

Art. IV.— *Toute dissimulation faite dans le but d'enfreindre les lois sur le prêt, entraîne pour le prêteur la perte totale de la chose prêtée au profit de l'emprunteur.*

Ainsi, si l'emprunteur peut prouver que le prêteur ne lui a remis que 400 as contre son billet de 500, perte de 500 as pour le prêteur, et gain d'autant pour l'emprunteur. Or, la monnaie de papier a une personnalité par ses numéros de billets ; il est facile de prouver qu'on n'a reçu que tels et tels billets, et d'obliger le prêteur à nommer ceux qu'ils prétendrait avoir donnés en surplus. Le prêteur alors ne se contentera plus de 20 0/0, mais exigera 100 et 200 0/0, se fera payer cet intérêt usuraire en marchandises comme don volontaire, etc. Quand l'usure en sera réduite

là, elle ne sera plus à craindre ; on l'aura véritablement poussée dans ses derniers retranche-
ments, et acculée à n'être plus pour tout le monde qu'un vol de grand chemin. La véritable plaie
de l'intérêt, c'est cette prime modeste de 5 à
10 0/0, qui répétée d'année en année amortit le
prêt en moins de 15 années pour le prêteur, tout
en laissant subsister la dette entière pour l'emprunteur. Or, cette prime à l'air anodin qui
constitue toute la puissance des capitalistes est
désormais impossible. Le prêteur peut se faire
payer son gain d'avance une fois, mais l'emprunteur a, entre les mains une chose plus grande en
valeur, et à la deuxième échéance, ou il ne paye
pas l'intérêt, ou il s'arrange de façon à le payer
d'une façon compromettante pour le prêteur, en
lui faisant courir le risque de perte de toute la
somme. Fripon contre fripon, direz-vous. Eh !
oui, c'est le seul moyen de combattre la cupidité.
D'ailleurs, les honnêtes gens n'ont-ils pas crédit
à 1 0/0 et au-dessous? Qu'iraient-ils faire dans
ce monde d'intrigants ! Il est utile seulement que
les lois leur montrent que si la société régulière
est toute faite de fraternité et de garantie, là tout
n'est que vol, et que c'est à qui se volera le plus
sûrement : point ne leur prendra jamais envie d'y
avoir recours. »

Les souteneurs du vieux monde d'inégalité et
de tromperie ne se tiennent pas pour battus, et
ripostent : non seulement ces dispositions draconiennes violent la liberté que vous ne reconnaissez pas en matière économique ; elles violent
encore la justice que vous prenez pour but. L'argent que je possède est un produit m'appartenant :
si je le prête, il est immobilisé pour moi pendant

ce temps ; j'aurais pu le faire valoir, produire de nouveau au moyen de ce capital, fruit de mon travail, je le cède à un de mes frères qui, par son moyen, produit à ma place ; et vous ne voulez pas que d'un consentement mutuel, nous stipulions que j'aurai une faible partie de ce bénéfice dont mon travail est la cause première. « Brave homme, ces raisonnements étaient bons dans l'ancien temps.... Tu oublies qu'aujourd'hui, la Société est toujours prête à favoriser de son crédit le travail de l'individu. Ne t'inquiète donc pas de ton frère, et fais valoir toi-même, par tes bras, tes produits ou ton argent. Je me méfie de ta charité qui aime mieux voir ton frère travailler que toi, mais qui trouve tout naturel de partager le fruit obtenu. L'argent ou les produits n'engendrent rien par eux-mêmes : Si ton frère leur fait engendrer quelque chose, c'est son travail qui est le créateur ; ceux-là ne sont que des points d'appui. Laisse donc à ton frère le fruit de son travail, félicite-le de son activité, et si, riche, tu as pu lui rendre service, ne lui redemande que ce que tu lui as prêté. Tu as manqué de produire, dis-tu. Eh ! pourquoi l'as-tu fait ? Travaille, travaille si tu n'en a pas perdu le goût ; la Société, mieux que toi, s'occupera des besoins des autres. En tous cas, ne prête à ton voisin que ton superflu, et sans espoir de gain. Il serait trop commode vraiment de se croiser les bras après quelque temps de labeur, et de faire travailler les autres pour son compte, par la puissance du premier capital amassé. Le louage-gain fils de la propriété dominante, doit prendre fin avec elle. »

Banalités industrielles ou communales.

La modification du contrat de louage amènera la création des banalités, les objets d'usage passager, au lieu d'être la propriété d'un spéculateur qui en tire profit exagéré, seront la propriété des associations industrielles ou des communautés civiles qui en règleront l'usage entre leurs membres.

Patronat-Salariat.

La dernière incarnation du capital la plus monstrueuse, la plus criante est le patronat : celle-là aussi doit disparaître. Un patron embauchait des ouvriers à un salaire fixe, 3 ou 4 francs par jour, salaire immuable malgré ses bénéfices croissants ; il les quittait, les reprenait, sans que ceux-ci participâssent le moins du monde à son gain, et reçussent, en partant, une parcelle des sommes qu'ils lui avaient fait gagner, tous frais généraux payés. Liberté du contrat, disaient les économistes bourgeois. Liberté de l'étranglement, répondons-nous, car les patrons pouvaient à leur aise cesser la production, tandis que les ouvriers, sans terre, sans crédit, sans capital d'aucune sorte, ne pouvaient cesser de vivre un seul jour, et nous avons montré que par le fait, le salaire moyen de l'ouvrier tendait à devenir toujours égal au minimum de ce qui est nécessaire à l'homme pour subsister ; de sorte que les ouvriers supérieurs réussissaient parfois à s'émanciper, la masse en était réduite à se laisser décimer, à prostituer ses filles, à laisser ses fils s'engager parmi les soudards ou les voleurs, à s'abrutir enfin dans les débauches crapuleuses de la misère.

La propriété donnée à tous, le sol par une investiture directe, les meubles et outils par le crédit, garantie en outre par la suppression du loyer à intérêt, suffit pour tuer complètement le capital, et mal venu serait celui qui ne se trouverait pas encore assez protégé. Néanmoins, il est bon que tout abus possible trouve devant lui une barrière empêchant son éclosion ; dans une Société de force, tout est fatalement injuste ; dans une Société de justice, tout est logiquement coordonné, de façon que la hideuse inégalité ne puisse se glisser à travers le joint des institutions et rétablir son règne sanglant, cher aux passions mauvaises de l'homme.

Article premier. — *Le salariat est défendu d'une façon absolue par le Code, et tout entrepreneur de travaux sous cette forme, puni de tâche forcée à temps par la Société.* — Celui qui se laisse tomber à l'état de salarié est un faible d'esprit qu'il faut défendre contre sa simplesse ; l'autre est un hardi coquin qui appartient aux châtiments du Code pénal : « Tu veux servir, malheureux ! mais voici de la terre, voici des outils, voici enfin des vivres ou de l'argent, comme t'en offre cet exploiteur ; prends cela et travaille, au lieu d'obtenir un maigre salaire pour entretenir ton corps esclave ; tes outils et ta fabrication deviendront tes biens propres et tu jouiras intégralement du fruit que ton labeur leur fera produire. Il ne t'est pas permis, sache-le, d'aliéner ta liberté, d'engager à forfait tes forces. Nous, tes frères, pour ta dignité, pour la nôtre et celle de nos enfants, nous te le défendons. — Quant à

13

toi, exploiteur, qui songes à faire revivre les
plaies anciennes, puisque tu ne peux ou tu ne
veux travailler par toi-même, rends la terre qui
t'était confiée, dépose ces outils libres dont tu ne
sais pas te servir, et va travailler sous le régime
forcé de la Société punissante qui te mesurera
ton gain comme tu voulais le mesurer aux autres. »

Le crime du patronat est limité à l'entreprise
industrielle de travaux faits sous la direction ou
la commande d'un maître par des ouvriers salariés. Il est clair que le louage d'hommes de métier par des particuliers, pour accomplir certains
travaux à la tâche ou à la journée ne ressortira
absolument que des conventions conclues entre
les intéressés. Ce sont hommes de métier isolé
(artistes), travaillant à domicile, au lieu de travailler chez eux. Deux articles sont pourtant nécessaires pour empêcher les tentatives de gain
illicite de ce côté.

Article 2. — *Tout ouvrier, ayant travaillé à
façon pour autrui, a droit de réclamer devant
les tribunaux le gain qu'aurait produit son ouvrage vendu à un tiers par celui qui l'a employé, et ce, pendant deux ans, à partir de la
confection définitive de l'ouvrage.*

Article 3. — *Un ouvrier à la journée, employé constamment par le même producteur, a
le droit de réclamer devant les tribunaux, au
bout d'un an, quelle que soit sa tâche ou son occupation, son inscription en association avec ce
producteur.*

L'article 2 ne permet plus aux soi-disant fabricants d'exploiter des artistes trop modestes, et
l'article 3 supprime la classe des domestiques,

garçons de magasins, de bureau, etc., j'entends comme classe sacrifiée et réduite à l'abjection. Tout ouvrier sera désormais un patron, tout artiste un fabricant-vendeur ; tout domestique sera un associé, sóit de droit comme auxiliaire indispensable à la production, soit de fait comme membre de la famille, ce fait pouvant à tout moment se transformer en droit (1).

Bazars comm rciaux

Nous n'avons admis au titre de commerçant que les marchands de demi-gros et les approvisionneurs d'articles de détail ; la Société ne peut songer ici à poser des bornes légales au commerce, mais elle se doit à elle-même d'opposer à la création d'intermédiaires inutiles une institution concur-

(1) Il est facile de tourner ces dispositions en ridicule et de les réduire à l'absurde par quelques exemples choisis mal à propos. Et nous voyons d'ici quelque *figariste* nous peignant un des tableaux suivants : Une Marie quelconque, partageant avec un professeur du Collége de France les appointements de sa chaire de sanscrit ou de mécanique céleste, ou un graisseur d'une machine Marinoni demandant à un Emile de Girardin ou à un Henri Rochefort sa quote-part dans les bénéfices du journal.

Une simple réponse suffit au second cas : la rédaction du journal est un service d'ordre différent de son impression, différent même de son administration ; et, dans une société consciente, des bénéfices de la division du travail, le groupe-rédaction confiera généralement, par traité, l'administration à un groupe-comptable et l'impression à un groupe-mécanicien. Trois sociétés différentes, trois ordres différents. Que si quelques citoyens veulent fondre les trois associations en une, c'est leur affaire : gains et pertes sont alors communs de par leur propre désir.

Le premier cas n'a besoin que d'une élucidation. Un chef de famille gagne, en dehors de son foyer, 10,000 fr.,

rente qui ne laisse subsister que les fonctions
nécessaires de cette nature. Ce sera l'affaire des
bazars commerciaux de produits analogues,
établis par les soins de chaque groupe gouvernant dans les centres industriels ou agricoles et
réservés aux seuls producteurs; là, tout producteur de la région ou d'une région voisine pourra
exposer ses produits avec affiche de leurs qualités et de leur prix, et là, feront leurs commandes
ou leurs achats les consommateurs de gros; de
même dans chaque ville, les métiers d'arts auront
leurs bazars de productions spéciales. Triple profit pour la société, diminution des frais généraux
par la réunion sous une même administration des
dispositions d'étalage, de la surveillance des galeries, de l'entretien, etc., avantage du consommateur pouvant comparer les marchandises analogues des différents producteurs et les achetant
directement, avantage du producteur ne subis-
sant plus les exigences de l'intermédiaire. Le service d'administration est rempli par les employés
du groupe gouvernant, moyennant cotisation des
exposants; le service de vente de chaque boutique
est fait par les commis particuliers des marchands. Le plan de l'Exposition universelle de
Paris en 1867 conviendrait parfaitement à l'établissement de ces bazars, les productions identiques se trouvant dans la même galerie concen-

je suppose, et sa dépense annuelle, pour la famille et la
maison, monte à 6,000, c'est sur la base de cette dépense
de 6,000 fr. que peut se fonder raisonnablement l'association de tout serviteur de la maison, de même que le garçon de bureau ou de magasin ne peut demander à participer que sur les bénéfices nets. Mais servante de maison
et de boutique à la fois a droit à être considérée associée
pleine et entière.

trique, les diverses s'étageant par analogie successivement sur la même galerie rayonnante. La
publicité des transactions doit être la règle du
commerce, le marchand ne peut donc se refuser
à montrer à tout acheteur son livre de ventes
mentionnant les qualités et le prix des marchandises vendues chaque jour, souche des factures
que peut réclamer l'acheteur; ce livre de ventes
doit être obligatoire comme le livre-journal, cons-
tatant les entrées et sorties d'argent de chaque
jour.

Refonte des codes.

Il va sans dire que le code civil et le code de
commerce seraient, dans cette société nouvelle,
réformés et refondus suivant les principes expo-
sés: toutes les dispositions venant des principes
naturels de justice étant maintenues et réduites à
quelques articles généraux; mais toutes les dispositions provenant des anciens droits de propriété et de capital étant soigneusement éla-
guées.

CHAPITRE IX

RÉVOLUTION POLITIQUE

CONSTITUTION : DE LA COMMUNE, DU CANTON, DE LA PROVINCE, DE L'ÉTAT.

L'Etat et la Propriété.

Nous avons montré comment, dans les sociétés anciennes, s'était formé l'Etat, symbole du pouvoir des conquérants, dominateur et absolu comme la propriété particulière de chaque individualité conquérante : dans la société des vainqueurs, la propriété était ainsi la forteresse laissée à l'homme libre contre le pouvoir de l'Etat; au-dessous de ces deux pouvoirs tyranniques, rampait misérablement le peuple, la société des vaincus.

Proudhon, voulant justifier dans sa *Théorie de la propriété*, le droit de propriété particulière dont ses premières critiques avaient sapé irrémédiablement la base, faisait voir que la justification de ce non-droit se trouvait dans sa fin, qui est l'antagonisme du droit individuel opposé au droit de la société. L'existence de deux forces rivales s'étayant mutuellement, ne prouve rien, quant à la nécessité justicière de ces deux forces; et il est permis de vouloir remplacer l'équilibre du mal par l'équilibre du bien : une critique judicieuse des principes de la société nous semble

donc devoir faire disparaître à la fois les deux
monstres, la Propriété et l'État (1).

La propriété, c'est le vol ; l'État c'est le tyran.
Supprimons l'idée de la conquête : dans une société d'hommes égaux, qui doit gouverner? Tous
et personne. Tous, en ce sens que tous les citoyens ont intérêt égal et droit égal à s'administrer ; personne, en ce sens que toute représentation est mensongère et conduit à l'inégalité et à
l'abus, en créant une classe de citoyens qui se
croient supérieurs aux autres. Pour trouver la
formule de la constitution politique, il faut procéder par le simple, par l'individu, la société ne
se composant que d'individus ; en procédant par
les masses, il faudrait admettre des sociétés différentes, composées d'individus n'ayant pas les
mêmes droits.

Droits individuels.

L'individu, pris seul, a tout droit sur lui-
même, tout droit de penser de parler, d'écrire,

(1) C'est là, du reste, si l'on regarde au fond, la vraie
conclusion de la *Théorie de la propriété*, la propriété limitée, garantie, à laquelle conclut l'auteur, est bien plutôt
la *possession* que la *propriété* ; les dernières lignes du
livre montrent, sans doute possible, le sentiment du révolutionnaire à cet égard. Mais on dirait que Proudhon a
voulu, dans les derniers temps de sa vie, ne plus choquer
ouvertement le public privilégié, lui offrir des solutions
possibles, et essayer de le gagner à la Révolution en adou-
cissant et rognant ses formules primitives. Faisant l'histoire du peuple, nous n'avions pas à obéir aux mêmes
scrupules, mais à rechercher comment *aurait pu* s'instituer
une société populaire, non mêlée de nobles et de serfs :
à la politique de chaque jour à faire le reste et à accommoder les réformes de chaque âge aux solutions rationnelles
entrevues.

de se mouvoir, cela n'intéressant que lui, et ne gênant point les autres ; ce sont là les droits individuels, droits primordiaux qui s'affirment par la conscience, dès que l'homme dit : Je suis. Si l'on mettait ces droits en doute, il faudrait en imaginer d'autres, distribués plus ou moins également par les dispensations d'un être supérieur qui présiderait à l'établissement de la Société ; en effet, une Société d'individus sans droits, sans qualités, serait une Société de chiffres, non une Société d'êtres vivants. L'homme a le double caractère de pouvoir se mouvoir comme l'animal, et de pouvoir penser, qualité spéciale à son espèce. Ce double caractère donne la formule de ses droits individuels : liberté de se déplacer et liberté de penser par le cerveau, par la parole, par l'écrit. Ces droits, ne l'oublions pas, sont primordiaux, c'est-à-dire antérieurs à toute société ; ce sont des facultés naturelles contre lesquelles nul n'a droit de suppression ou de limitation. La Société ne peut les nier ou les restreindre, car chaque individu qui la forme, ne la forme qu'avec ces droits mêmes. La revendication de ces droits individuels, de ces « droits de l'homme » suppose, comme le disait très bien Maximilien Robespierre, une sortie récente de l'esclavage ; ils sont si naturels, si évidents qu'il n'y aurait pas lieu de les exprimer, si la force ne les avait pendant longtemps dérobés aux yeux, en les mettant sous son talon.

De la Famille. — Son développement naturel.

Les sociétés primitives se constituaient, avons-nous montré, au moyen des familles, embryon

naturel de toute société ; les droits de l'homme
étaient alors reconnus aux chefs de famille, et
par conséquence à tous les individus mâles, arrivant à l'âge d'homme et faisant un établissement
nouveau ; les droits individuels étaient donc consacrés, sauf pour la femme traitée, toute sa
vie, en mineure comme l'enfant. Chaque famille
formait un tout complet, gouvernée par l'autorité affectueuse de son chef, et confondue dans sa
personnalité pour la vie publique de tribu. L'humanité s'avançant dans la vie, la famille patriar-
chale devait se disjoindre, rien que par le progrès de l'industrie humaine. La conquête a brisé
les familles des vaincus, en disséminant les enfants des esclaves dans divers domaines ; les
pauvres, encore maintenant, n'ont pas de foyer ;
la nécessité des travaux divers, la guerre, la
misère jettent de bonne heure fils et filles aux
quatre coins du monde, hors de la maison pater-
nelle. Il ne faut pas croire cependant que la famille antique eût subsisté, sans la conquête sur-
venant : la division du travail amenait fatalement
à sa suite l'éparpillement des enfants ; seulement, l'amour familial non éteint par une force
tyrannique se fût reporté sur quelques-uns des
compagnons du métier, ne pouvant se satisfaire
à chaque heure sur les parents ou les frères et
sœurs. Les familles de nobles se conservent
assez bien jusqu'à un degré relativement éloigné,
grâce à l'oisiveté de leurs membres ; mais les familles d'artisans et d'industriels ne dépassent
guère la famille simple, les parents et les enfants ;
oncles et neveux se voient rarement ; les cousins
sont à peine des amis ; quant au peuple, la famille simple n'existe même pas pour lui ; les en-

fants, à peine élevés, quittent père et mère et ne
les revoient pas toujours ; frères, sœurs, cousins,
cousines, sont totalement oubliés, une fois l'enfance passée. Supposez les classes d'hommes
confondues dans un seul groupe de travailleurs
obligés, supprimez les fausses relations amica-
les amenées par l'intérêt des héritages, et vous
aurez la famille réduite à son expression simple
de parents et d'enfants mineurs : de grandes familles, mais plus de mariages précoces, et entre
les petites familles rapprochées par la vie et l'habitation, une plus grande intimité de relations ; à
la famille de nature, le progrès de la vie substi-
tue peu à peu la famille de choix. En place donc
de la tribu patriarcale ne contenant que des
hommes de même sang, le développement harmonique de la société eut institué la tribu d'é-
lection des familles occupées sur le même sol,
adossant les unes aux autres leurs habitations,
ayant relations de chaque jour, liaison d'intérêts, en quelque sorte parenté de besoins, et presque vie commune.

La Commune.

Cette tribu d'élection, ce groupement naturel
des familles qui remplace, dans la vie moderne,
la tribu patriarcale des temps antiques, c'est ce
que nous nommons : LA COMMUNE. La Commune
est la véritable base de toute société : elle doit
être telle que tous ses membres soient conjurés,
communiers, c'est-à-dire aient tendances communes, intérêts solidaires, but identique et au-
dessus de tout cela, ce sentiment d'estime et d'affection mutuelles, cette tournure d'esprit analogue

qui constitue l'amitié solide des fils de même race, ayant reçu même éducation. — Au point de vue du sol, la Commune doit donc embrasser une étendue de terrain bien circonscrite et naturellement délimitée ; au point de vue du nombre des habitants, elle doit comprendre un groupement d'hommes assez étendu pour former une petite peuplade à part, assez restreint pour avoir toute facilité de se connaitre mutuellement et ne pas constituer plusieurs familles distinctes sous une dénomination unique. La terre se charge elle-même d'indiquer les limites naturelles des territoires des communes ; le nombre des habitants, fixé par la considération susdite, est limité, je suppose, entre 500 et 10,000 âmes, soit 250 à 500 majeurs, ou environ de 125 à 2,500 familles simples. Le gouvernement direct de la tribu par elle-même est alors possible, 2,500 chefs de famille (nombre maximum), pouvant très-aisément se réunir dans une enceinte ou sur une place publique, discuter par la voix d'orateurs choisis dans des réunions préparatoires, et énoncer leur vote motivé ; le gouvernement direct, c'est le désideratum que nous cherchions : tous se gouvernant, personne ne commandant.

Les hameaux au-dessous de 125 familles feraient commune avec un ou des groupements voisins ; les villes de plus de 10,000 âmes formeraient plus d'une commune, une ville de 100,000 âmes se composant de 50 groupements communaux, et une ville comme Paris, comptant 2,000,000 d'âmes, se divisant en 200 communes (1).

---

(1) Paris, divisé aujourd'hui en 20 arrondissements, partagés eux-mêmes en quatre quartiers, forme, par le fait, *80* groupes distincts de 25,000 âmes chacun en

Canton.

La commune ainsi constituée sur ses bases ra-
tionelles, l'organisation politique de la société va
en découler très-simplement. — Tout d'abord, il
est certain que les communes, placées dans un
même rayon, ont, par le fait même de leur voisi-
nage, des intérêts spéciaux communs. La situation topographique des communes les fera donc
fédérer, par petits bassins naturels ou par formations artificielles de groupes industriels, en
des associations laissant à chaque commune son
autonomie propre, et ne décidant que des intérêts communs à l'association. Ce second groupement est le canton ; il peut comprendre, comme
actuellement, de six à vingt communes : une ville
de 200,000 âmes formerait donc un canton ; Paris, avec ses 200 communes, serait composé de
10 cantons (A). (*Voir note à la fin du volume.*)

La Province.

Au-dessus du canton se place la province,
grand groupement géographique, 40 provinces
environ constituent la France. (B). Qu'on le
veuille ou non, la division en provinces est la division naturelle, la résultante du développement
historique des différentes races composant notre
pays. La division en départements a pu être utile,
en forçant les pays annexés à différentes dates, à
abandonner leurs préjugés locaux et leurs riva-

moyenne ; la règlementation nouvelle n'amènerait donc
qu'un doublement de ces groupes ; il est évident que les
quartiers sont encore trop étendus, et que l'établissement
d'administrations autonomes exigerait ce doublement.

lités jalouses ; ce n'en a pas moins été un acte de
centralisation violente, une subordination des
pays naturels à l'action du pouvoir central représentant la tyrannie d'une idée. Le département est une création autoritaire, une satrapie
ou une préfecture de Bas-Empire : parqués en
divisions administratives, militaires, épiscopales,
académiques, les peuples ne sont que des moutons rassemblés sous le bâton du pasteur. La
province, au contraire, c'est chaque tribu, c'est-
à-dire chaque groupe familial antique, reconnu,
salué, classé ; ce sont les enfants retrouvant leurs
pères, le droit assis dans la tradition, les qualités naturelles redevenant libres et non plus com-
primées par la lettre du décret venant d'en haut.
L'un est artifice, autocratie, byzantinisme ; l'autre est nature, liberté, sens primitif. Séparation,
dites-vous, esprit de clocher, égoïsme, fédéra-
lisme ! Point : Union harmonique, constitution
naturelle des groupes, pouvant s'unir avec leurs
forces comme des êtres libres, au lieu de se pres-
ser les uns contre les autres, confusément et sans
se reconnaitre, comme des esclaves.

Centralisation, c'est désordre organisé ; fédération, c'est l'ordre naturel fixé. Si l'on va au
fond des idées, la centralisation représente le
communisme inharmonique fondé sur le pêle-
mêle de l'individualisme, confusion des idées
d'unité et de groupe ; les individus serrés ensemble acclament des gouvernants avec la voix bê-
lante et inconsciente des foules : *Vox Populi,
vox Dei;* le Jéhovah qui parle sur le Sinaï n'est
pas plus incompréhensible, plus mystérieux et
plus fatal que ce vote populaire. Fédération, au
contraire, représente la constitution sociale fon-

dée sur la science, c'est-à-dire sur un classement naturel ; l'individu donnant naissance d'abord au groupe primordial : la commune, puis les groupes naturels de même bassin formant la province ; entre les deux, le canton, fédération administrative des communes. C'est la concordance mathématique des rouages d'une machine, au lieu de la confusion de morceaux de matière non taillés s'agitant dans le même tonneau.

La province est le dernier échelon du groupement social, constituant véritablement comme grand ensemble géographique donné par la nature, ce qu'on nomme un État, au point de vue du sol actuellement circonscrit et de l'union économique. *Commune, Canton, Province,* le cercle est complet : la commune, parfaitement autonome, maitresse absolue de ses intérêts par le gouvernement direct, le canton, intermédiaire obligé entre la commune et la province, entre l'unité de groupe et la collectivité des groupes, sans autorité sur les individus, n'étant qu'un chainon d'organisation, un centre d'études et de renseignements ; la province enfin, représentant l'intérêt collectif de chaque race, seule juge des questions d'appropriation et de travaux publics, de toutes les questions en un mot d'économie générale. Au point de vue économique, au point de vue de l'organisation de la production, je le répète, on ne peut aller plus loin. Sans doute, les provinces peuvent se rallier en congrès et discuter de travaux communs, mais ce congrès ne peut avoir aucune action sur les citoyens des provinces ; il n'établit qu'une entente sur certains travaux, un devis général dressé pour être partagé ensuite proportionnellement, et n'a jamais puissance sur ce qui touche aux intérêts personnels ou communaux. La province, propriétaire du sol, puisqu'elle est la race même, est seule apte à décider de l'exécution des travaux généraux, des aliénations et des changements de territoires ; de même que la commune peut seule décider des intérêts civils et politiques. Les provinces sont donc constituées au sommet de notre organisation sociale dans une souveraineté autonomique, souveraineté assise sur le sol même qu'occupe chaque province, cette souveraineté étant d'ailleurs limitée en même temps que soutenue par la souveraineté autonomique des communes, assise sur la manifestation des individus.

De l'État.

Il ne peut pourtant entrer dans l'esprit de personne, de laisser les provinces sans lien entre elles, et de désunir ces nations qu'on appelle la France, l'Italie, l'Espagne, l'Angleterre, etc. Les âges n'ont point constitué vainement ces unités nationales, et l'autonomie de chaque groupe n'empêche point l'union des groupes semblables en une République une et indivisible, symbole de la foi commune à tous les rameaux d'une même contrée. Les provinces, manifestations économiques, saluent au-dessus d'elle, planant dans une sphère tout autre, l'État, c'est-à-dire la représentation justicière de races ayant histoire commune, même langage, mêmes institutions politiques, mêmes besoins d'avenir, même foi en un mot. — La province, c'est le groupement de production et d'exploitation, comme la commune, c'est le groupement familial ; l'État, c'est le grou-

pement religioux, si je puis m'exprimer ainsi,
c'est-à-dire le groupement de races et d'individus
ayant même passé, même enseignement, mêmes
aspirations.

L'État est, comme la Commune, une association
d'individualités; c'est la commune agrandie,
l'homme cerveau et cœur, uni à ses semblables
dans une grande conjuration de convictions et de
sentiments, non pas une fédération de provinces,
car si les intérêts matériels peuvent se fédérer,
la foi, l'aspiration, la conscience ne peuvent être
que des manifestations individuelles.

Ordre naturel de la Société.

La séparation des fonctions, marque de perfection des organismes, se distingue nettement
dans cette triple division de la Société en :

Commune, association familiale ;

Province, association économique ;

État, association animique.

Commune en haut et en bas ; la province, l'intérêt matériel est serré entre ces deux expressions
de la conscience humaine.

Satisfaction est ainsi donnée aux besoins indi-
vidualistes et aux besoins communistes de l'homme, l'individu sans lien social n'étant qu'un faible
animal isolé, et la communauté ne pouvant puiser
ses forces que dans un groupement scientifique
des individus. Fédération, avons-nous dit, est
l'ordre harmonique opposé au rassemblement
contraint de l'unité, mais la fédération, ainsi
comprise, ne peut consister en étagement de
groupements en groupements, se distinguant seulement par leur importance numérique d'indivi-

dus ; elle doit se modeler sur l'histoire, c'est-à-dire sur le fait même, et, en ne brisant aucune des communautés que le mouvement de la vie a établies, donner à chacune le rôle social que la philosophie de l'histoire lui assigne. C'est cette étude que nous allons entreprendre, en passant en revue les groupes naturels dont nous avons dénoncé l'existence.

Excellence de la Commune.

De la commune. — La commune est l'unité de groupement, l'élément nécessaire de toute collectivité, celui sans lequel la société n'existe que cahotiquement.

Association familiale, groupe naturel d'individus unis par l'habitation en un même lieu, souvent par la coopération à un même métier, par tous les liens civils et domestiques en un mot, la Commune est la société humaine par excellence, en tant qu'être moral ; elle est au-dessus des groupes économiques, comme le cerveau conscient est au-dessus de la matière inconsciente. Sans commune, point de société libre, point d'organisation harmonique ; là où cette base manque, l'édifice est mal assis.

Fonction communale.

La Commune, représentation de l'unité de groupe, ne peut être chargée d'intérêts économiques généraux ; sinon, les délégués à l'administration communale, confondant en eux tous les pouvoirs civils et matériels, constitueraient une véritable oligarchie, et deviendraient fatalement

les chefs de leurs frères. D'ailleurs, du fait de la
terre, il y aurait bientôt inégalité choquante entre
les communes, les uns s'agrandissant en tant
que collection d'individus, les autres diminuant,
et leurs lots de terre à chacune restant éternellement les mêmes.

Notre étude du peuple a mis suffisamment en
lumière cette vérité politique, que toute classe,
constituant le *pouvoir*, était l'ennemie-née du peuple et un obstacle vivace à son affranchissement,
que l'égalité sociale demandait égalité dans le
gouvernement, comme égalité dans la possession
de la terre, comme égalité devant la loi. Le pouvoir constituant et législatif est donc seulement,
nous l'affirmons, du domaine du peuple, nous entendons de l'universalité des citoyens. C'est pour
cette raison que la souveraineté politique de la
Commune est le droit obligé des sociétés égalitai-
res : dans la commune, constituée comme nous
l'avons dit, le gouvernement direct est tout possible et tout naturel, avec tout autre forme de constitution, il est impossible ou mensonger (1).

(1) Le suffrage universel, intronisé en 1848 comme dernière assise du régime démocratique, n'est qu'un leurre,
un trompe-l'œil. Outre que le suffrage ne peut être libre
quand une grande partie des individus est embrigadée
dans les grandes industries, obligée de voter sous l'œil de
patrons disposant de sa vie, outre les tracasseries de la
police, l'interdiction des réunions publiques, les candida-
tures officielles et tous les moyens employés pour fausser
le suffrage, cette institution, combinée avec l'existence
d'une Assemblée nationale, porte en elle-même un vice
naturel. C'est un mensonge, un faux, ou, pour parler cons-
titutionnellement, une fiction parlementaire. 35,000 électeurs, ne pouvant jamais se trouver réunis, doivent porter
leur vote sur *un* même homme qui se propose à eux et qui,
choisissant dans une gamme de trois à quatre couleurs son

L'Assemblée primaire.

La première institution de la Commune est
l'assemblée primaire comprenant tous les électeurs, c'est à-dire tous les citoyens majeurs. Dans
chaque commune, un local spécial est réservé à
la réunion de ces assemblées, ce local pouvant
d'ailleurs servir, à d'autres heures, à des réunions de groupes particuliers, réunions de ci-
toyennes, associations de travailleurs, sociétés
artistiques, etc., au besoin même, salle des mariages, de conférences et de spectacles, c'est la
salle - maîtresse de l'Hôtel-de-Ville ou Maison
communale.

La Commune, Etat en miniature (on dira plus
tard : l'Etat, agrandissement de la commune,
mais nous sommes obligés de parler encore le
langage du droit de conquête pour nous faire

drapeau, se fait fort de REPRÉSENTER les idées, les vœux,
les aspirations de tous ceux qui auront de la répulsion pour
les drapeaux des autres couleurs. Nul mandat donné à ce
représentant, il a fait des promesses ou plutôt des proclamations ; c'est sur le vu de ces phrases qu'on l'élit ; une
fois élu, foin des promesses, les proclamations électorales
vont s'engloutir au vieux papier ; pourquoi se gênerait-il,
il est irrévocable pour six ou sept ans ; ses électeurs qui
l'ont nommé seraient tous morts, par exécutions sommai-
res ou autrement, qu'il continuerait tranquillement de les
représenter ; le scrutin est secret, et il est de droit électoral que la conscience de l'élu ne se scrute pas plus que les
votes des électeurs. Le suffrage universel, c'est encore la
voix de Dieu, j'entends pour les élus, une royauté de droit
divin. « Respectez en moi l'élu du suffrage universel, je
ne m'incline que devant lui », disait un député « irréconci-
liable » à quelques électeurs qui avaient eu l'outrecuidance
de l'interroger sur sa foi politique. Et il avait raison.
« Qu'est-ce que 100 ou même 1,000 pauvres sires devant
30,000 voix ? Trente fois, je puis vous redire cela. »

comprendre), s'administre directement elle-même,
sans aucun rapport de ce fait avec quelque autre
groupe que ce soit ; elle doit seulement, comme
tout élément sociétaire de la République, ne pas
se mettre en opposition avec les lois de l'Etat,
acceptées par la majorité des éléments, — en
tant au moins que cette opposition choquerait
quelques-uns de ses membres. L'assemblée primaire est donc, en chaque commune, le pouvoir
législatif, et portion dans l'Etat du pouvoir constituant.

Conseil communal.

Administration est affaire de quelques-uns,
non de tous ; c'est, du reste, mandat défini, mandat d'appliquer des lois votées. A côté du pouvoir législatif de l'assemblée primaire, se place
donc naturellement la fonction d'un conseil communal, chargé de décréter, d'arrêter, de disposer, en chaque cas spécial et particulier, sous l'o-
bligation d'appliquer les lois de la Commune et
de soumettre l'examen de ses actes à l'assemblée
primaire qui les ratifiera ou les blâmera.

Le conseil communal a charge de deux rôles :

1° Rôle de commission, rôle d'études et de décrets concernant les travaux publics, les établissements banaux, les biens communaux, la justice
de paix, l'assistance mutuelle (service médical et
de secours), la police, la surveillance et l'administration des milices, les subsistances et l'hygiène, enfin l'assiette et la répartition des impôts . toutes choses d'ordre qui ne peuvent être
décidées que sur des bases écrites et par quelques-uns, — sous le contrôle permanent de leurs
électeurs.

2° Rôle exécutif, comme disposant de la force armée pour faire exécuter les lois, décrets ou ordonnances contre les contrevenants, comme pouvant casser tel fonctionnaire incapable ou infidèle, comme ayant enfin autorité provisoire sur les individus, sauf responsabilité constante devant l'assemblée primaire.

Ces deux rôles donnent lieu nécessairement à une séparation d'attribution ; le conseil communal, divisé au besoin en commissions ou en sous-commissions, a le rôle délibératif ; un maire, pris dans son sein par le conseil, responsable et révocable à tout moment devant lui, a le rôle exécutif : délibérer demande efforts communs ; exécuter, commander, en chaque cas spécial, doit être, pour éviter confusion, l'affaire d'un seul ; si l'importance de la Commune le réclame, le maire est aidé dans son administration par un, deux ou trois adjoints, nommés suivant le même mode ; mais n'ayant pouvoir que par délégation du maire.

Maire, Conseil communal, Peuple.

Le Conseil communal et le maire sont, du reste, chose identique, l'un n'étant que l'émanation de l'autre. Le peuple n'a pas à revendiquer l'élection du maire et des adjoints, puisqu'il tient sous sa main le conseil communal en entier, et que s'il nommait directement un exécutif, il semblerait limiter son pouvoir à lui-même et se mettre volontairement sous l'autorité d'un maître. Le maire ne peut être choisi que pour appliquer des décrets certains, écrits, antérieurs à son pouvoir ; ce n'est pas un dictateur, c'est un policeman

chargé de veiller à l'exécution de la loi. De même,
les décrets ne peuvent être rendus que par des
commissions d'études ayant travaillé, sur documents, chaque cas spécial ; d'où la nécessité d'un
conseil élu.

Le peuple, lui, réunion générale, ne peut avoir
que des impressions d'idées générales ; il ne peut
donc que disposer par voie générale, c'est-à-dire
légiférer, non décréter.

Ainsi nous affirmons que :

Le pouvoir législatif appartient seulement au
peuple assemblé.

Le pouvoir administratif au conseil, élu par le
peuple.

Le pouvoir exécutif, au maire élu par le conseil.

Pouvoir constituant.

Le pouvoir constituant, en raison spéculative,
n'appartient à personne et plane au-dessus de la
Société dont il est le moteur toujours vivace. La
Constitution serait alors l'expression de la science
sociale elle-même ; ses formules, par conséquent,
à l'abri de discussion et de vote, imposées comme
d'en haut à tous et à chacun. Mais il s'en faut
que la science sociologique soit faite, que ses
propositions soient reconnues fatales, divines en
quelque sorte : un système, c'est-à-dire l'opinion
de quelques-uns, si juste soit-il, ne devient
théorie et science que lorsqu'il est adopté par
l'esprit universel ; car c'est là la seule marque de
sa justesse. Si donc le pouvoir constituant est
au-dessus du vote, il a néanmoins besoin de ce
vote pour affirmer son essence supérieure et la

faire reconnaître de tous. En ce sens, défaire
c'est faire ; pour s'approcher de l'immuable vérité, la Société doit souvent recommencer ses
essais de constitution ; la généralité des citoyens
a donc virtuellement le pouvoir constituant en
attendant que la science prenne peu à peu sa
place. L'assemblée primaire, pouvoir législatif
souverain de la Commune, est en outre fraction
du pouvoir constituant de la Nation.

Constitution.

La constitution ne devrait avoir que deux chapitres. 1° Respect absolu des droits individuels ;
2° Recherche constante de la plus grande et de
la plus facile production et de la meilleure répartition des richesses acquises. Cela au-dessus de
toutes lois pouvant être édictées, commandements
divins s'imposant à toutes les assemblées et à
toutes les fractions possibles du peuple, principes
indiscutables, dont le mépris un seul jour par la
majorité, donne droit à la minorité de briser
violemment le pacte social et de se mettre en
état de guerre sauvage avec ses frères renégats

L'Assemblée primaire.

Les articles du premier chapitre règleraient
ainsi les formalités obligées des assemblées primaires, fondement de la souveraineté du peuple.
Un bureau, élu chaque séance, présidant aux
délibérations, ce bureau composé d'un président,
deux assesseurs et un secrétaire : facultativement
d'un ou deux vice-présidents en surplus. Toute
mesure pouvant être proposée par un citoyen

quelconque, sur sa propre initiative, soit verb
lement, soit par écrit; le bureau devant donn
communication de la proposition qui lui e
adressée, et, sur la demande de son auteur, fai
voter sur son adoption. Tout orateur ayant droi
avant la rédaction définitive du procès-verba
d'indiquer au secrétaire les modifications à ap
porter au compte-rendu de son discours, sous l
contrôle de l'acquiescement du bureau. Les séan
ces étant toujours publiques, c'est-à-dire qu'au
tour de l'enceinte réservée aux votants, les fem
mes, les enfants, les étrangers à la commune
doivent pouvoir trouver place, comme assistants
dans les galeries.

Du Vote.

Toute proposition soumise au suffrage des
électeurs, et pour laquelle il existe une demande
de scrutin par cinq membres, devant être votée à
l'appel nominal, et ce vote ratifié par l'inscription
du nom du votant sur un registre. Le vote nominal et écrit remplaçant le scrutin secret immoral
et lâche, puisqu'il est anonyme. Le registre des
votes portant en tête la proposition formulée par
ses auteurs, puis deux colonnes, d'un côté: *J'appuie*, de l'autre côté: *Je rejette*; deux lignes lais-
sées en face de chaque nom, pour permettre à
l'électeur de motiver son vote, motifs de droit,
de fait, ou se reportant à telles ou telles raisons
développées dans la discussion; droit également
pour l'électeur d'amender, de préciser ou de restreindre son vote.

Tout cela n'est que respect des droits individuels. Le registre des procès-verbaux et le regis-

tre des votes témoignant d'une façon constante des convictions de chacun, sont une preuve perpétuelle de l'honnêteté, de l'intelligence, et du progrès des idées des électeurs. Qui oserait, dans le même registre, rejeter ce qu'il appuyait jadis? Qui oserait mentir devant tous à sa conscience? L'intérêt personnel, ou les mauvais sentiments, lâcheté, paresse, envie, seront bridés par la publicité des votes, et l'impuissance de motiver une fausse conviction. Le dévouement social, les sentiments généreux trouveront, au contraire, une douce satisfaction à s'afficher devant tous et à rester consignés dans les registres comme un témoignage d'une juste prévision de l'avenir. La publicité ne peut effrayer que les méchants, comme le grand jour, les oiseaux de nuit.

Nomination des délégués.

L'élection des délégués aux fonctions communales se fera suivant les mêmes principes : vote nominal et public. Il faut que les hommes s'habituent à se regarder en face, à se parler franchement et carrément, bannissant à la fois la politesse trompeuse et l'insulte grossière. « Je vote pour un tel, parce qu'il me paraît plus capable que toi pour telle fonction. Pourquoi t'en fâcherais-tu? » Le vote, étant nominal, peut être motivé. Les candidats aux fonctions publiques doivent s'exposer à voir leur vie et leurs sentiments examinés et critiqués par tous.

Responsabilité des élus.

Chaque élu doit compte à tout moment à ses électeurs réunis en assemblée de sa gestion et de

14

ses travaux, — aussi bien à ceux qui l'ont nommé qu'à ceux qui l'ont repoussé; ne les représente-t-il pas tous? Sur la proposition du quart de l'assemblée, sa révocation peut être mise aux voix à tout moment. — Révocabilité permanente sur l'initiative des électeurs, c'est la garantie contre le fonctionnaire, comme le vote public est la garantie contre l'électeur. — Là finit le premier chapitre de la Constitution.

Pouvoir politique de la Commune.

Chaque commune s'organise et se gouverne à son gré; le recueil des ordonnances votées par l'assemblée primaire forme sa législation particulière. Il est évident que ces ordonnances doivent être exclusivement communales, c'est-à-dire ne pas dépasser le cercle des attributions de la commune; il est naturel aussi qu'elles ne soient pas en désaccord avec les lois fondamentales de l'État, j'entends la constitution de la nation; et il doit suffire de l'opposition d'un seul citoyen devant l'État contre une ordonnance de la Commune contraire à ces lois, pour que cette ordonnance puisse être annulée comme d'abus En matière de vœux, la commune peut émettre toutes idées de réforme générale, leur donner toute publicité, susciter parmi les autres communes une agitation favorable à ces vœux; elle ne sort ni de son droit ni de son rôle.

Rétribution des délégués et fonctionnaires.

Les délégués communaux sont rétribués suivant le temps qu'ils emploient à leurs fonctions,

moyennant des jetons de présence alloués par
heure de séance et équivalant à la moyenne des
prix de l'heure de travail dans la commune.
Le maire et les adjoints, en exercice continuel,
reçoivent une rétribution hebdomadaire ou mensuelle fixée d'après le prix moyen de la journée
de travail. Les officiers ou fonctionnaires communaux sont rétribués de la même façon, ni
plus ni moins que leurs supérieurs, et tous en
égalité moyenne avec les administrés.

Attributions du canton.

Du Canton. — Le Canton n'est pas à proprement parler un groupement, une association
réelle, c'est un groupe fictif, un lien intermédiaire
entre la commune et la province.

Le Canton est la fédération des communes,
l'englobement administratif par en bas. Suivant
les dispositions géographiques et les intérêts matériels communs, le canton se trouve formé par
6 à 20 communes; c'est de l'adhésion volontaire
des communes que naît le canton, et non des
divisions imposées par un pouvoir supérieur.
Les cantons sont donc mobiles et peuvent se
transformer: la seule condition imposée à leur
existence, c'est que les communes fédérées
soient limitrophes et forment par leur union
un territoire compact, sans vides ni enclaves.

Quel est l'objet de la fédération cantonale?
Quelles sont, par suite, les attributions du canton? L'objet de la fédération est de traiter en
commun des intérêts communs, de décider et
d'exécuter d'une façon uniforme les travaux de
communication, de voierie, de ponts et chaus-

sées généraux au canton, d'établir à frais communs les établissements publics, comme musées,
grands ateliers-écoles, asiles d'infirmes, etc. Le
canton est encore le siège d'un tribunal civil et
pénal, le centre d'administration d'une légion
des milices, en un mot, centralise tous les services administratifs généraux qui doivent se trouver concentrés au-dessus de lui, et établit comme
de son ressort propre tout service qui n'est pas
essentiellement communal.

Autonomie du Canton.

Le Canton décide souverainement à l'occasion
de ces matières, sans recevoir d'ordres de la province ou d'observations d'une commune; une
commune qui ne voudrait pas se soumettre aux
décisions du canton, qui ne consentirait pas à
payer sa part d'association, briserait elle-même
le lien fédératif et devrait sortir de la fédération
pour s'engager dans une autre.

Commission cantonale.

Les attributions du canton se partagent naturellement en trois services : judiciaire, militaire,
et des travaux publics. La commission cantonale
est formée, je suppose, par trois délégués de chaque commune fédérée, leur élection ayant lieu
suivant les mêmes formes que l'élection des conseillers communaux, leurs responsabilité et révocabilité permanente étant, par conséquent, de
droit devant les comices qui les ont élus. Cette
commission, divisée en trois sous-commissions
pour l'étendue des services, décidera, réunie, de

l'appropriation dans son ressort au nom de la province; pour toutes les autres questions, elle décide au nom des communes. Le Canton a donc ce double rôle :

1° Fédération administrative des communes.

2° Gérance économique pour le compte de la province.

Il n'y a pas de budget cantonal; les délégués cantonaux sont rétribués chacun par leur commune; les dépenses des travaux sont couvertes par des mandats délivrés sur chaque commune au prorata de l'utilité particulière que chacune d'elles retire du travail; les frais d'administration centrale se répartissent par portions égales.

La Province.

DE LA PROVINCE. — La Province, avons-nous dit, est l'association économique de chaque grande tribu naturelle, reposant sur le sol où a eu lieu son développement; c'est, en quelque sorte, une fédération économique des cantons.

Représentation provinciale.

La représentation provinciale est formée de délégués élus en même nombre dans chaque canton, sans distinction de communes, chaque canton fournissant, je suppose, trois délégués. L'élection de ces délégués ne peut avoir lieu d'une façon directe, puisque le canton est lui-même une agglomération fédérée, que le groupe naturel, la commune, n'intervient pas effectivement.

Deux solutions se présentent : ou la pratique du suffrage direct global, ou la pratique du suffrage à deux degrés. La première solution consisterait à faire nommer par les 6,000 à 50,000 électeurs du canton, les trois délégués au scrutin de liste, ou à les faire nommer chacun individuellement par chaque tiers des électeurs du canton divisés alors en trois circonscriptions électorales. L'un ou l'autre mode nous ramène aux errements du suffrage impérial : le suffrage universel, mais non direct, non libre, faux et mensonger par conséquent. Il faut conclure, sans hésiter, au suffrage à deux degrés, plus direct et plus vrai que les autres systèmes, avec les garanties du vote nominal et de la responsabilité des élus.

Suffrage direct à deux degrés.

Douze suffragants, je suppose, sont nommés par commune dans chaque assemblée primaire, et se réunissent au siége du canton avec les suffragants des autres communes : là, cette réunion de 240 à 720 membres, constituée en comice électoral, choisit dans son sein les trois représentants provinciaux du canton.— Cela est simple, juste, facile, d'accord avec les principes d'influence directe des électeurs et de responsabilité effective des élus. Les représentants sont directement responsables, durant tout leur exercice, devant le comice électoral des suffragants des communes, qui se réunit à périodes fixes, et peut avoir des convocations extraordinaires ; les suffragants eux-mêmes sont responsables, par commune, devant leurs assemblées primaires. Tout mandat impératif peut être donné par les électeurs des communes aux suffragants, et ces suffragants, si la majorité d'eux a même mandat, reportent ce mandat impératif aux représentants nommés par eux. Voilà ce que doit être la pratique loyale du suffrage direct, appliquée aux grands groupements.

Il faut remarquer, du reste, que les représentants provinciaux n'ont à traiter que d'affaires purement économiques, j'entends des détails matériels, car les Codes de la République ont tracé les lois générales présidant aux appropriations, aux exploitations des mines et des voies de circulation, etc.) le mandat de ces représentants, limité à l'administration matérielle de la province, est donc bien défini ; aucun abus de pouvoir n'est à craindre. Entre la province, force économique, et la commune, puissance politique, n'y a-t-il pas d'ailleurs le canton, qui fera contre-poids naturel aux velléités d'injustice de la province ou à la résistance intéressée de la commune ?

Attributions de la province.

Spécifions le rôle de la Province :

La première attribution de la représentation provinciale est l'appropriation du sol ; à elle de régler les transmissions de la possession dans toute l'étendue de la province.

La deuxième attribution, les travaux publics : routes, canaux, chemins de fer locaux, forêts, aménagement et surveillance des engins de défense (canons, fusils, poudre, etc.)

La troisième attribution : l'organisation du crédit, la statistique et la publication de la production et de la consommation par des bulletins périodiques indiquant les demandes et offres de produits, et les cours faits.

La quatrième attribution : centralisation des
services administratifs : par exemple du service
militaire pour former des légions des cantons une
armée complète avec ses différents corps spéciaux; du service judiciaire, par l'institution d'une
cour d'appel des tribunaux de canton, cour d'appel qui, se transportant où besoin est, et avec
adjonction d'un jury spécial, devient chambre criminelle (cour d'assises) ; du service d'enseignement par la création d'ateliers-écoles spéciaux,
du service pénitentiaire et colonisateur par l'établissement de colonies pénitentiaires, d'asiles
d'aliénés, etc.

La cinquième attribution : service du budget
provincial, comprenant les frais d'administration
des services précédents ; la rémunération des
représentants et des différents fonctionnaires nécessaires aux services ci-dessus désignés, enfin
l'assiette et la répartition de l'impôt.

Limitation de l'autorité provinciale.

La province, état-central propriétaire, semble,
à première vue, dotée d'une puissance énorme;
mais, outre que son autorité sur le sol et la circulation n'est accompagnée d'aucun pouvoir sur les
hommes et la manifestation de leurs pensées, outre que cette autorité économique est conférée à
des délégués continuellement responsables et révocables, l'élection obligée des fonctionnaires dans
chaque branche des service vient encore tempérer
cette autorité, et briser cette force antique du
pouvoir, obtenue par le faisceau de tous les
fonctionnaires hiérarchisés sous la même dépendance.

Ainsi, pour le premier service, chaque canton est une sous - commission d'appropriation, des avis de laquelle la province est obligée de tenir compte; les désaccords sur cette question entre le canton et la province ne peuvent se dénouer que devant la cour de la province.

Pour le deuxième service, les entreprises doivent être conférées à des associations ouvrières, organisées autonomiquement, ayant leurs directeurs élus à leur merci. Les lois de l'état défendent aux provinces d'entretenir, à leurs frais et sous leur direction, aucun corps organisé, quel qu'il soit, chargé d'un travail actif. La province est propriétaire-surveillant, non pas propriétaire-exploitant.

Relativement au troisième service, des Chambres de métiers, constituées par l'élection, contrôlent les indications de la représentation provinciale et les rectifient au besoin; les banques provinciales émettent un papier de type uniforme sous les contrôles de l'Etat, et si elles ont l'administration effective de leur service de crédit, elles n'en sont pas moins obligées d'obéir aux lois d'ordre public, touchant l'admission des effets particuliers et le taux de l'escompte.

Dans le quatrième service, service d'ordre public, l'élection des capacités spéciales s'oppose de même à l'autocratie de la province. Pour l'armée, élection des sous-officiers par les gardes de chaque bataillon, élection de l'état-major du bataillon par les officiers, élection des officiers généraux de légion par les officiers supérieurs des bataillons, élection du général en chef d'armée par les officiers généraux de légion. Pour la justice, élection des juges de canton par les gradués en droit, élection des juges d'appel par les juges de canton. Pour l'enseignement, élection des maîtres-ès-arts par les bacheliers-ès-arts de chaque canton, élection des professeurs spéciaux par les maîtres-ès-arts.

Dans le cinquième service lui-même, l'élection tempère l'arbitraire du commandement. Les employés doivent être agréés par la représentation provinciale, mais nomment eux-mêmes leurs directeurs et chefs de service et ne sont soumis à la révocation qu'après décision de l'assemblée des employés du service ; le désaccord entre cette assemblée et la représentation provinciale se règle devant la Cour de la province.

On voit bien que la province, l'Etat par excellence, est un grand administrateur, chargé de besogne, mais n'ayant que l'initiative de la décision et de la direction, et la surveillance des services publics, dénué d'autorité tyrannique sur les corps publics ou les individus.

L'Etat.

DE L'ETAT. — L'Etat, la France pour nous, (en conservant à ce mot *l'Etat*, la seule signification du groupement le plus large, de la collectivité nationale) n'est que la représentation de l'ordre constitutionnel, sans autorité pour les questions de fait, souverain au contraire pour les questions de doctrine.

Ainsi, dans les questions d'appropriation et d'expropriation, l'Etat n'intervient pas pour réclamer en faveur de telle individualité, mais intervient pour casser la décision d'une province qui aurait constitué par exemple, un majorat en faveur d'un individu ou d'un groupe, ou qui aurait laissé sans possession un producteur non retranché de la Société par une condamnation.

La députation à l'Etat est le grand pouvoir politique de la Nation, chargé de veiller à l'unité de principes et à l'indivisibilité de la Constitution. L'Etat n'est donc pas fédération de provinces, soumises par suites à leurs mandats, mais confédération directe des communes, expression politique de leur union, planant au-dessus de l'expression économique des provinces.

Députation d'Etat.

Les députés d'Etat me semblent néanmoins devoir être élus par province, afin de ne pas créer de divisions arbitraires ; seulement le nombre des élus de chaque province sera proportionnel au nombre des habitants. Admettons un député par 200,000 âmes, nous aurons environ 200 députés, c'est-à-dire en moyenne, cinq députés par province. Le suffrage se fera encore fatalement à deux degrés ; chaque commune envoyant, je suppose, trois suffragants au siége de la province, et cette assemblée de 500 à 1,000 suffragants, choisissant, dans son sein, sur les indications données par les assemblées primaires les 4, 5, 6 ou 7 députés d'Etat que la province doit nommer. Responsabilité et révocabilité sont de droit permanent pour les députés comme pour les suffragants.

Du vote des lois d'Etat.

Qu'il s'agisse, par exemple, de faire ou de réformer la constitution de la France, les 38,000

assemblées primaires discutent en toute liberté,
avec la maturité qui convient au sujet; chaque
individualité pouvant produire ses idées; aucune
pensée juste ne restant dans l'ombre. — Chaque
assemblée, une fois éclairée, choisit ses trois
suffragants parmi ceux de ses membres qui ont
le mieux développé les idées communes; ces suffragants emportent les cahiers de l'assemblée,
rédigés et signés, les vœux de la minorité étant
inscrits comme ceux de la majorité. Au siège de
la province, la réunion des suffragants compare
et classe les cahiers en tenant compte du nombre
de signatures apposé au-dessous de chaque vœu;
les différents vœux sont ainsi classés à la fois
par province et par commune; l'expression raisonnée de la majorité en ressort clairement, ainsi
que l'opinion non moins réfléchie de la minorité.
Les suffragants nomment alors leurs députés sur
les bases suivantes : Élection d'un ou deux députés pour soutenir les vœux de la minorité, si
cette minorité représente un cinquième ou un
tiers des voix des communes; élection du nombre de députés complémentaire, représentant la
majorité. Il va de soi que ces députés sont res-
pectivement pris parmi les plus ardents et les
plus habiles défenseurs des idées qu'ils représentent.

Nous allons assister maintenant] à l'élaboration
de la constitution et des lois. — Les députations
de chaque province forment le collège d'État;
celui-ci après comparaison et examen des cahiers
apportés par chaque député, dresse aisément un
cahier général des vœux de la Nation, à la suite
duquel se placent les développements, objections et
amendements que la discussion entre les mem-

bres du collège a fait naître ; prennent place en
dernier lieu les vœux des minorités soutenus par
une fraction numérique importante de la Nation.
Ce cahier général, résumé alors en des propositions de lois diverses est soumis à la sanction directe des assemblées primaires, article par article.
Il est clair que les lois ainsi votées sont l'expression exacte des sentiments de la majorité du peuple, et que toute minorité, pouvant compter sur
la discussion libre et répétée de ses vœux, a
l'espoir de voir un jour triompher pacifiquement
ses idées.

Le Gouvernement direct et le Régime plébiscitaire.

Quelle différence entre une Constitution ainsi
votée directement par le peuple et une Constitution bâclée par un monarque ou par une Chambre, et soumise d'un bloc à l'approbation d'une
foule sans lien, ne pouvant dire que *oui* ou *non* !
La loi alors, expression spontanée des idées de
la collectivité, bégayée d'abord par chaque groupe
naturel, puis développée et discutée par grande
agglomération, enfin agitée en public devant tout
le pays par des avocats nommés *ad hoc*, revient,
après complète discussion, à l'acceptation libre
des groupes naturels. Quoi de plus opposé au
régime plébiscitaire, et quelle mauvaise foi ne
faut-il pas pour confondre le gouvernement direct avec l'acceptation inconsciente et irréfléchie
d'une multitude inorganisée ! L'un est la sanction
de la vérité régnante qui toujours s'achemine
vers la vérité absolue, le respect de la conscience
collective ; l'autre, sous prétexte de souveraineté

15

populaire, pose à la masse, d'une façon impro-
viste, une question captieuse, complexe, à laquelle il faut répondre un monosyllabe sous peine
de nullité. Dans le premier régime, le peuple est
tout, principe et fin, les gouvernants ne sont que
des commis chargés d'éclairer sa voie ; dans tous
les autres systèmes, le peuple n'est qu'une foule
au nom de laquelle commande le souverain,
prince, sénat ou convention : Monarchie, c'est
tyrannie ; parlementarisme, c'est hypocrisie,
chaque homme ne représentant vraiment que
lui-même ou sa caste ; jacobinisme, c'est despotisme d'une assemblée ou d'un groupe ; empire,
c'est corruption de la masse ; le gouvernement
direct est le seul juste.

L'État, une fois la Constitution assise et les
lois organiques votées, n'est plus qu'un pouvoir
régulateur des choses d'ordre social, moral et
politique, pouvoir essentiellement passif, n'exerçant rien par lui-même, réglant seulement les
cercles dans lesquels doit se mouvoir chaque
Être social : Individu, commune, canton, province. Il propose seulement aux communes telle
réforme des lois ou telles mesures à prendre au
nom de la collectivité contre les dangers exté-
rieurs. Ainsi, à l'individu, toute initiative politique, toute liberté de travail ; à la commune,
pouvoir législatif et exécutif ; à la province, pouvoir d'organisation des services matériels ; à
l'État, pouvoir de contrôle sur tous, et d'initiative
nationale.

Attributions de l'État.

La députation d'État (200 membres environ) se subdivise en :

1° *Commission de justice*, chargée de casser les arrêts civils, pénaux et criminels, les décisions provinciales, cantonales ou communales, contraires à l'esprit des codes de la République (Cour de cassation).

2° *Commission de travail national*, chargée de maintenir dans la voie égalitaire les statuts des associations productives, d'établir les statistiques générales de production et de consommation à l'intérieur du pays, de recueillir et de publier des statistiques analogues pour chaque pays étranger. (Ministère du commerce, de l'intérieur, et des relations étrangères).

3° *Commission des services publics*, chargée d'adjuger, par soumissions, les grandes voies nationales de transport et de communication : routes stratégiques, grands canaux de communication, longues voies ferrées ; de faire participer toutes les provinces, par distribution équitable, aux frais des travaux publics de la Nation : ports commerciaux et militaires, lignes de défense des frontières et des côtes, construction des vaisseaux de guerre, fonderies de canons, etc. ; d'organiser le Crédit national en surveillant et régularisant les émissions des Banques provinciales (Ministère des travaux publics, de la guerre, de la marine et du Crédit).

4° *Commission de l'assurance mutuelle* chargée de dresser la statistique des fléaux généraux et particuliers, les tables de naissance et de mortalité pour les deux sexes, les tables de population

majeure, mi-majeure et mineure, de fixer le
chiffre général annuel de l'impôt d'assurance, et
de le répartir entre les provinces au prorata de
leur population, enfin de faire parvenir, dans
chaque canton, l'avis des indemnités allouées aux
victimes des sinistres.

La réunion générale des députés d'État ratifie,
désapprouve ou amende les mesures proposées
par ses commissions; les signatures de la majorité absolue du collége sont nécessaires pour la
promulgation.

Donc, absence complète de pouvoir exécutif,
l'État n'a aucune action permise; il est seulement
grand-prêtre de doctrine, régulateur d'harmonie.
— Ni préfets, ni fonctionnaires, ni ambassadeurs,
ni percepteurs. Les représentants de la France à
l'étranger ne sont pas des diplomates, mais des
consuls; les représentants de l'État à l'intérieur
sont des officiers civils, recevant les appels d'a-
bus, et non pas des préfets tout-puissants; l'É-
tat enfin ne perçoit aucun impôt, pas même l'impôt général d'assurance mutuelle; il tient seulement la comptabilité de cet impôt, établit des
comptes de virement entre les provinces, et donne directement avis aux intéressés des sommes
qui leur sont allouées.

Point de monarque ou de président de la République, point de ministres, point d'armée permanente séparée du peuple, point de magistra-
ture nommée par le Pouvoir, point de finances
générales, point de fonctionnaires d'État, rien
qui ressemble à la centralisation, à l'autorité, au
gouvernement d'en haut; c'est l'établissement harmonique et fonctionnel de l'an-archie.

Les deux conceptions de l'Etat.

Nous avons donc détruit l'Etat, puissance isolée, maitresse, dirigeante, épuisante, absorbante, comme nous avons détruit la propriété particulière absolue, éminente, sans contrôle et sans limite : les deux tyrans du peuple tombent l'un sur l'autre, pour peu qu'on examine leur droit, leur raison d'être ; ils n'auraient pas pris naissance, si les hommes fussent restés vierges d'esclavage.

L'Etat, dans l'acception antique du mot, pouvait se définir : l'ensemble des fonctions constituant la société sous une forme hiérarchique et lui donnant des institutions d'ordre auxquelles elle doit obéir. Qui ne voit que l'Etat, quelque nom qu'on lui donnât, était dès lors un tyran exécutant, légiférant, jugeant et percevant à la fois, un tout homogène malgré les oppositions personnelles ou les distinctions scolastiques de la séparation des Pouvoirs, un être composé du prince, des fonctionnaires civils et militaires, et des Chambres, constituant le Pouvoir en opposition forcée avec le peuple exécuté, légiféré, jugé, perçu ? — Pour renverser ce colosse, l'Etat-Pouvoir, il a suffi de définir la société par sa base économique, le travail, de reconnaitre les groupes naturels, d'abandonner la philosophie abstraite et spéculative pour l'observation raisonnée.

Distinction des trois Etats.

L'Etat justicier placé alors au sommet de la société comme lien moral, comme représentant de la communion humaine de plusieurs races, est devenu : *l'ensemble des fonctions garantissant*

à chacun sa libre initiative, *à tous le respect
de la justice sociale.* Au-dessous de l'Etat-justi-
cier, de ce génie religieux planant au-dessus de
la nation, nous avons reconnu l'*Etat-travail*, le
groupement économique naturel, *ensemble des
services publics d'ordre matériel;* puis enfin, à la
base, l'*Etat-politique, pouvoir absolu et direct de
législation et d'administration civile.* Cette séparation des fonctions n'est-elle pas plus rationnelle
que la séparation des pouvoirs, imaginée par
Montesquieu, sorte d'emplâtre appliqué à la lèpre
hideuse du Pouvoir dominant? Constituez les
pouvoirs exécutif, législatif et judiciaire en oppo-
tion l'un avec l'autre, quoique en union par leur
position supérieure et leur fin commune, vous ne
faites que placer au-dessus de la foule trois tyrans
se battant pour leurs prérogatives, puis faisant la
paix sur le dos du peuple; de même, instituez
l'antagonisme de l'Etat et de la propriété suivant
les principes de 1789, et vous arrivez aux Révolutions bourgeoises ou aux dictatures Césariennes,
l'une et l'autre dommageables au peuple dont
elles affaiblissent la liberté ou la moralité.

N'est-il pas vrai, au contraire, que notre conception de la Société, fondée sur la séparation
rationnelle des fonctions, sur la puissance du
groupe ne découlant que de la puissance de l'individu, est la développante même de l'âge d'or,
la représentation de cet ordre harmonique qui
ne supprime pas le mouvement vital, mais le ré-
gularise ?

Officiers d'Etat.

L'Etat n'a pas de fonctionnaires; mais en qualité de pouvoir contrôlant de tous les groupes de

la nation, il doit avoir des officiers qui le mettent en relation avec chaque groupe. Ces *officiers d'État*, désignés par le collége, seront nommés un par chaque Canton, plus un officier spécial pour chaque Province. Leur rôle consiste à déférer à l'État tout manquement à la lettre ou à l'esprit de la Constitution et des Codes ; chaque groupe et chaque individu ayant du reste latitude de former appel et recours direct devant l'État d'une décision qui lui semble contradictoire avec les principes de la République. L'officier provincial d'État contrôle spécialement les actes de la représentation provinciale, les arrêts des justices d'appel, les décisions des chambres de métiers provinciales, les programmes d'enseignement et d'examen des grands ateliers-écoles, etc. ; les officiers de Canton contrôlent les actes de la commission cantonale, les jugements des tribunaux, l'enseignement des ateliers-écoles de canton, et reçoivent les oppositions des particuliers aux lois ou règlements édictés par les communes de leur ressort. Ces officiers transmettent ensuite les décisions du collége d'État aux intéressés et veillent à l'application effective de ces décisions.

Cérémonies civiles.

Les officiers d'État, représentant la République dans son mode le plus élevé en chaque Canton où ils siégent, sont naturellement les officiants de la religion humaine du pays, les ministres de l'état civil désignés pour présider aux mariages, aux naissances, aux majorités, aux décès. L'état civil est chose d'État et non pas de commune. On naît citoyen français et non pas citoyen de

telle ou telle commune, la croyance étant la même
dans toute la République et les mariages ayant
lieu de commune à commune ou même de province à province. Un fils d'étranger ou d'étrangère opte, à sa majorité, pour la nationalité qu'il
embrasse.

Dans chaque commune, deux conseillers au
plus tiennent mandat de l'officier d'Etat du Canton pour la présidence des cérémonies de mariage,
de naissance et de majorité, et pour la signature
des registres de l'état civil. Le double des registres civils de chaque commune (registre des mariages, registre des naissances, registre des
majorités, registre des décès) est adressé chaque
semaine ou chaque mois au Canton.

Rétribution des fonctionnaires.

Le collége et les officiers d'Etat, les employés,
archivistes, consuls étrangers, etc., sont rétribués tous uniformément. Cette clause fera faire
la grimace, je n'en doute pas, à tous ces fils de
bourgeois qui sont révolutionnaires... jusqu'à la
satisfaction de leurs appétits. Quoi ! être un des
chefs de l'Etat et ne pas toucher davantage que
le garçon qui vous sert ! Etre obligé de manger
les mêmes choses que lui, de n'avoir pas plus de
luxe ! Mais c'est le brouet noir de Sparte ! Plus
de distinction, plus d'art, plus de goût du beau,
plus d'émulation offerte à l'activité humaine, plus
de jouissances supérieures promises à la supériorité de l'intelligence !

Hélas ! non, mes bons amis, plus de distinction ; il faut s'égaliser ; après la perte du pouvoir
seigneurial, la perte des titres, puis la perte du

luxe ; après deux mille ans, Christ aura raison
peut-être des vanités humaines. Cette réforme est
non-seulement juste et équitable au point de vue
humain, elle est nécessaire au point de vue politique, pour que les fonctions publiques ne soient
plus assiégées et envahies par les affamés de vo-
luptés, pour qu'elles ne soient dorénavant recher-
chées comme tout métier que pour la satisfaction
d'une aptitude spéciale. Alors plus de déclassés
et plus de conspirateurs ; chacun suit son goût
sans envier son voisin. Le député d'Etat travaille
à sa table, le garçon de bureau fait les lampes
dans le couloir, sans que l'un se trouve inférieur
ou supérieur à l'autre ; leur besogne finie, ils se
retrouvent égaux devant les besoins de vie. Les
gouvernants, les génies sauveurs, les hommes
providentiels, divinités chèrement payées jadis,
sont remplacés par des administrateurs dont la
tâche est fixée d'avance, de simples employés. Le
souverain à mille têtes n'existe plus ; il n'y a,
dans le pays, que des travailleurs spéciaux, tous
complets dans leur partie, méritant tous consé-
quemment même estime et même rétribution suivant la moyenne de gain annuel de l'individu
dans le pays, sauf les indemnités de déplacement
et les frais de séjour à l'étranger ; cette dépense,
ainsi que toutes celles de l'administration d'Etat,
sont payées par l'impôt d'assurance mutuelle, sur
un chapitre à part intitulé : Dépenses d'Etat. Tout
le pays doit, en effet, contribuer uniformément à
ces dépenses qui ne sont en somme qu'une assurance générale contre tout désordre et toute révolution. Le trésorier de la Province dans laquelle
siège l'Etat (il nous semblerait bon que l'Etat,
pour le dire en passant, siégeât à tour de rôle

dans chaque Province), est chargé de la répartition de ces fonds, les virements délivrés par le
collége ayant porté dans ses rentrées ces paiements à effectuer.

La République n'a pas de président : cette
fonction est inutile, le pouvoir exécutif n'étant
pas dans les attributions de l'Etat. Le collège
d'Etat a son président et ses vice-présidents de
réunion, ainsi que ses secrétaires ; le président
et les vice-présidents temporaires du collége
représentent l'Etat devant l'étranger, devant les
provinces et les communes, devant les associations et les individus ; représentation toute d'ap-
parat, consistant à donner des audiences, à
prendre note des réclamations, à transmettre les
décisions du collége, etc. L'expédition d'affaires
urgentes se fait en référé par le président de la
commission intéressée, le président et le secrétaire
en exercice du collége ; la ratification postérieure
de tout le collège donne, seule, force de chose ju-
gée à ces décisions de référé.

Fonctionnaires provinciaux.

La province n'a pas davantage de gouverneur,
et se fait représenter, en tant que besoin par le
Président temporaire de sa représentation. Mêmes
errements sont suivis pour les décisions en référé.
Point non plus de fonctionnaires inutiles : l'impôt provincial est perçu dans chaque commune,
par les soins des percepteurs communaux, sur
les feuilles de rôle délivrées par le canton ; les
appropriations et expropriations sont faites de
même par les employés-géomètres de la commune, sur réquisition du canton, porteur des ordres

de la Province. Les seuls officiers de la province
sont, outre les juges d'Appel et l'Etat major de
l'armée provinciale, des inspecteurs provinciaux,
sorte d'agents-voyers dressant le tableau exact du
cadastre de la province, faisant les enquêtes
nécessaires, se transportant sur les lieux pour
vérifier le bien et le mal fondé des réclamations,
surveillant la construction des voies publiques
adjugées, et contrôlant la régularité et la sécurité
de leur exploitation. Ces fonctionnaires ainsi que
les employés de bureau que nécessitent leurs
services sont naturellement payés par la province
sur le taux du salaire moyen de la contrée, les
frais de déplacement en sus.

Employés cantonaux.

Le Canton n'a pas non plus, on le pense bien,
d'exécutif; il n'a même pas d'officiers actifs sous
ses ordres. Son président et son secrétaire ne
sont que des prête-noms de correspondance;
plus de pouvoir de référé. Le rôle du canton
consiste uniquement à dresser des devis généraux
pour les travaux du canton au nom des communes, et à transmettre aux communes les arrê-
tés de la province : une simple administration
centrale, des bureaux d'études, de comptabilité
et d'archives suffisent à ce service. La commission cantonale fait elle-même les enquêtes qu'elle
juge nécessaires; les délégués de chaque commune lui servent d'intermédiaires naturels avec
les communes, et ses communications avec la
province se font par correspondance. Le trésorier
de la commune chef-lieu de canton est chargé,
par virement, du paiement des honoraires des
juges de canton et des bureaux de service.

Fonctionnaires communaux

Nous retrouvons, en entrant dans la commune, l'État ancien que nous étions habitués à connaître, l'État avec son pouvoir exécutif, et ses services d'ordre multiples exigeant fonctionnaires spéciaux; mais l'exécutif pèse peu ici devant le législatif, et le législatif, c'est tous et à toute heure. Les services communaux me semblent pouvoir être concentrés en ces dix branches :

1° Travaux publics.

2° Établissements publics et biens communaux.

3° Service médical de secours (1).

4° Subsistance et hygiène.

5° Administration militaire.

6° Police et justice de paix.

7° État civil et enseignement.

8° Archives de législation communale.

9° Rapport avec le canton, la province et l'État

10° Finances (Impôt).

Les quatre derniers services sont essentiellement travail de bureau: compagnons écrivains; les deux premiers également, si la commune met ses constructions et l'entretien de ses biens en adjudication; compagnons-écrivains, — doublés de compagnons-architectes, maçons, cultivateurs,

---

(1) Le salaire journalier me semble répugner à la nature du métier de médecin ; je pense donc qu'on en viendra à nommer par commune le nombre de praticiens suffisant, parmi lesquels chaque individu malade choisirait celui qu'il préfère : sans préjudice néanmoins des médecins particuliers ou de compagnies qui peuvent subsister à côté d'eux. L'État de pharmacien restera libre, soumis seulement, comme le métier de médecin, à un diplôme spécial, à un certain stage de second apprentissage.

chauffeurs, etc., si la commune pratique la mise
en œuvre directe de ses travaux, ce qui sera le
cas rare ; les 3me, 4me et 5me services réclament des
hommes spéciaux, pris dans les compagnons de
chacune de ces spécialités. Pour tous ces services, la direction appartient essentiellement au
conseil communal.

De la police.

Reste le service de police et de justice de paix.
La police est le domaine du maire ; les gardes
de police seront pris, sous sa responsabilité,
parmi les retraités de la commune ou les hommes
momentanément sans emploi : service bien doux
et fort honorable, car il consistera surtout à
veiller d'une façon amiable et placide à l'exécution des ordonnances de la commune. Les at-
teintes à la propriété individuelle ou à la propriété
communale, qui faisaient la majeure partie des
délits anciens, ne naitront pour ainsi dire plus,
chacun étant nanti des biens sociaux en part
équivalente, le braconnage n'existera plus quand
il n'y aura plus de forêts seigneuriales. Les actes
de violence seront eux-mêmes fort rares, l'individu ayant toute puissance pour obtenir satisfaction de justes griefs ; sauf les cas de furie bes-
tiale, contre lesquels il faudrait protéger les habitants, les gardes de police n'auront la plupart
du temps qu'à dresser procès-verbaux de contravention à la charge des délinquants ; les arrestations, qui n'auront lieu que sur mandat d'amener
du maire, ou en cas de flagrant délit, atteindront
peu souvent les habitants de la commune. Le
service véritable de sécurité s'exercera surtout,

en effet, contre les individus de passage qu'on
risque de ne plus retrouver une fois un crime,
ou un délit commis par eux. La commune prend
donc des précautions préventives contre les étrangers, en exigeant la déclaration de leur identité
et des motifs de leur voyage à leur entrée sur son
sol. Les habitants des communes limitrophes,
citoyens du même canton n'ont qu'à afficher à
leur vêtement, pendant leur séjour, leur carte
civique sans autre déclaration. Les citoyens des
autres cantons ou d'une province quelconque
font leur déclaration à l'hôtelier ou au bureau
de police s'ils logent chez des particuliers, la
signature de la déclaration devant toujours être
confrontée avec la signature de la carte civique
dont ils sont porteurs. Quant à l'étranger proprement dit, la première commune où il entre lui
demande mêmes déclarations avec la preuve de
l'identité, et les communes qu'il parcourt ensuite
apposent successivement leur visa sur la première carte de passage délivrée ; que si l'étranger veut se fixer dans le pays, la commune choisie ne lui accorde le droit de résidence qu'après
enquête sur ses moyens d'existence ; le droit
de cité qui emporte droit à la terre ne peut s'obtenir sur avis favorable du conseil communal
qu'après une résidence effective de tel laps de
temps à fixer par chaque commune, sous l'approbation de la province.

La justice de paix comprend : le tribunal de
conciliation (tribunal civil) et le tribunal de simple police. Les juges de paix sont nommés par
l'assemblée primaire parmi les gradués en droit ;
ils siègent toujours au nombre de trois en chaque
chambre. Devant le tribunal de police, un adjoint

fait l'office de commissaire public : le prévenu se
défend lui-même ou par la voix d'un défenseur
choisi par lui sans acception de corporation.

Plus de notaires : leur rôle est rempli par le
greffe de la justice de paix pour les partages de
successions, testaments et contrats entre vifs ;
par le bureau des rapports avec la province pour
les mutations de propriété : simple service d'enregistrement donnant droit à des taxes définies
par les ordonnances de l'assemblée primaire.

Forces des différents pouvoirs.

Nous avons suffisamment armé les droits individuels contre les abus d'autorité, il nous reste à
énoncer les moyens de coercition dont les différents pouvoirs disposent pour l'exécution de
leurs ordonnances établies sur le droit de la majorité.

La commune emploie contre l'individu rebelle
à ses lois l'amende ou la prison communale limitée à quelques jours.

Le canton exclut de son sein une commune
dissidente ; elle se fera admettre dans un autre
canton.

La province fait appel à la force publique de la
commune pour combattre les résistances individuelles qui peuvent se produire contre ses décrets d'appropriation. En cas de rébellion d'une
ou plusieurs communes, elle met sur ces contrées
un interdit économique en élevant autour d'elles
une barrière de douanes : qui ne veut se soumettre
aux décisions prises dans l'intérêt général du
pays, doit être exposé à vivre par ses seules forces, et éprouver combien cet isolement serait

funeste ; l'interdit est prononcé pour 3 mois,
6 mois, un an. Si l'opposition persiste, il y a
lieu soit à entrée des communes dans une autre
province, soit à constitution d'une nouvelle province formée des cantons opposants, leurs intérêts étant évidemment opposés à ceux des autres
cantons. Cette séparation est prononcée, sur
recours des opposants, par le Collège d'Etat. Le
Collège d'Etat peut admettre de même un territoire étranger à former une ou plusieurs provinces nouvelles de l'Union française, dès que cette
admission, amenée par les événements politiques,
est accompagnée de l'adhésion votive des annexés
à la constitution et aux lois de l'Etat.

L'Etat enfin dispose contre la commune de
l'interdit civil, en cas de rébellion à ses arrêts ;
plus de mariages, de naissances, de majorités, de
décès régulièrement inscrits pendant ce temps ;
l'interdiction publiée dans toute la France empêche les relations civiles des habitants frappés
d'interdit avec ceux des autres communes. L'officier d'Etat prononce cet interdit pour 15 jours,
un mois ou trois mois. Contre une province in-
surgée, le Collège d'Etat élève douanes d'Etat
contre elle, en faisant appel au concours des provinces fidèles ; et si l'opposition se prolonge,
requiert devant le Congrès général des provinces
le retranchement de cette province de l'Union :
les cantons qui font leur soumission, formeront
une autre province autrement dénommée.

Stabilité du nouvel Etat.

Si notre édifice social bâti d'iniquités se tient
encore debout aussi longtemps et ne fait entendre

quelques craquements sinistres que de loin en loin, comment cette constitution harmonique de la Société n'aurait-elle pas une durée éternelle ? Tout ici s'équilibre, se pondère : l'individu souverain dans la manifestation de ses pensées et l'initiative de son travail voit ses mauvais penchants enchaînés par ses propres lois ; les dépositaires d'autorité, bridés par la publicité obligée de leurs discussions et de leurs actes, ne sont assurés du pouvoir que pour autant qu'ils peuvent justifier de la justice et du bien fondé de leurs décisions. Publicité, révocabilité, équilibre, justice, voilà le système. Le peuple peut dire alors « l'État, c'est moi » sans que l'individu cesse de pouvoir dire : Je suis libre.

Réponse à quelques objections.

Que si certaines dispositions de notre constitution sociale semblent au lecteur tant soit peu rigides et étroites, qu'il considère que le treillis nu de la constitution est seul devant lui ; en pratique, l'affabilité et la bonne volonté des citoyens assoupliront chaque maille de ce treillis. Vous n'avez ici que le squelette effrayant dans sa maigreur ; la vie pratique lui donnera la chair appétissante qui lui manque.

Une autre crainte doit s'être emparée de quelques esprits. « Quelle perspective riante nous offre votre nouvel ordre de choses ? Du travail, et de l'organisation en masse. De gains et de luxe point. Tous semblent condamnés au même brouet noir. Cela ne vaut plus la peine de vivre. » Erreur d'optique. Parce qu'on voit aujourd'hui la masse pauvre, on se figure que l'égalité pratiquée rendrait tout le monde pauvre. En fait, jamais richesse plus grande n'aurait souri aux hommes sur la terre; l'abolition de toutes dépenses improductives, l'effort harmonique de tous vers le travail, donneraient à chacun, non le brouet noir et la vie spartiate, mais ce luxe, tant souhaité aujourd'hui des pauvres diables, ce luxe qui n'est, de nos jours, le partage que de 2 à 300,000 familles privilégiées. Y a-t-il un cœur assez dur pour espérer avec peine la position d'un riche marchand de Venise, au temps de la gloire de cette cité, parce qu'il lui faudrait partager cette position avec tous ses concitoyens, tous aussi luxueux que lui ?

CHAPITRE X

RÉVOLUTION SOCIALE

DES ASSOCIATIONS. — DE LA FEMME ET DES ENFANTS.—ASSURANCE MUTUELLE

Second chapitre de la Constitution.

Nous avons reconnu comme principe social que l'individu doit à la Société de produire le plus possible et que la Société doit à l'individu une juste rétribution de son travail. Il n'est pas nécessaire de démontrer longuement que la première partie du principe commande, dans la plupart des métiers, l'association des travailleurs; l'association, c'est la régularisation du travail, le moyen qu'il donne toute sa force. L'association est donc la règle : le travail isolé, l'exception.

Des Associations.

Le devoir d'une société démocratique est alors de favoriser les associations de production, mais un devoir encore plus strict est de faire respecter dans ces associations la seconde partie du principe énoncé plus haut. Ni naissance, ni intelligence, ni conformité physique, ni aptitudes intellectuelles ne doivent donner droit à une rétribution supérieure; chaque service concourt également à l'œuvre commune ; qui rend peu ici, rendra beaucoup dès qu'il trouvera sa vraie place; l'intelli-

gence ou l'adresse supplée à la force, ou la force
tient lieu de tout le reste. La rétribution du travail de chacun dans une association de producteurs doit donc être une part proportionnelle dans
le bénéfice produit, en raison des heures em-
ployées au travail. Il va de soi que l'ouvrier doit
fournir la preuve de l'emploi de son heure; c'est
ce qui s'obtient facilement, en chaque métier, par
l'organisation du travail aux pièces, ou par le
contrôle d'un chef d'atelier ou d'escouade. Cette
preuve fournie, et l'association volontaire d'individus libres préjugeant l'utilité de chacun d'eux,
un principe unique préside à la répartition des
bénéfices produits. *Tous les services concourant
à l'œuvre commune sont égaux : l'heure de travail dans l'un vaut l'heure de travail dans l'autre.*

Si l'individu, enfermé dans une association,
n'existe plus au point de vue économique pour la
Société qui n'a plus en face d'elle que le groupe
associé, il existe toujours pour la Société au point
de vue civil, et s'il s'est soumis volontairement,
comme producteur, aux règles et à la fortune de
l'association, il n'a pas abdiqué ses droits personnels de citoyen. Toute association, en tant que
réunion d'individus pouvant exercer oppression
sur quelques-uns d'entre eux, est donc soumise
au contrôle vigilant de la société civile; les statuts des associations doivent être conformes aux
principes généraux de justice inscrits en tête des
Codes de l'État, et chaque membre peut en appeler aux tribunaux de l'interprétation des dispositions particulières. Avant le règlement intérieur,
doit figurer dans les statuts la même rédaction
concernant toutes les associations productives;

cette rédaction, je l'esquisse ici pour marquer les points essentiels.

STATUTS D'ASSOCIATION

CHAPITRE Ier

Dénomination des associés. — Expression du quantum égal à apporter à l'origine.

ART. Ier. — Il est formé entre *tel, tel...*, et ceux qui pourront plus tard s'adjoindre à eux une association productive de tel *métier*, dont la durée sera égale à la durée du bail consenti par la Province. La mise de fonds des associés est fixée à *tant*.

Distribution des services. — Gain proportionnel au travail. — Equivalence des fonctions.

ART. II. — L'association est divisée en *tant* de services, entre lesquels se distribuent ainsi les associés : *Tel ici, tel là*, etc. Les associés, à quelque service qu'ils appartiennent, reçoivent même salaire pour l'heure de travail et répartition proportionnelle aux heures faites par chacun d'eux, dans les bénéfices, c'est-à-dire dans les sommes perçues pour la vente des produits fabriqués, déduction faite des frais généraux (coût des matières premières, amortissement et entretien du matériel, salaires, pertes et frais de fabrication).

Directeurs de services, élus et révocables.

ART. III. — Chaque service nomme à l'élection et au scrutin secret, nous acceptons ici le scrutin secret parce qu'il est essentiel que le *directeur* nommé n'ait aucun sentiment de haine contre l'un ou l'autre de ses ouvriers qui dépendent en quelque sorte de lui, pour le contrôle de leur tâche, son directeur de travaux, et lui assigne sa tâche. Le directeur de l'exploitation est nommé de même par l'assemblée générale des associés. Ces directeurs sont, à tout moment, révocables par les assemblées qui les ont élus.

Parts d'association transmissibles.

Art. iv. — Un membre peut se retirer de l'association, en présentant un remplaçant qu'agréent son service et la majorité des membres. Si cette démission était refusée, le tribunal civil serait saisi du débat et prononcerait sans appel. Tout membre sortant n'a droit qu'au retrait de sa part de fonds et à sa part dans la liquidation des bénéfices jusqu'au jour de sa sortie ; mais son successeur ne peut être présenté que par lui.

Apports variables laissant chaque part d'associé égale.

Art. v. — L'association peut admettre de nouveaux membres aux mêmes conditions que les associés primitifs, leur participation aux bénéfices datant seulement du jour de leur entrée ; l'admission doit alors être prononcée par la majorité des services et les trois quarts des membres. L'association peut aussi exiger des nouveaux venus, outre la mise de fonds primitive, un versement supplémentaire qui se confondra dans le capital commun ; elle peut de même réduire le quantum de l'apport, en décidant que les membres primitifs abandonnent au capital commun le surplus de ce qu'ils ont versé; ces décisions doivent toujours être prises à la majorité des services et aux trois quarts effectifs des membres, constatés sur appel nominal. Les mêmes formalités sont nécessaires pour l'expulsion d'un membre.

Droits des associés.

ART. VI. — Tout associé doit signer les statuts après qu'il lui en a été délivré un exemplaire; il peut, en réunion générale, requérir communication des livres et de tous états, rapports et documents quelconques qui lui paraîtraient utiles à une vérification intéressant l'association. Les comptes, clôturant un exercice, ne sont liquidés et assurés qu'après l'approbation de tous les services; le rapport en est distribué, huit jours à l'avance, aux membres, par les soins de la direction. L'approbation des comptes par l'assemblée générale n'enlève pas à un membre le droit d'attaquer un ou plusieurs associés en revendication, en arguant d'erreurs numériques, fausses écritures, traités particuliers passés avec des tiers, etc., découverts après coup. Le tribunal civil, saisi, peut prononcer ou des dommages-intérêts ou la radiation de l'association avec la perte du droit de présentation d'un successeur.

Droits des tiers.

ART. VII. — Tout tiers contractant avec l'Association, peut demander connaissance des statuts originaux, signés des membres, pour y voir les noms des associés ; l'article déférant la signature sociale, et l'article fixant, en dernier lieu, la part égale de fonds des associés.

Conventions libres.

ART. VIII. — Toutes conventions entre les associés sont permises, pourvu qu'elles ne soient pas contraires aux articles précédents. Ces conventions libres sur les ventes, les achats, les heures de travail, les réunions, l'organisation intérieure de chaque service, la fixation des prix de travail aux pièces estimés d'après l'heure de travail, etc., doivent être signées de la majorité des services et de la majorité des membres.

Obligation de ces statuts d'ordre public.

ART. IX. — L'absence de ces neuf articles, comme chapitre Iᵉʳ des statuts de toute association, emporterait la nullité des concessions faites à l'Association, sans préjudice des poursuites criminelles qui pourraient être intentées aux promoteurs d'une Association bafouant les principes de justice de la République.

CHAPITRE II

CONVENTIONS LIBRES.

. . . .

Sauvegarder les droits et le travail de l'individu contre l'Association, en même temps que laisser la latitude à l'Association de se prémunir contre

lo mauvais vouloir de l'individu, tel est le double
objet de ces statuts d'ordre public, imposés par
la société civile.

C'est là notre code de la propriété. Continuons,
et après avoir universalisé et garanti la propriété,
cimentons la famille. Le code Justinien et le code
Napoléon paraîtront bien sauvages dans quelques centaines d'années, auprès du Code civil
que nous ébauchons en ce moment.

Code civil.

La famille, nous l'avons prouvé, est la base
même de la société ; la société, pour subsister
harmoniquement, doit donc entourer de soins
pieux l'institution de la famille : sans famille,
pas de communes, nos pères disaient tribus ; sans
communes, pas de société ; nos pères l'appe-
laient nation ou race.

Du Mariage.

Le premier acte constitutif de la famille c'est le
mariage, c'est-à-dire l'alliance de l'homme et de
la femme devant la Société. Il est inutile, je pense,
de prendre la défense de l'union monogamique,
il est évident qu'un homme, jouissant de plusieurs
femmes, a des servantes, des esclaves, et que
l'homme, uni à une seule femme, possède une
amie, une compagne, une égale. Les poëtes et les
auteurs dramatiques nous ont assez montré l'existence de la jalousie dans l'amour, pour que de
cette jalousie, sentiment passionnel qu'il n'y a pas
à discuter, mais à admettre, nous concluions à
la nécessité de la monogamie, du moment que

16

nous reconnaissons capacités égales, partant droits égaux à l'homme et à la femme.

La nécessité d'une sanction civile à l'union de l'homme et de la femme est tout aussi évidente. La société qui reconnait la famille comme son principe éternel, sans cesse renaissant, a le droit de savoir où sont les familles et quelles elles sont. D'ailleurs, si les unions étaient libres de tout engagement social, ne voit-on pas que la monogamie pourrait ne plus exister de fait, et serait simplement une pluralité des femmes successive? La loi religieuse n'existant plus comme frein des individus, c'est à la société à prendre la direction de la vie et à se rendre garante de la vertu de tempérance opposée à la concupiscence passionnelle de l'être.

Divorce.

Donc, la société célèbre et garantit l'union monogamique et civile. Elle n'en respecte pas moins la liberté des individus en régularisant, par sa sanction, le divorce prononcé sur consentement mutuel des deux époux, ou sur la plainte fondée de l'un des deux, par les tribunaux civils. Le mariage, sans le divorce, c'est le vœu monastique éternel, absolu; le mariage avec la faculté de divorce, c'est l'union librement consentie, pouvant être librement défaite ou tranchée par la force des événements, c'est le contrat humain soumis aux faits, ne prétendant pas les dominer, ce sont les crimes domestiques supprimés, l'enfer terrestre évité, les furies divines vaincues par la liberté humaine.

Les devoirs des époux sont réciproques comme

leurs droits ; ils se doivent mutuellement fidélité et
bon concours, ils ont mêmes droits à l'administration de leurs biens, à l'habillement, au logement,
à l'éducation de leurs enfants. Si une loi frappe
l'adultère, elle frappera aussi bien celui de l'homme que celui de la femme, dans les mêmes circonstances.

Au point de vue des biens, les conjoints entrent
dans la communauté familiale, avec leurs biens
propres, estimés avant l'union, biens qu'ils peuvent abandonner mutuellement à la communauté,
ou se réserver en propre. Le passage de l'une à
l'autre condition est permis pendant le mariage,
soit par accord mutuel, enregistré, soit par
requête et jugement devant les tribunaux : c'est
la séparation de biens pour la communauté, ou
la rentrée en communauté pour les mariages
dotaux. L'administration de la communauté,
toujours confiée au début au mari, peut lui être
retirée et être confiée par jugement à la femme.

La communauté entraîne la jouissance des
biens au survivant des époux, qui ne peut aliéner
du reste que la moitié de ces biens, si le décédé
a disposé, comme il lui appartenait, de l'autre
moitié. La liquidation n'a lieu qu'à la mort du
dernier des époux ; mais il peut être nommé,
par les intéressés, un curateur à la moitié de la
succession laissée seulement en usufruit. La
liberté de tester est absolue, et n'est limitée que
par cet usufruit au profit du conjoint survivant.

Des enfants.

L'essence de la famille, c'est l'union de l'homme et de la femme. Les enfants ne sont qu'une

conséquence de cette union, conséquence vivante,
qui le plus souvent la cimente, l'affermit, mais
que la société civile doit considérer, contrairement aux théologiens, comme la résultante et
non point comme le but unique de l'union de
l'homme et de la femme. L'union n'est-elle pas
aussi sainte, parce qu'un défaut de concordance
physique empêche la venue d'enfants? Et si
l'homme, alchimiste superbe, arrivait par hasard
à procréer un être semblable à lui par des procédés de laboratoire, ou si la nature refaisait,
sans le secours des êtres déjà nés, des hommes
nouveaux, n'est-il pas vrai aussi que les êtres
ainsi produits, par cela seul qu'ils seraient conformes à l'existant, qu'ils auraient mêmes sens,
même cerveau, devraient jouir sur la terre des
mêmes droits que le fils de l'union de l'homme
et de la femme? La procréation et l'union sont
donc choses différentes. Ce qui fait le citoyen,
c'est la qualité d'homme, non la naissance : un
enfant-monstre, comme il en naît quelquefois,
ne sera pas reconnu citoyen par les hommes ; il
sera étouffé ou séquestré pour être examiné et
étudié comme phénomène naturel, sans que personne croie faire à son égard œuvre criminelle.
Ce qui fait l'union sainte de l'homme et de la
femme, ce n'est point l'acte brutal d'amour dont
la conséquence peut être ou ne pas être la procréation d'enfants ; c'est l'amour réfléchi, profond,
constant, cimentant par le rapprochement physique naturel, la communauté de vie matérielle
et morale des deux époux ; on n'a jamais pensé à
attribuer le caractère sacré de cette union au
caprice passager d'un sexe pour un autre, et quoi
qu'on fasse et qu'on décrète, les fruits de ces

caprices d'un moment sont des enfants abandonnés, des enfants sans parents, ou au moins privés
de père légal.

La société, premier tuteur de l'enfant ; les parents, subrogés-tuteurs.

Cette courte discussion avait pour but de faire
distinguer les deux caractères propres à l'enfant
qui naît : 1° Caractère *d'homme* vis-à-vis de la
société ; 2° Caractère de *fils du sang* vis-à-vis des
parents. La société est le premier tuteur de tous
les enfants, à égal titre, les parents reconnus
sont, par affection naturelle, les subrogés-tuteurs
de leurs enfants, jusqu'à preuve toutefois d'indignité. La direction effective de l'éducation des
enfants et le soin de leur entretien appartiennent
donc aux parents ; la société civile — commune
et Etat — ayant au-dessus d'eux le droit de surveillance et de contrôle.

De l'éducation des enfants.

Le code de l'Etat trace aux parents leurs devoirs : 1° ils doivent à leurs enfants l'entretien et
l'éducation jusqu'à l'âge de dix-huit ans. 2° Ils
leur doivent l'entretien après cette époque, si les
enfants deviennent infirmes et inhabiles à gagner
leur vie, par suite des fautes des parents.

A deux périodes, aux âges de dix ans et de
quinze ans, la commune fait passer aux enfants
des examens publics ayant pour but de constater
que l'éducation primaire et l'instruction élémentaire ont bien été données à ces enfants ; à quinze
ans, la commune s'empare de l'instruction encé-

phalique et manuelle de l'enfant qui a pu, jusqu'alors, être élevé dans sa famille, chez des
maitres particuliers ou aux écoles communales,
au choix des parents ; de quinze à dix-huit ans,
c'est l'école de la vie. A dix-huit ans, l'apprenti
doit gagner, dans son travail, de quoi se soutenir par lui-même ; les libéralités des parents deviennent facultatives; le jeune homme est mi-
majeur : les mi-majeurs sont salariés par la Société comme les mineurs par la famille. Le jeune
homme est déclaré majeur et devient *citoyen* le
jour où il sait son métier et où par le suffrage
d'un jury composé mi-partie des compagnons
près de qui il a appris à travailler, mi-partie de
citoyens étrangers au métier désigné par le sort,
il est reçu, à son tour, compagnon : la Commune,
tuteur naturel de l'enfant, veille à ce que des intérêts privés n'écartent pas injustement du jeune
homme ce titre de majorité. En devenant majeur, l'homme acquiert droit à la terre et à la
production pour lui-même, au mariage sans autorisation, au gouvernement par son entrée active dans les assemblées primaires; la majorité
n'est pas fixée à un âge égal pour tous, mais à
l'âge où pouvant se passer d'autrui pour gagner
sa vie et celle d'une compagne et de petits enfants, l'adolescent peut dire véritablement : Je
suis homme.

Suppression des grades et diplômes.

Qu'on le remarque bien, ce n'est pas un chef-
d'œuvre que la Société demande au nouveau
producteur, comme dans les corporations oligarchiques du moyen-âge, mais un ensemble d'œu-

vres témoignant de son aptitude au métier choisi
par lui ; on ne le reçoit pas maître ès-arts, mais
compagnon. Nul diplôme, nul titre ; les examens
des différents âges constatent seulement que l'enfant a passé en revue le cercle d'études obligé,
sans chercher à le surexciter ou à le décourager.
C'est à l'œuvre qu'on reconnaît l'artisan ; tel qui
aurait passé de brillants examens, par effort de
travail et de mémoire, peut n'être qu'un sot, incapable de rien inventer ; tel autre, que certaines
dispositions physiques ou morales auront éloigné
de l'étude pendant sa jeunesse, aura néanmoins
retenu l'esprit de la science qui lui était enseigné
et s'y livrera plus tard avec une ardeur et un
génie qui apporteront de nouvelles conquêtes aux
connaissances humaines. L'essentiel est que chacun étudie et reçoive la même somme de connaissances : la première égalité est l'égalité devant
l'instruction. Les maçons sauront les mathématiques ; eh bien ! ils construiront les maisons sans
le concours coûteux et inutile des architectes ; les
terrassiers sauront la géologie et les langues : ils
feront des découvertes archéologiques et paléon-
tologiques sans le concours d'un savant en lu-
nettes exposé à prendre des lettres grossièrement
gravées au couteau par des paysans contempo-
rains pour des inscriptions cunéiformes et des
têtes d'ânes pour les crânes de ses pères. Il est
vrai que la classe des savants en habit noir sera
quelque peu en disponibilité et pourra n'être ap-
pelée au service de la Société qu'à certains jours
éloignés, comme les garçons d'extra des restau-
rants. Tant mieux mille fois ! Ces boîtes à cer-
velle compartimentée, toute faite de mémoire,
n'ont ni moelle humaine ni sang généreux ; per-

roquets doublés de singes, ces « capacités » dé-
daignent trop souvent, comme au-dessous d'elles,
tout ce qui porte une empreinte primesautière et
ne parle pas le jargon de l'école.

Les « capacités » forment l'aile gauche de la
bourgeoisie, de même que le clergé est son aile
droite ; en tête marche le roi ou l'oligarchie du
pouvoir ; en queue, couvrant toute la marche,
l'armée permanente et la police.

L'enseignement théorique et pratique sera un
métier, comme tout autre, métier rétribué par les
pouvoirs publics ou les particuliers ; le titre de
professeur simple, titre de « compagnons des
instituteurs » sera conféré par un jury, composé
comme celui de tous les métiers.

Des filles.

Les conditions d'instructions sont les mêmes
pour les filles que pour les garçons dans les deux
premières périodes ; néanmoins, l'apprentissage
du métier commence, pendant la deuxième période, à l'âge de treize ans. L'instruction secondaire étant plus plus générale, moins approfon-
die à cause du cerveau plus tendre (1) de la
femme, laisse plus de temps aux travaux manuels : soins de ménage, couture, dessin, etc. A
15 ans, mi-majorité qui n'émancipe pas, mais

(1) Ce mot n'est pas un mot de mépris ; je l'emploie
comme désignant les tendances sensitives de la femme
opposées aux facultés raisonnantes de l'homme. Les deux
sexes ont même pouvoir de pensée, nous l'admettons, et
de grandes mathématiciennes peuvent se rencontrer aussi
bien que des femmes-poëtes et des admiratrices d'Ho-
mère dans le texte. J'estime cependant que les longs et

marque la fin de l'enfance et des études. La majorité est prononcée, à partir de cette époque, de quinze à dix-huit ans, sur l'initiative de la mère, et à partir de dix-huit ans sur la demande de la jeune personne, par un jury composé de mères de famille et de filles majeures. Pendant la période de mi-majorité qui n'exempte pas les parents des soins d'entretien, les jeunes filles et les jeunes femmes peuvent assister à des cours libres d'instruction complémentaire. Tous métiers et toutes professions sont accessibles aux femmes.

Des majeurs.

L'homme, comme la femme, ne peut se marier que majeur, sans autorisation des parents ; les mi-majeurs peuvent se marier avec l'agrément des deux familles, et un avis favorable des jurys de chaque sexe ; la famille du mari est alors tenue jusqu'à la majorité de l'homme, de l'entretien du jeune ménage. Les majeurs seuls peuvent-être possesseurs vis-à-vis de la province, avoir des biens en propre, céder, aliéner, transmuter, entrer dans les associations, voter à la commune, à la province, à l'état.

Des mi-majeurs.

La Commune, à défaut de la famille, entretient ceux qui restent mi-majeurs, passé vingt et

ennuyeux calculs astronomiques, aussi bien que la dissection des mètres grecs, la besogne brutale et dure de la science ; en un mot, doit être laissée aux hommes, comme le gachage du mortier et l'équarissage des arbres, et qu'on peut se contenter d'offrir à la femme les fleurs et les fruits des sciences physiques et linguistiques.

un ans pour les garçons et dix-neuf ans pour les
filles ; classe des déshérités de la nature : infirmes, idiots, souffreteux, imbéciles. Ces mi-majeurs perpétuels peuvent, suivant la nature de leur
mal, être secourus à domicile, ou être réunis
dans des colonies spéciales formées sous la direction de la province ou sous la direction du
canton. — Les mi-majeurs ne peuvent se marier entre eux ; mais tout mi-majeur peut être
épousé par un majeur qui s'engage à prendre
soin de lui et à lui fournir son entretien ; le mariage contracté avec cet engagement émancipe le
mi-majeur et lui rend tous les droits de la majorité ; l'administration de la communauté est seulement confiée de droit au premier majeur.

Des enfants abandonnés.

La commune entretient également jusqu'à leur
majorité les enfants abandonnés ; autant que faire
se peut, ces enfants sont placés chez des familles
privées d'enfants, qui les adoptent temporaire-
ment en déchargeant pendant cette période la
commune de tout soin direct ; au bout de dix ans
de cette adoption de fait, les parents adoptifs peuvent demander légalisation de leur parenté et assurer leur nom à ces enfants qui passent alors
sous leur tutelle directe.

Des enfants naturels.

Les enfants naturels peuvent rechercher la
preuve d'un de leurs auteurs, pourvu qu'ils soient
assistés dans cette recherche par l'autre auteur
les ayant reconnus ; toutefois la preuve de la pa-

ternité ou de la maternité, à défaut de témoignages concordants de deux témoins désintéressés, ne peut se faire que sur un commencement de preuve par écrit. La preuve admise en justice confère à l'enfant le droit de porter le nom de son auteur caché. — Les enfants naturels, reconnus par leurs parents, soit volontairement, soit après jugement, ont droit d'eux à l'entretien tout comme les enfants légitimes ; si donc la commune a commencé l'entretien d'un enfant naturel, elle est en droit de réclamer le paiement de cet entretien passé et futur au père reconnu d'abord, à la mère ensuite, si le père est insolvable, inconnu ou disparu.

En cas d'intestat, les biens des parents sont partagés également entre les enfants légitimes et les enfants naturels, c'est-à-dire que les enfants de l'un des époux concourent tous également au partage de ses biens propres, les enfants communs aux deux époux arrivant ainsi au partage des deux côtés ; même règle pour les enfants légitimes de lits différents.

Devoirs des enfants.

Les enfants ont-ils des devoirs envers leurs parents ? Matériellement, ils ne leur doivent rien, ne leur ayant pas demandé à naître ; ils ne sont pas leur chose, comme le concevait l'antiquité, mais une création fatale de leurs plaisirs, jouissant des mêmes aptitudes et de la même conscience qu'eux-mêmes, et que la Société salue, en espérance, du nom d'hommes dès qu'ils naissent. Les parents doivent donc, sans réciprocité, l'entretien, les aliments et l'éducation à leurs enfants. Les

enfants, pour tout devoir envers les parents, leur
doivent respect et soumission jusqu'à leur mi-
majorité; en cas d'indignité des parents, ils sont
enlevés à leur direction et déliés de respect à leur
égard. Mi-majeurs, les enfants n'ont plus rien à
exiger de leurs parents; ils ont été élevée par eux
et mis à même de gagner leur vie, qu'ils se préparent à revêtir la toge virile en faisant apprentissage d'homme. Les devoirs de reconnaissance
ne se commandent point; on ne peut donc pas
obliger l'enfant devenu homme à rendre à ses parents en égard ce qu'il a reçu d'eux de bons soins,
mais la loi peut punir l'irrévérence injuste d'enfants insultant leurs parents.

Quant à des obligations effectives d'enfant à
parent, il n'y en a point. Les parents ont dû se
pourvoir, pendant leur vie, pour leur vieillesse;
les institutions de l'Etat leur assurent d'ailleurs
la vie du dernier âge; ils n'ont donc rien à demander à leurs descendants qui doivent, à leur tour,
songer à élever leurs propres enfants et à s'assurer des ressources pour l'avenir : meubles, linge,
habillement, etc. Les véritables devoirs de l'enfant envers le parent, c'est de devenir, à son tour,
bon père pour ses enfants; tous les autres bons
procédés viendront alors par surcroît.

Droit de la Femme.

Nous avons déjà affirmé les droits égaux des
deux sexes pour la vie civile et la vie industrielle,
la femme ne sera plus un être misérable tenu
constamment en tutelle, mais un être différent de
l'homme par le corps, l'habillement, la coiffure,
les façons, le choix des occupations, à la voix

moins forte, au regard plus doux, pour tout le reste semblable à l'homme et son égal. La femme a toujours été en vasselage, presque en chartre privée dans les sociétés de conquêtes, soumise à l'hommage et à la foi quand même, animal domestique de la maison, ou fille de joie livrée à tous. L'émancipation des races vaincues doit affranchir *la première* victime du droit de la force, la femme. Se dresse alors la grosse question : la femme jouira-t-elle des mêmes droits politiques que l'homme ? Oui et non ; toute solution est simple, seulement quand on a séparé les fonctions diverses et trouvé à chacun sa loi spéciale.

Caractères spécifiques de la Femme.

Prenons d'abord la face économique de la question. La femme est évidemment producteur, comme tel, elle doit avoir mêmes droits que les autres producteurs, hommes. Mais s'il est vrai — ce qui est hors de conteste — que le cerveau de la femme vaut bien celui de l'homme, que les deux êtres sont égaux en intelligence et en conscience, peut-être même que la femme, avec moins de force de mémoire et moins d'attention soutenue, a la compréhension plus vive, le sentiment plus fin, et des délicatesses de cœur inconnues à l'homme, — il est vrai également que la femme représente une somme de forces moindre que celle de l'homme, que la femme est inhabile à la plupart des travaux de production, et que son rôle est plutôt un rôle de conservation, d'entretien, de décoration, qu'un rôle de création effective de produits fabriqués. De cette différence

17

matérielle organique entre deux êtres moralement égaux, naît comme conséquence une délimitation presque absolue des deux genres de production entrepris par eux.

A l'homme, l'être fort, le travail du labourage, des usines, des ateliers, des mines, des mécaniques, tout ce qui demande l'usage des bras et des muscles ; à la femme, l'être faible, les travaux de décoration industrielle, de couture, d'entretien du ménage, de préparation de la nourriture et des soins journaliers de la famille. La femme a, de plus que l'homme, les soucis et les fatigues de la maternité ; sa production, en dehors du ménage, ne peut donc être que momentanée et, en quelque sorte, extraordinaire ; sa véritable production dans la vie, c'est le soin de toutes les choses d'intérieur qui laisse le mari libre de travail particulier chez lui et fort pour la production du dehors ; c'est l'éducation des enfants qui, pendant une douzaine d'années, demandent son attention constante et ses travaux de chaque jour.

C'est là le vrai rôle de la femme, non-seulement à cause de sa faiblesse, mais à cause de sa tendresse, de son amour, de son particularisme. La femme a une efflorescence intime de sentiment, un amour égoïste de la famille qui la porte presque exclusivement aux occupations du foyer. L'homme, au contraire, a le besoin de ne pas entrer dans les détails du ménage ; il est porté aux sentiments plus généraux, au service pour tous ses semblables, à l'amitié humaine opposée à l'amour familial exclusif. La femme dans l'homme n'aime que son homme et ses fils, et elle ne supporte d'autre femme que ses filles ; l'homme chérit son foyer sans cesser de porter intérêt à ses amis, de caresser les enfants de son voisin et d'être tendre aux autres femmes.

Les rôles des deux sexes sont donc nettement tranchés. Au-dedans, la femme souveraine, c'est elle la vraie maîtresse du foyer; au-dehors, le mari libre dans son expansion, représentant à lui seul la communauté, c'est-à-dire sa femme et ses enfants qu'il nourrit de son travail et dont il dirige la vie.

Droits virtuels.

Donc, s'il s'agit de questions politiques *(polis,* ville), de questions de travail, de questions de défense, l'homme seul peut paraître en personne et voter. L'influence de la femme ne s'en fera pas moins sentir par son effet latent dans chaque ménage, non l'influence de l'oreiller comme on disait autrefois, mais l'influence de la femme sérieuse, instruite à l'égal de son mari, raisonnant aussi bien que lui, et pouvant, sur chaque chose, lui donner de bons conseils. De cette voix consultative, elle se contentera, en pensant que l'honneur d'une décision juste reviendra à son mari. Ainsi, nous concluons : point d'immixtion permise à la femme dans le domaine militaire, ou économique, ou politique, c'est-à-dire point de participation à l'administration de la province ou au gouvernement de la commune.

Droits réels.

Il en est autrement des questions générales de mœurs et de justice qui président au règlement de la nation. Être humain au même titre que

l'homme, la femme a le droit de juger, comm
lui, les lois d'institution supérieure qui régisser
à la fois les individus et les groupes ; si elle n'e.
ni producteur économique vis-à-vis de la provinc
ni membre actif de la cité vis-à-vis de la com
mune, elle est bien une conscience, une âme vis
à-vis de l'Etat.

Les droits de la femme se résument alors sou.
ces trois caractères :

1° Droits individuels identiques à ceux d
l'homme, liberté de parler, d'écrire, de se réunir
entre elles pour intérêt commun ; en plus, libert'
de voyager, de trafiquer, de plaider, si la femme
est majeure et non en liaison de mariage.

2° Droits civils, adéquats à ceux de l'homme,
droit de vendre, d'acquérir, d'échanger, de tester.

3° Droit politique limité au caractère le plus
auguste des droits dévolus à l'homme ; le mari
légifère et administre pour sa femme, mais femme
et mari occupent tous deux la fonction sacerdo-
tale de construire à chaque étape la grande religion humaine.

Du vote des femmes.

La femme vote donc à l'Etat ; il n'est point nécessaire pour cela de faire servir l'élection à une
promiscuité abusive. Les femmes se réunissent à
la salle de la commune, à une autre heure que
les hommes ; elles délibèrent à part, dressent
leurs cahiers et les signent. Leurs séances sont à
leur volonté, publiques ou restreintes aux femmes
majeures de la commune. Leurs suffrages sont
distincts de ceux des hommes ou peuvent être les

mêmes ; ayant droit de vote, la femme est éligi-
ble et comme suffrageante et comme désignée à
la députation de l'Etat.

J'entends d'ici les rires de quelques plaisants.
L'assemblée d'Etat transformée en salon galant,
le parti des brunes et des blondes, des jeunes et
des vieux, etc.. Je laisse au lecteur sérieux le
soin de répondre que si quelques femmes sont
nommées à la députation d'Etat, c'est que leur
vertu, leur intelligence seront éclatantes pour
tous, et effaceront même la lueur de leurs yeux,
que nos pères les Gaulois, vénéraient encore plus
leurs prêtresses que les druides, que dans l'àge
d'or, la galanterie et ses petitesses n'existent point,
et qu'il faut être de notre siècle pour repousser
Velléda par un sourire ironique, quand on s'age-
nouille devant la Vierge-Marie, mère de Dieu,
concevant et conçue sans péché. Allons, rieurs
à genoux devant Jeanne d'Arc, la vraie « sainte »
du pays de France (1).

Ménagère et prêtresse.

Ménagère reste la femme, entendons le bien,
elle s'élève seulement à la place qu'elle eût dû
toujours conserver en face de l'homme, son
égale devant la vie, concourant elle aussi à
l'éducation de ses enfants par les lois, non plus
seulement nourrice et maîtresse d'A B C, mais
directrice de vie, fondatrice de dogmes véritables

(1) Ai-je besoin d'ajouter que la reine Victoria d'Angleterre est le souverain du monde le plus aimé et le plus
respecté ? Les bureaux d'éducation dernièrement établis
en Angleterre ont intronisé l'admission de la femme à une
députation publique (1870).

en vue de la génération qui sort de son sein et que son œil suit avec amour par delà sa tombe.

Caisse d'assurance mutuelle.

Après avoir banni le parasitisme de la société en ne confiant terre, en ne donnant crédit qu'aux producteurs, après avoir rendu l'échange loyal et constitué la solidarité économique de production par le crédit mutuel, après avoir enfin assuré les droits de chacun dans les associations productives, il nous faut, en dernier lieu, créer la solidarité sociale contre les risques et les fléaux qui accablent l'homme sans prévision personnelle possible. C'est le but de la *Caisse d'assurance mutuelle* dont il a déjà été parlé à un chapitre précédent.

Tous les ans, tous les jours, toutes les heures peut-on dire, dans une grande agglomération d'hommes, il en est quelques-uns de frappés, soit par la maladie, la mort du chef de famille, la perte de leurs instruments de travail, soit par la destruction de leurs fonds d'exploitation. Pour la société, c'est une perte de travail à peu près égale chaque année, dont la statistique peut fixer le chiffre, et qui rentre par suite dans les frais généraux. Pour l'individu, c'est une ruine, un malheur dont il ne peut se tirer seul, — l'échange se faisant, pour chaque chose, sur le prix de revient des produits, et le travail journalier de chacun ne rapportant ainsi que la satisfaction des besoins de la vie courante.

La conclusion est simple : La société doit prendre à sa charge le paiement des sinistres et des fléaux qui frappent l'individu; la solidarité

du travail est récompensée par la solidarité de
l'assurance. Il y a, du reste, économie notable
pour le groupe à procéder ainsi. Des travailleurs
isolés, obligés de s'assurer eux-mêmes contre
les risques qui peuvent les atteindre, immobi-
lisent une notable portion de produits, emmagasinés particulièrement sans profit pour servir de réserve ; plus le cercle de l'assurance
s'étend, et plus la prime à payer par chacun pour
constituer la réserve des indemnités devient faible ; par conséquent moins il y a de produits
immobilisés, et plus le groupe jouit de sa production totale.

L'assurance mutuelle de l'Etat doit comprendre
tous les fléaux naturels, indépendants de l'individu, qui peuvent se diviser en :

Fléaux généraux.

1° *Fléaux généraux* : Grêle, inondation, incendie du fait d'autrui ou par imprudence, invasion étrangère, chômage d'un corps de métier
par suite d'une révolution industrielle.

Fléaux particuliers.

2° *Fléaux particuliers* : Maladie, vieillesse,
mort.

La cotisation de l'assurance mutuelle est due
par tous les producteurs, sans distinction de
sexe ; cela s'entend des majeurs, les mineurs
étant soutenus par des particuliers n'ont pas à
s'assurer, ils ne sont pas membres actifs de la
société.

Cet impôt est fixé, tous les ans, sur les données statistiques fournies par les pertes de l'année précédente. Il est oiseux de faire remarquer que chaque nature de sinistres a sa statistique spéciale, et que la cotisation à payer est la somme de huit primes d'assurances différentes.

La première nature d'assurance (fléaux naturels) n'est autre que le principe de l'assurance mutuelle pratiquée de nos jours entre propriétaires associés, étendue à toute la nation. Quant à la seconde nature d'assurance (fléaux particuliers) elle mérite qu'on s'y arrête, étant un composé de la société de secours mutuels) de la caisse de retraite et de vieillesse et de l'assurance sur la vie. Examinons les trois cas :

1° Maladie.

1er cas. — La société paye à l'individu malade et incapable de travail la moyenne de son gain de travail, pendant tout le temps de sa maladie. Des tables de maladies par régions et par industries permettent, en même temps que de fixer le nombre de journées de travail perdues annuellement de ce chef, de se rendre compte des insalubrités de tel climat, ou des infirmités inhérentes à tel métier ; la société, par économie, tendra à assainir les climats et les industries les plus chargés.

2° Vieillesse.

2e cas. L'homme cesse de pouvoir produire utilement, à un certain âge, variable suivant les individus, mais qu'on peut fixer en moyenne actuellement à cinquante - cinq ans. La retraite

pour la vieillesse courrait donc à partir de cet
âge, les producteurs étant convenus de ne rien
économiser individuellement pour les cas impré-
vus et de se décharger de ce soin sur la Société,
pour perdre le moins de produit possible. Une
retraite uniforme sera servie à partir de cet âge
de cinquante-cinq ans, à tout producteur déclarant
quitter son travail. Les vieillards qui préfèrent
rester quelque temps encore au rang de producteurs, sont déchargés de l'impôt d'assurance mutuelle jusqu'à ce qu'ils touchent leur retraite. La
retraite est éminemment personnelle et viagère,
elle s'éteint avec l'individu ; la retraite de l'homme
marié ou de l'homme veuf, ayant des enfants mineurs, est double de celle du célibataire ou du
veuf n'ayant pas charge d'enfants. La retraite de
l'homme seul est fixée égale à la moitié du gain
moyen annuel des producteurs dans le pays ; la
quotité de l'impôt nécessaire à ce service se dé-
duira du rapport des entrées aux sorties, c'est-à-
dire du rapport entre le nombre d'hommes arrivant pendant un an à l'âge de cinquante-cinq ans
et le nombre de vieillards mourant pendant le
même laps de temps.

La femme majeure restée fille a même droit à
la retraite que l'homme. N'a-t-elle pas, pour rester libre, fait métier actif de production, ne s'est-
elle pas faite homme, en quelque sorte, ayant
même indépendance et même responsabilité ?
Fille, ne pouvant gagner sa vie, tombe comme
l'homme infirme au rang de mi-majeure, soutenue par la Commune.

3° Mort.

3° cas. — La femme mariée que la mort de l'époux vient priver au milieu de sa vie, de son soutien naturel, n'a pas la ressource d'un métier particulier, si jadis elle en a appris un, les soins du ménage et de la maternité lui en ont fait perdre l'habitude, et ne lui reste-t-il pas le plus souvent, dans son veuvage, des enfants qui réclament impérieusement tous ses soins, doubles soins de mère et de père, d'éducatrice et d'instructeur ? L'homme qui l'a menée chez lui, lui a promis aide et soutien, il lui doit cet aide et ce soutien même au-delà de la tombe. L'assurance sur la mort de l'époux est d'ailleurs le lien qui engage la femme au respect du mort qui lui permet de vivre et d'élever ses enfants dans son souvenir, et la détourne d'aller se prostituer à d'autres hommes, si elle a conservé intact son amour du premier jour. Ce n'est pas, comme dans les assurances sur la vie des compagnies, un contrat immoral par lequel la femme va bénéficier de la mort de son mari ; la pension de survie est strictement équivalente aux deux tiers du gain moyen annuel du mari, l'aide du ménage, l'amitié et la tendresse en moins. L'intérêt de la femme se trouve d'accord avec son cœur pour souhaiter longue vie à l'époux.

En cas de décès des deux parents avant la majorité de leurs enfants, la pension de survie bénéficie aux orphelins, en étant servie à leurs tuteurs sous le contrôle de la commune.

La veuve, arrivant à l'âge de la retraite, conserve sa pension si elle est chargée d'enfants mineurs, et la voit réduite à moitié quand elle est seule. —

Toute veuve qui se remarie perd le droit à la pension, puisqu'elle trouve un soutien dans son nouvel époux.

Les orphelins ont leur pension réduite à moitié à partir de leur mi-majorité, et elle s'éteint complètement avec leur majorité. On voit les éléments qui fixeront le chiffre de l'impôt de survie : d'un côté la moyenne du gain annuel des producteurs, de l'autre le rapport du nombre d'hommes chargés de famille s'éteignant chaque année au nombre d'orphelins et de veuves quittant leur position de pensionnés pendant le même laps de temps.

La somme des huit primes d'assurances, ainsi établies qu'elles désintéressent complétement les sinistrés, et augmentée de frais de perception et de distribution formera le chiffre total de l'impôt d'assurance mutuelle. Cet impôt est réparti entre les diverses familles, par tête de majeur; il est perçu par la commune sur les rôles fournis par l'Etat, et centralisé à la province.

Du crédit public. — Banques provinciales.

Si l'assurance mutuelle est un service d'Etat, le crédit public est un service provincial, étant un service économique. L'Etat central (la Province) qui n'est ni propriétaire actif, ni entrepreneur de constructions, ni voiturier, a le rôle de banquier, voici pourquoi : s'il affermait le service du crédit, il donnerait à l'association fermière le pouvoir caché de l'exploitation des producteurs car le contrôle d'un mouvement de valeurs n'est pas chose facile et prêterait, malgré les tarifs et la surveillance, à la facilité des dissimulations abusives et à l'agiotage. Le crédit public est, à proprement parler, un service général d'ordre public, service de comptabilité et de gestion, non de travail et de main-d'œuvre; il est donc naturel qu'il soit confié aux mandataires élus, responsables et révocables, du centre économique. Chaque Banque provinciale peut avoir, suivant ses frais généraux et ses risques de perte, des tarifs d'escompte spéciaux, l'État exige seulement l'uniformité de la monnaie dans tout le pays, et l'acceptation mutuelle, au pair, des billets des différentes Banques.

Caisse des Avances.

La *Caisse des Avances* est établie auprès de chaque Banque provinciale comme une annexe : elle prête au producteur protesté de ses engagements, moyennant garanties matérielles, ou moyennant l'endossement solidaire de deux producteurs solvables, à un taux d'escompte double de celui de la Banque. La Caisse des Avances prête également à tout producteur sur nantissement de marchandises déposées en son nom aux bazars commerciaux, remplissant ainsi le rôle de Docks délivrant des warrants négociables.

La Banque provinciale et la Caisse d'Avances ont des succursales dans chaque canton; des commissionnaires, analogues aux commissionnaires actuels du Mont-de-Piété, peuvent être établis dans chaque commune, simples agents appointés, chargés d'appliquer les règlements et tarifs des deux institutions.

En résumé, l'assurance mutuelle prévient tous les cas de perte fatale en les faisant endosser par

la société ; les Banques provinciales transforment
en monnaie toutes les valeurs particulières à
trois bonnes signatures, et les Caisses d'Avances
tranforment en monnaie les marchandises négociables ou le papier d'un producteur protesté en-
dossé à deux bonnes signatures.

CHAPITRE XI

RÉVOLUTION MORALE

DES PUNITIONS ET DES PEINES. — CODE DE POLICE
ET CODE PÉNAL. — DE LA JUSTICE. — DES RELI-
GIONS. — DE L'ENSEIGNEMENT. — DE L'ARMÉE.
— DES FÊTES.

**Le droit, raison tirée de la nature des choses,
se subdivise en applications multiples.**

De ce que la Société serait assise sur d'autres
bases que celles réputées immuables aujourd'hui,
il ne s'ensuit pas qu'il n'y aurait plus de lois, de
décrets et de réglementation. Les principes re-
trouvés sont simples, sans doute, mais leur application, devant se modeler sur les circonstances
si changeantes de la vie des individus et des
mœurs des nations, donne lieu à une multitude
de corollaires qui, pour être observés même des
ignorants, doivent être publiquement édictés ; le
recueil de ces édits est ce qu'on appelle les codes.
Nous avons montré que ce n'était pas par des
députés, mais par le peuple même que devait se
faire leur élaboration : le code civil, le code de
commerce et le code criminel sont du ressort de
l'État ; le code forestier, côtier et routier, du ressort de la Province ; les codes de pêche et chasse,
de bornage et vicinalité, du ressort de la Commune.

Les chapitres précédents ont laissé bien peu de

chose du code civil (*Code Napoléon et Code de procédure*); la moitié du code de commerce (liv. III et IV) est également à supprimer; mais, sans contredit, le code criminel (*code pénal et code d'instruction criminelle*) est celui qui aura le plus à se ressentir de la transformation des principes du droit; je n'ai pas à refaire ici, au complet, les articles des nouveaux codes, mais à en indiquer l'esprit au législateur. Quelques lueurs de justice et de raison apparaissent dans ces œuvres d'injuste et barbare domination. Ce sera affaire au peuple législatif de les en tirer et de les conserver.

Code de police.

TITRE II. — CONTRAVENTIONS

Dans cet amas d'articles du code pénal, plus effrayants et plus inutiles les uns que les autres, un tout petit livre, le livre IV et dernier, traitant des *contraventions de police*, pourrait être conservé à fort peu près, à la condition que chaque commune édictât elle-même son chapitre des contraventions. Outre ces peines de police pour contravention aux ordonnances de salubrité et de vicinalité, que les lois de l'État réduiraient, pour tous les cas, à l'amende, la Commune doit pouvoir établir tels règlements qu'elle juge convenables relativement à la répression des vices individuels de l'homme; j'entends des vices qui ne font pas tort à autrui par vol ou violence, mais portent préjudice à la morale publique par le scandale. Cette théorie est fort en dehors des idées des anciens juristes; c'est presque une loi

religieuse, diront-ils; si la Société, morigénant
l'individu non encore coupable par rapport à autrui, crée des punitions préventives, où s'arrê-
tera-t-on dans cette voie ? La morale, pour nous,
est essentiellement du ressort civil et elle n'existe
que lorsque des hommes réunis ont constaté ensemble que tel fait leur semblait moral et tel
autre immoral. Les religions et les dogmes ne se
fondent-ils pas ainsi ? Ce n'est pas l'État, un tyran
éloigné et puissant, qui édicte ces peines, c'est la
réunion des citoyens de la Commune qui s'oblige
mutuellement à observer certaines lois de con-
venance, et à se relever, par des punitions appro-
priées aux fautes, des contraventions à ces lois ;
qui ne veut s'y obliger, peut chercher ailleurs une
Société familiale moins puritaine ou moins élevée
de mœurs ; et maintenant, ne faisons pas de dif-
ficultés d'avouer que ce titre Iᵉʳ du code de police
sera bien véritablement une suite de lois religieuses édictées par la Commune.

Titre Iᵉʳ. — Fautes

1° Paresse.

Par exemple, le premier vice de l'homme, la
paresse, rendue visible par le retard d'une exploitation, peut être combattue avant la peine terrible de l'expropriation prononcée par la Province, par la citation publique du nom du fautif à
la porte de la salle de ville, puis, à un degré supérieur, par un impôt en nature ou corvée au profit
de la Commune.

2° Vanité.

La recherche vaniteuse du luxe peut donner lieu à des édits somptuaires interdisant tel excès de parure, tel nombre de chevaux, etc.; l'abus des richesses naturelles, constituant, outre un détournement nuisible de forces, une excitation générale au gaspillage et au désœuvrement.

3° Luxure.

La gloutonnerie, l'ivrognerie rendues publiques et battant les rues, peuvent être punies, en cas de fréquence, par l'exposition publique des goinfres et des ivrognes pendant leur digestion difficile, en chaque cas isolé par 12 heures de prison diétique et purgative.

La débauche en des lieux ouverts ou sur la voie publique, poursuivie comme attentatoire aux mœurs des honnêtes gens et à l'innocence des enfants, pourra être punie de quelques jours de détention cellulaire. J'estime que la prostitution enrégimentée légalement, doit disparaître dans une nation où la femme a mêmes droits que l'homme; plus de mariages précoces, plus d'unions libres, plus de divorces peut-être, mais moins de prostitution véritable. La morale bourgeoise s'en fâche, la morale humaine applaudit.

4° Cupidité.

Tout jeu de hasard, en des lieux publics, sera puni de la confiscation des mises et d'une amende double du total des mises saisies, frappant solidairement les joueurs reconnus; l'instigateur du jeu pourra, en outre, être traduit au tribunal du canton sous la prévention de vol, si son jeu laissait un bénéfice certain à chaque coup au banquier ou tenant.

5° Envie.

Les faits de violences contre les individus, venant des sentiments d'envie, et n'ayant pas abouti à mal grave, indépendamment de la volonté de leur auteur, les injures même peuvent être punis par la citation publique; en cas de récidive, par l'interdiction de la Salle-de-Ville pendant huit jours; enfin si la violence arrivait à la folie haineuse, par l'expulsion de la commune. Les violences entraînant blessures sont justiciables du tribunal correctionnel du canton; les violences, suivies de mort d'homme ou d'infirmités graves, justiciables du tribunal criminel de la province.

6° Egoïsme.

Les faits d'abandon d'un concitoyen en cas d'attaque, d'accident, de dénument imprévu, qu'ils aient pour mobile la lâcheté, l'avarice ou l'indifférence, seront punis suivant la gravité des cas, par la citation publique, ou l'exclusion momentanée de certaines jouissances banales: qui n'aide pas ses frères, doit éprouver la peine d'être privé, lui aussi, de leur concours.

7° Mensonge.

Toute atteinte à la vérité, ayant eu conséquence dommageable à un individu ou à plusieurs, qu'elle

se soit manifestée par la parole, l'écrit ou la représentation, peut être poursuivie et punie par
la citation publique, l'amende ou la prison.

Rôle de l'Etat.

Ces édits moraux, nés du contrat, non de la
révélation, sont essentiellement du ressort de la
commune. L'Etat a seulement le devoir de limiter les peines qui peuvent être portées par la
commune contre ces fautes ou contre les contraventions de police municipale, et d'unifier, en
quelque sorte, les lois diverses des communes
par cette limitation. La constitution de l'Etat
fixera donc, je suppose, un maximum de quatre
jours de prison et d'un chiffre d'amende équivalent à quatre journées de travail que les édits
communaux ne pourront dépasser: huit jours,
et huit journées de travail en cas de récidive.
Au-delà d'une certaine mesure, en effet, les citoyens inculpés, sont non plus des gens ayant
fauté ou ayant contrevenu, mais des coupables
de délits responsables devant les tribunaux ordinaires du pays.

Code pénal.

Le Code pénal proprement dit de la République, de même que le Code civil, est général pour
tout l'Etat. Il peut se réduire à quelques articles
libellés sous trois chapitres: 1° Des peines en
matière correctionnelle et en matière criminelle;
2° Des personnes punissables ou excusables
pour délits ou crimes. 3° Des délits et des crimes.

1• Des peines.

Les peines, édictées de façon à procurer d'abord la réparation en tant que possible du dommage causé, ensuite l'amendement du coupable, ne chercheront à satisfaire ni la vengeance ni la haine. La société n'a pas à se venger : encore moins peut-elle haïr : être collectif, sa raison est au-dessus des passions humaines ; pour elle, le coupable est, ou un égaré qu'il faut convertir après l'avoir forcé au rachat et à l'expiation de ses fautes, ou un fou qu'il faut isoler et tenir en garde sévère en attendant qu'on puisse le guérir. La peine de mort qui retranche brutalement un homme de la société sans profit pour les victimes, sans espoir pour le coupable de rachat et de pénitence, sera donc bannie de la République, aussi bien que la réclusion cellulaire et la déportation en pays lointains, régimes meurtriers plus cruels que la mort, qu'on a pu appeler avec raison la guillotine sèche.

La première peine, applicable aux délits, est celle des dommages-intérêts proportionnés au dommage causé, et des frais du procès, augmentés d'une amende égale, — le tout recouvrable par la saisie ou la contrainte par corps, j'entends par le travail effectué par le condamné sous la direction et le contrôle de la société. En cas de récidive, la peine peut être doublée. — Le condamné correctionnel est donc astreint à la résidence et à la surveillance pendant le temps de sa peine.

La seconde peine, pour les crimes, comprend, outre l'application de la première peine, un temps de prison égal au temps nécessité pour l'acquit de cette dette ; c'est dans cette prison que le criminel travaillera pour acquitter ses dommages-intérêts. — En cas de récidive, la peine peut être doublée ; au troisième crime, la société peut punir le coupable de la résidence à vie dans une colonie pénitentiaire à l'intérieur de France ou dans une colonie française de climat analogue à celui de France.

2°. — Des Personnes.

La distinction de la culpabilité des personnes doit porter sur l'âge, le sexe, la race, les habitudes d'état et les phénomènes de la vie antérieure du coupable, sur les circonstances du moment de la faute et la personnalité de la victime. Les articles de ce chapitre ne peuvent avoir la prétention de fixer tous les cas possibles, mais en donnant des règles de conduite générales aux juges, il leur tracera les cas où devra être prononcé l'excuse, le mitigement ou la culpabilité pleine, tout en leur laissant une latitude pour spécifier le cas général dans lequel rentre chaque fait particulier.

3°. Des délits et crimes.

L'ancien code pénal (livre III, tit. Ier) visait surtout, dans sa caractérisation des crimes et délits, les délits et les crimes commis contre l'Autorité gouvernante, attentats, complots, conjurations, associations illicites, émeutes, attroupements, etc... Chaque gouvernement ajoutait à plaisir, avec le concours du pouvoir législatif, à cet arsenal de lois draconiennes dirigé contre les revendications du peuple. Notre état social n'ayant pas de pouvoir à défendre et à protéger, tous étant réellement

gouvernants autant que gouvernés, c'est là une
série de chapitres à supprimer d'un trait. —
Qu'un groupe insurgé ou qu'un ambitieux prétendant essaie de briser le pacte social et de réins-
tituer un gouvernement au profit d'une caste ou
d'un homme, c'est, certes, le crime le plus odieux
dont on puisse se rendre coupable; mais dans
ce cas terrible où codes et constitutions sont eux-
mêmes en péril, il ne suffit pas d'un article du
code pénal pour punir les coupables; ce n'est plus
un attentat particulier, c'est un duel social. La
Constitution, comme sanction de son œuvre, décrète dans son dernier article que tout instigateur
d'un mouvement tendant à changer violemment
et à main armée, la forme de la République sera
frappé de mort, et ses complices du bannissement
à vie. La mort ici n'est plus une peine, la Société
toute entière, prise à partie, se retourne contre
celui qui ne craint pas de lutter d'égal à égal
avec elle, la raison collective, et, menacée de mort
si elle succombe, répond par la mort si elle est
victorieuse.

Les attroupements, émeutes, charivaris à
un fonctionnaire, manifestations en corps pour
telle ou telle opinion ou telle réforme, ne tombent
sous aucune loi et ne donnent lieu à aucune poursuite. Comme la liberté de la presse, la liberté de
réunion, d'association et de coalition, ces manifestations plus ou moins bruyantes de l'individu
ou d'un parti, ne sont repréhensibles que lorsqu'elles amènent la perpétration d'un délit ou
d'un crime de droit commun (1).

(1) Je ne puis m'empêcher de faire remarquer, à ce propos, que ce qu'on appelle les révolutions politiques, dans
l'histoire moderne, n'ont jamais été que des *manifestations*

4° Des délits et des crimes.

Ces délits et ces crimes de droit commun, est-il bien nécessaire de les spécifier longuement? Chaque fait coupable n'emprunte-t-il pas aux circonstances son degré de culpabilité, et, puisque dans les doux chapitres précédents, les juges trouvent un criterium infaillible du degré de la peine à prononcer, ne suffit-il pas pour le troisième chapitre des trois articles définissant les crimes et les délits?

ART. 1er Tout *dommage matériel* causé à autrui ou à ses biens, ou toute tentative de dommage n'ayant pas abouti indépendamment de la volonté de son auteur, est réputé *crime ou délit*.

ART. II. Sont réputés *crimes :* 1° Le meurtre prémédité ; 2° les blessures intentionnelles ayant occasionné infirmité persistante ; 3° la séquestration ; 4° l'enlèvement de mineurs ; 5° les attentats à la pudeur sans violence sur les mineurs ou mi-majeurs, ou avec violence sur les majeurs et mineurs ; 6° la destruction par l'incendie ou autres façons préparées, d'une maison habitée, d'un magasin d'approvisionnements, d'une récolte sur pied ou coupée ; 7° le vol de meubles, d'animaux ou de produits de la terre avec escalade ou effraction, ou faux écrit, ou fausse déclaration.

répondant ensuite par la révolte victorieuse à une répression injuste et violente. Les coups d'État seuls sont des conspirations armées, ayant la bataille sanglante comme moyen ; les revendications populaires sont toujours pacifiques dans leur marche, et si quelques excès individuels viennent se mêler à leurs manifestations, au moins n'ont-elles jamais l'idée préconçue d'un changement de gouvernement : réforme, tel est leur cri ; bouleversement est seulement le mot d'ordre des monarchiens.

Art. III. Sont réputés *délits :* 1° Les coups ou blessures n'ayant pas occasionné d'infirmité persistante ; les homicides ou meurtrissures par imprudence ; 3° l'attentat aux mœurs entre majeurs, surpris en flagrant délit ; 4° les arrestations illégales ; 5° les délaissements d'enfants et avortements : 6° les menaces de coups et de mort ou de destruction de maisons, de magasins ou de récoltes ; 7° les injures calomnieuses professées publiquement, 8° les dégradations de biens-meubles accomplies volontairement ; 9° les vols simples.

Les crimes contre la Société seront nuls ; ceux contre les choses seront bien peu nombreux, au moins comme provenant de la cupidité, car, ainsi que le disait, il n'y a pas cent ans, le juriste marquis de Beccaria : « Le vol n'est, pour l'ordinaire, que le crime de la misère et du désespoir ; on n'en voit guère commettre que par ces hommes infortunés à qui le DROIT DE PROPRIÉTÉ, *droit terrible et qui n'est peut-être point nécessaire,* n'a laissé d'autre bien que l'existence (1). » Presque tous les délits, le droit de propriété étant supprimé, se réduiront aux faits de violence contre les personnes, provenant de passion, de colère, d'envie. Et c'est pourquoi il est bon que la Commune réprime ces vices dès leur première manifestation, alors qu'ils ne sont encore que des fautes et non pas des délits.

(1) *Traité des délits et des peines* (1764) bibliothèque nationale, 1 vol., page 98.

De la composition des tribunaux correctionnels et criminels.

Dans les affaires correctionnelles, le tribunal du Canton adjoindra à ses trois juges de roulement un nombre égal de jurés, tirés au sort dans le Canton, la Commune, théâtre du fait coupable, seule exceptée ; dans les affaires criminelles, la cour de la Province adjoindra de même à ses cinq juges de roulement cinq jurés, tirés au sort dans la Province, le canton, dans le ressort duquel a eu lieu le crime, seul excepté. Les six juges correctionnels et les dix juges criminels prononcent chacun sans appel. En cas de partage égal de voix, l'avis le plus indulgent profite au prévenu. Il n'y a recours, pour le condamné, qu'en cassation, comme fausse application de la loi ; dans le cas de cassation, l'affaire est renvoyée à une autre session du même siége, les juges se trouvant tous remplacés ; et, en cas de seconde cassation, à un siége autre.

On sait qu'actuellement le jury, borné aux affaires criminelles, prononce seulement si l'accusé est coupable ou non-coupable, et que c'est la cour, composée des juges de métier, qui applique la peine. De plus, c'est le président de la cour qui pose au jury les *questions* résultant des débats. Ici, les juges, proprement dits, n'auront plus que part égale à celle des jurés, les aidant de leur lumière spéciale, de leurs habitudes de l'audience, de leurs sens mieux aiguisés en ces matières, mais ne donnant leur avis en chambre du conseil que lorsque tous les jurés ont exprimé le leur, et n'ayant nul droit de *veto;* le président est nommé par la réunion des juges et des jurés.

Prononcé du jugement.

Le jugement doit toujours être fortement motivé, et viser les trois chapitres du Code pénal,
en spécifiant la faute, prononçant si l'accusé est
pleinement coupable, ou coupable avec atténua-
tion, ou excusable, et enfin en édictant la peine
fondée sur la réparation proportionnée au degré
de culpabilité.

Limitation de la peine.

En aucun cas, sauf une troisième condamnation pour crime, il ne peut être prononcé plus de
dix années de prison ou plus de dix années de
travail surveillé ; qui donc affirmerait que dix
ans ne suffisent pas pour changer le cerveau et
les mœurs d'un homme? Si les juges trouvent le
crime tellement extraordinaire et inconcevable
qu'il dépasse ce que l'imagination ose rêver,
après les débats de l'audience et le prononcé du
jugement, ils commettent une commission de
médecins qui examine le coupable et l'enferme,
s'il y a lieu, en une maison de fous ; le jugement
est alors annulé par une ordonnance du même
tribunal relatant la décision de la commission
médicale ; mais le jugé ne peut sortir guéri de
l'asile, avant l'expiration du temps auquel il avait
été condamné, sans être jugé de nouveau par le
même tribunal.

Quel que soit le crime, la peine prononcée
subie, le coupable a expié sa faute, payé sa dette
à la société. Plus de surveillance, d'assignation
de résidence, de notation d'infamie, de privation
de droits civils ou politiques ; l'homme ne doit

plus rien à la société ; de son côté, la société ne
peut pas chercher à éloigner d'elle cet enfant
châtié, mais, au contraire, cherche à le regagner,
à se l'acquérir de nouveau. S'il est incorrigible,
c'est un monomane à enfermer, sans cris, sans
fureur ; ce n'est pas en demandant la roue, le
tenaillement ou l'échafaud pour un grand criminel qu'on rend la vie à ses victimes ou qu'on
sert la société. Pour terminer cette rapide esquisse proposée aux méditations des futurs législateurs, je citerai la conclusion textuelle de
Beccaria fort peu appliquée encore, hélas ! de nos
jours : « Pour que tout châtiment ne soit pas un
acte de violence exercé par un seul ou par plusieurs contre un citoyen, il doit essentiellement être
*public, prompt, nécessaire, proportionné au délit,
dicté par les lois, et le moins rigoureux possible*
dans les circonstances données. »

Des prisons.

Le régime des prisons se rapprochera du régime des maisons centrales actuelles, à ces différences près que le travail sera rétribué suivant
son vrai gain ; que la nourriture sera faite, par
chaque salle, au choix des prisonniers, étant à
leurs frais ; enfin que l'entrée des prisons sera
permise tous les dimanches au public qui verra
les condamnés parqués par catégorie et les re-
gardera avec curiosité ou pitié comme les bêtes
au Jardin des Plantes. — Les récidivistes seront
séparés des autres condamnés.

Point de grâce possible par quelque pouvoir
que ce soit ; le pardon avant l'expiation de la
peine, serait un vol fait à la société ; là où les

peines ne sont pas exagérées, il n'est nul besoin de grâce. Les règlements intérieurs des prisons seront seulement inflexibles aux méchants, et se relâcheront pour les bons.

Des avocats généraux.

Nous avons dit la composition des tribunaux ; à côté d'eux doit subsister l'institution des avocats généraux, représentant la société dans la poursuite des délits et des crimes. Les Avocats Généraux, près le tribunal correctionnel et la Cour criminelle, seront nommés parmi les gradués en droit, par les corps du tribunal et de la Cour. Cet ordre doit fournir à la fois des poursuivants pour la République et des défenseurs aux accusés. Les avocats, dits *Conseillers de la Reine* en Angleterre, sont tantôt ministère public pour le gouvernement, tantôt défenseurs ; la défense étant aussi bien un service d'ordre public, en ces matières, que la poursuite. L'accusé reste libre de se défendre lui-même ou de se choisir tel défenseur qu'il lui plaît ; mais en cas d'absence de défenseurs officieux, le tribunal délègue auprès de lui un des avocats-généraux, comme il en désigne un autre pour le ministère public.

Des gens de loi.

Les avocats, faisant métier d'incorruptibilité, de dévouement et d'éloquence sont donc supprimés, comme les notaires, embrouilleurs patentés des affaires de famille. Les avoués, à l'appétit dévorant, seront aussi supprimés en tant que corps privilégié, et remplacés par des *Solliciteurs* ne formant pas corps privilégié, gradués en droit, analogues aux agents d'affaire de nos jours, opérant à leurs risques et périls pour le compte de leurs clients. Les solliciteurs seront les seuls gens de loi existant en dehors des tribunaux ; car pour les commandements judiciaires, oppositions, citations, etc., et pour la signification des jugements, les greffiers des différentes juridictions peuvent aisément remplacer les huissiers. Espérons, du reste, que la chicane prendra fin avec la propriété, et que tribunaux et gens de loi auront peu à faire.

Des religions.

Une autre catégorie de gens de robe dont tout homme sérieux doit souhaiter la disparition est celle des prêtres, officiants et desservants de religions. Une société, développée en paix depuis sa création, n'eût pas connu cette phalange noire, faisant métier de mômeries et bénéfice d'hypocrisie ; elle n'eût salué d'autre Dieu que la justice, reconnu d'autres décrets religieux que ceux de la loi, fille du consentement commun, honoré d'autres hommes que ceux donnant l'exemple d'une belle vie, exempte de trouble, de reproches et de faiblesses. Cette société reconstituée, malgré les dépôts superstitieux laissés par les âges de conquête, aura pour principe absolu de ne laisser s'introniser aucun Dieu en face de cette suprême glorification de l'esprit humain, la justice, et de ne pas permettre qu'il s'élève aucune religion contre la religion de la loi.

Qu'on ne crie pas trop vite à la persécution. L'histoire passée nous trouble la tête et les enseignements de notre jeunesse nous font voir liberté

où il y a tyrannie, et oppression où il n'existe que
liberté. Les individus sont parfaitement libres de
leur foi; ils peuvent adorer Boudha, Mahomet ou
Jésus, se réunir, s'associer même pour offrir des
sacrifices à leurs dieux, célébrer pompeusement
des mystères par des chants, des invocations, des
jeux, des farces ou des pénitences. Mais ce qui
ne leur est pas permis, c'est de mêler les choses
surnaturelles aux choses de la vie, de faire servir
leur Dieu et leur association mystique à la satisfaction de leurs passions, au triomphe de leurs
idées. Boudha, Jéhovah, Mahomet ou Jésus res-
teront dans leurs temples sous peine d'être con-
duits au poste, s'ils se permettaient quelque écart
sur la voie publique. Toute foi d'ordre supra-hu-
main suppose, en effet, une multitude de fois
contraires non moins vivaces: le catholicisme
était à peine né, que l'hérésie de l'arianisme s'é-
levait contre lui; aujourd'hui, après le schisme
protestant et grec, il agonise en se débattant entre les vieux-catholiques et les jeunes-catholi-
ques; la tranquillité sociale exige que des croyants
opposés ne se rencontrent pas en corps dans les
mêmes rues. La voie publique ne peut recevoir
que des citoyens, travailleurs de métiers, ou gouvernants, ou hommes de famille; des processions joyeuses de noces ou de fêtes ne peuvent
choquer personne, c'est l'expression de faits humains indéniables; mais toute procession religieuse, en dehors de l'enceinte des croyants associés est une insulte et un défi portés aux non-
croyants; crois, courbe-toi ou sois maudit,
semblent dire les chants audacieux des illuminés.

Articles de la constitution de l'Etat: I. Toutes

cérémonies théophantiques sont interdites en public.

II. Les communes ne peuvent mettre à la disposition d'aucune secte leurs édifices publics (1) ou leurs fonctionnaires.

Plus d'églises.— La foi est individuelle.

La formule girondine et doctrinaire « l'Eglise libre dans l'Etat libre » proclamait la puissance théocratique égale à la puissance civile, c'est-à-dire que la société reconnaissait en face d'elle trois ou quatre religions privilégiées. Nous proclamons, au contraire, la communion publique, basée sur la science et la raison humaine, indépendante de toute foi surnaturelle, et planant au-dessus des croyances mystiques des individus.— « Plus d'Eglises, la foi libre! » Il ne faut pas s'y tromper : si cette formule fait pousser les hauts cris aux cagots, aux gens de privilège, aux attachés par quelque lien à l'ordre établi, à tous les souteneurs enfin du vieux monde, c'est qu'elle frappe leurs privilèges au vif: l'Eglise, de tout temps, était clémente aux riches, dure au pauvre peuple ; la foi libre brise sa domination tyrannique sur les âmes. Qui fait la puissance des Eglises ? Est-ce leurs dogmes ? Qui les comprend dans la foule ignorante de leurs sectateurs? Est-ce leur enseignement moral, étroit, mesquin, casuiste, pharisien ? Est-ce l'extérieur de leurs

(1) Il faut entendre ici par édifices publics les bâtiments ou salles affectés aux services publics ; une commune peut certes affecter un enclos, une maison ou un étage à un certain culte payant ou non loyer, suivant qu'il est adopté par tous ou seulement par une partie.

cérémonies, la poésie et la beauté de leur pompes ? Il y a longtemps, hélas! que la poésie et
la beauté du culte sont sorties des religions. Quelle
est donc cette puissance, si ce n'est la puissance of-
ficielle, la force de l'habitude, le respect humain,
l'esprit de suite enfin? Remarquez comme la religion
est affaire de mode ; elle vient à point, à chaque
époque de réaction, à la politique conservatrice ;
l'ordre sûrement établi, le goût religieux se
relâche, et le bon ton revient peu à peu au voltai-
rianisme.

« Tous les peuples de la terre croient en Dieu
et ont une religion » disent les philosophes spi-
ritualistes (1). Franchement, je vois bien les gens
aller partout à la messe ou à d'autres cérémonies
marmotter des formules de prières qu'ils ont apprises étant enfants, dire dans la conversation
qu'ils croient à ceci et à cela; mais à part quelques
fous mystiques, mûrs pour les extases et les mi-
racles, je soutiens que la masse ne sait pas à quoi
elle croit, ne comprend pas les prières qu'elle
prononce, et va aux temples comme elle va à la
promenade ou aux autres cérémonies, parce que
tout le monde y va. La preuve topique du peu de
profondeur de la religion se trouve dans le fait
suivant souvent expérimenté : qu'un grand intérêt vienne se placer entre l'homme et la religion,
celle-ci est oubliée malgré formules, promesses
et vœux, et l'homme court à la satisfaction légitime de son intérêt; je dis plus, qu'une force quelconque déshabitue l'homme de la religion, il

_____

(1) Idée tout à fait erronée.— Lisez les travaux modernes de Spencer, Lubbock, etc. Les peuples sauvages primitifs sont tous plus ou moins spiritistes, mais ignorent la religion

vivra bientôt sans remords de son oubli, et si
un intérêt généreux vient absorber son intelligence, il se félicitera *in-petto* d'être débarrassé
de ses soucis extravagants. Comment en serait-
il autrement quand la religion n'est plus une
foi vive sortie du pays, une fraternité des fils
d'un même terroir, mais un esprit de caste et un
étalage hypocrite de vertu.

Il faut bien distinguer la religion-parti de la
foi individuelle. Certes, l'homme peut, à son
gré, croire en telles ou telles forces, adorer telle
ou telle forme d'être surhumain, lui rendre les
devoirs qu'il croit lui être agréables, je puis sourire, à part moi, mais je m'incline en cachant
mon sourire ; toute foi véritable commande le
respect ; j'ai pu passer, moi aussi, par cet état
de faiblesse, et ne dois pas me moquer des autres.
Mais où j'aurais le droit de rire et de me moquer
à mon aise, c'est quand je vois des hommes
croire, sans raisonner, douter ni vouloir s'éclair-
rer, à ce que leur enseignent d'autres hommes touchant des choses surnaturelles que ceux-
ci ne peuvent connaître eux-mêmes plus que les
autres ; j'ai le droit de crier alors à l'imposture,
et de dire aux pauvres croyants sur parole : « Se-
couez donc cette tyrannie, et redevenez hommes,
en pensant par vous même. Adorez qui vous vou-
drez, mais que ce soit par un effort de votre raison, et non par crédulité béate ; trompez-vous de
bonne foi, mais ne vous laissez pas tromper par
des hommes presque toujours moins dignes que
vous dans leur vie privée. » Quant à ceux qui
font exclusivement de la religion un parti politique, et tout en ne croyant pas et ne pratiquant
pas, s'enrôlent sous ses bannières pour opposer

une digue à l'esprit d'examen , de liberté, de contrat et de justice, on m'accordera bien que leur expansion pharisaïque de religion ne mérite aucun respect, et doit être arrêtée dès qu'elle déborde sur le terrain public.

La conclusion, c'est que si l'individu est libre dans ses croyances et dans leur manifestation individuelle ou confraternelle, toute agglomération d'individus liés par des dogmes et des décrets religieux et voulant se constituer en Église hiérarchisée est, au contraire, formellement interdite. Il ne peut y avoir d'État dans l'État. Cela ne veut point dire que des individus croyants ne peuvent communiquer par paroles, écrits ou messages avec des coreligionnaires nationaux ou étrangers, leur envoyer des secours et des marques de dévouement, faire le même jour qu'eux des cérémonies privées ; mais cela veut dire que :

Aucun décret d'Église, aucune prescription religieuse, aucune dignité créée par une Église quelconque ou aucune exemption conférée par elle, ne peuvent être reconnus, dans le présent ou dans l'avenir, par la loi civile de l'État ou la loi politique de la Commune. Ce sera l'article III de la constitution touchant les choses religieuses. Les robes grises, noires, violettes, rouges, blanches, ou bleues pourront se promener en public si bon leur semble, mais sans faire de tapage diurne ou nocturne, sans violer le domicile des citoyens pour quêtes ou aumônes, sans pouvoir être exempté d'aucun service ou corvée, sans jouir d'aucune immunité spéciale.

Le clergé séculier ne pourra vivre que d'aumônes et de quêtes, s'il continue à officier sans travailler, à prêcher et à confesser sans faire

œuvre de ses dix doigts. N'ayant plus le presbytère
communal, il logera chez les croyants. Il s'étein-
dra bientôt alors, Tartuffe ne pouvant vivre chez
Orgon, si saint qu'il soit, sans être touché des
grâces d'Elmire. — Le clergé régulier se refor-
mera, au contraire ; communautés religieuses
agricoles, de toutes sectes, demanderont concession à la province et feront leur exploitation mêlée de prière. Nul inconvénient, les communautés devant satisfaire comme toutes sociétés aux
lois de distribution équitable des associations. —
Les couvents cloîtrés qui tomberaient sous le
coup du crime de séquestration seront remplacés
par ces communautés travailleuses de trappistes
ou de maristes défricheurs, de fabricants de li-
queurs, de bénédictine, de lingerie, de parfumerie,
de confitures, de médicaments, où l'agréable se
mêlera gaiement au sacré. Les vœux n'étant pas
légaux, — la liberté du gain étant de droit, des enfants égaieront bientôt ces solitudes, les ménages
se formeront, et la communauté religieuse donnera simplement naissance à une commune civile.

De l'enseignement public.

Qu'on laisse donc mourir l'esprit de secte d'une
mort douce et naturelle. La plus grosse affaire
de la société, c'est l'éducation des enfants : de
cette éducation dépend le caractère des sociétés futures. Le code civil de l'État règle les dispositions générales de l'éducation de l'enfant et de
l'adulte, éducation qui doit être à la fois physique,
morale, intellectuelle et pratique. Cette éducation
encyclopédique, s'appliquant à l'universalité des

enfants, n'est possible que par la combinaison de
l'écolage et de l'apprentissage, qui ne supprime
pas le travail utile des jeunes gens, mais l'emploie, au contraire, à la production, dans la mesure de leurs forces et de leur expérience, tout
en faisant servir ce travail à leur instruction générale et à leur éducation particulière.

Lois de l'Etat.

J'esquisse ici quelles pourraient être les lois
sur l'enseignement des garçons, exigeant même
instruction pour tous.

1° De sept ans jusqu'à dix ans, *instruction primaire* : lecture, écriture, numération, addition et
soustraction, préceptes de morale.

2° De dix à quinze ans, *instruction élémentaire :*
arithmétique, géométrie, dessin, géographie,
connaissance pratique du globe, agriculture, métiers, instruments de travail, histoire générale
des peuples, considérés dans leurs migrations,
conquêtes et absorptions.

3° De quinze à dix-huit ans, *instruction théorique* : sciences mathématique, physique et chi-
mique, histoire comparée des langues.— Apprentissage d'un métier spécial.

4° De dix-huit à vingt ans, *éducation de la vie* :
histoire naturelle des animaux et des plantes,
sciences appliquées à l'industrie, histoire philosophique des races ; sociologie. *Fini du métier* (1).

On comprend que les âges fixés ici ne sont
pas des limites absolues, mais les marques des

_____

(1) Voir à la note G, à la fin du volume, le plan détaillé
de cette éducation encyclopédique.

quatre grandes périodes d'éducation qui se trouveront, soit devancées, soit retardées, suivant
l'aptitude et la santé des jeunes gens. Des examens passés devant des jury de professeurs donnent licence de passer à la période suivante; cette
licence ne peut, du reste, être retardée que d'une
année.

Instruction primaire.

Pendant la première période, la femme est la
principale éducatrice; l'enfant est élevé dans le
dorlottement du foyer.

Instruction élémentaire.

Pendant la deuxième période, l'influence sérieuse de l'homme prédomine : l'éducation dans
la famille sera le cas rare; l'enfant ira plutôt à
l'externat de la commune, emportant ou se faisant apporter le repas du milieu du jour, et prenant le déjeuner du matin et du soir chez lui; les
longues récréations, les promenades-visites aux
choses de la terre et de l'industrie, les exercices
de travail coupés de chant et gymnastique, les
vacances annuelles ôteront l'aridité de cette étude
toute de mémoire de cinq années.

Instruction secondaire.— Apprentissage.

La troisième période est la plus chargée; c'est
celle où l'adolescent va se rendre digne de passer homme. Elle laisse peu de place aux passions brutales de la nature en éveil; le corps se
plie le jour à l'apprentissage du métier manuel;

le soir, l'esprit est occupé à l'étude des cours faits le matin.— La première année, exercices manuels communs à tous les métiers : usage du maillet et du marteau, de la lime et du rabot, de la scie droite ou circulaire, du tour, de la forge ; essais de menuiserie, serrurerie, terrassement, maçonnage ; les deuxième et troisièmes années, application spéciale des connaissances théoriques et pratiques au métier choisi par l'adolescent, le plus souvent celui du père ou du tuteur.— Les heures de récréation sont consacrées soit aux plaisirs gymnastiques du corps, soit aux expériences des différentes sciences répétées par chaque élève sous l'œil d'un professeur ou d'un moniteur, liberté le dimanche seulement, sauf privation d'une demi-journée pour les paresseux qui doivent rattraper le temps perdu la semaine.— Le régime de cette période me paraît devoir être le demi-internat, c'est-à-dire la nourriture prise à la pension de la commune, où l'élève doit se rendre de six heures du matin à huit heures du soir, mais le coucher a lieu chez les parents ; est-il besoin de rappeler que l'internat du coucher a les plus mauvaises conséquences pour la santé et pour les mœurs, et qu'il n'est pas bon, outre cela, que l'enfant, devenant homme, soit constamment séparé de sa famille, où il trouve le respect des vertus domestiques, la politesse de l'élément féminin, et les tendresses du foyer, qui adoucissent pour lui la rude saison des études. Une fois par semaine récréation-promenade, soit la visite en commun à des ateliers modèles, soit une excursion géologique, soit une expérience grandiose au milieu de la nature.

Instruction supérieure.— Fini du métier.

La quatrième période est celle de l'instruction
supérieure, des hautes études jadis dévolues
aux seuls pensionnaires des grandes écoles du
gouvernement ou aux auditeurs des facultés.

Cette instruction dernière peut s'acquérir dans
différentes communes ; elle coïncide, en effet,
avec le *tour de France* de l'ouvrier qui parcourt
les centres industriels les plus fameux dans sa
partie, afin de se perfectionner dans son métier.
Un programme unique pour toute la France,
permet à l'étudiant de suivre ces cours sans interruption de leçons, de ville en ville.

Enseignement gratuit communal.

L'enseignement gratuit est essentiellement communal ; mais des écoles libres peuvent être tenues par quiconque veut tenter la concurrence
avec la commune. L'État n'intervient que pour
fixer les programmes d'études des quatre périodes, et instituer les examens servant à démontrer que tout enfant a parcouru effectivement
ces quatre périodes.

Certificats d'études.

Nul titre de compagnon ne peut être conféré
sans que l'élève-apprenti fournisse la preuve de
son stage de deux ans d'études complémentaires : de même l'admission aux études des
deuxième, troisième et quatrième périodes ne
peut avoir lieu que sur les certificats d'études
de la période précédente, délivré par le jury

communal. Il ne s'agit pas de diplôme, qu'on le
remarque bien, mais de certificats d'études. Le
compagnon, s'il ne sait pas méthodiquement,
couramment et de mémoire toutes les sciences,
les aura vues défiler devant ses yeux, aura
compris leur essence, se sera approprié ce qui
convenait à son tempérament et au métier de
son choix, et saura comprendre les développements du progrès en toutes choses. Ainsi, l'on
fera des hommes, non des machines. Ainsi,
tout métier sera l'égal d'un autre, toute profession rehaussée; ainsi le travailleur inventera
sûrement et développera son art, sans se heur-
ter, par défaut de science, à des impossibilités.
Le professeur de son côté, le savant théoricien,
sera aidé dans ses démonstrations ou dans ses
recherches, par la pratique facilement maniée,
par le fait à la démonstration inéluctable. Alors
aussi, les rétroactions sont impossibles : science universelle et conscience du bien sont syno-
nymes.

Possibilité de l'instruction encyclopédique et spéciale appliquée à tous.

Il reste à traiter le côté économique de la question. Ce qui rend, de nos jours, l'instruction
obligatoire impossible, je parle seulement de
l'instruction primaire, c'est, autant que la mauvaise volonté des gouvernants, la pauvreté de la
plupart des parents; l'école a beau être gratuite,
chaque pauvre famille préfère conserver ses enfants, soit pour aller gagner quelques sous aux
manufactures, soit pour aider aux travaux du
père ou de la mère suivant ses forces, soit même

seulement pour veiller sur le ménage et les petits frères ou petites sœurs pendant que les parents travaillent dehors. Du moment où l'équilibre, rétabli entre les fortunes, ne laisse plus subsister sur le sol aucune famille pauvre, l'obligation de l'instruction des enfants n'est plus une protection hypocrite accordée aujourd'hui aux pauvres êtres qu'on laissera demain mourir de faim, et un secours retiré aux parents nécessiteux, mais une assurance contre l'ignorance et les vices qu'elle entraîne, payée volontairement par tous, pour la généralité des enfants assistés ; les parents supportent de plus la charge personnelle de se priver des services et des travaux de leurs enfants, tout en concourant pour la plus grande part à leur entretien.

Petite école.

L'instruction primaire charge peu la commune ; c'est la *petite école* où le professeur est une femme ; la plupart des enfants ne la fréquenteront même point.

Collége.

L'instruction élémentaire se donnera dans les *colléges communaux ;* les parents ont toute la charge de l'entretien de leurs enfants : nourriture, habillement, livres et fournitures scolaires ; quant à la commune, elle rétribue les professeurs, paie l'entretien du local et des instruments d'enseignement.

Pension-Atelier.

Le troisième degré d'instruction comporte le demi-internat dans les *pensions* communales, c'est-à-dire la nourriture aux frais de la commune, les livres et instruments de l'élève restant, comme son habillement, aux frais des parents. L'apprentissage du métier, choisi par l'élève, doit couvrir, par les produits utiles sortant de ses essais, la nourriture qu'il reçoit, la troisième année compensant évidemment la première. Pour exciter l'émulation, des récompenses de livres utiles, modèles, instruments, etc., sont délivrés aux plus habiles élèves.

Ecole-Atelier.

Ayant passé cette troisième période, l'adolescent est mi-majeur; encore un pas à franchir et il pourra se revêtir de la toge virile. L'instruction supérieure qui le fera majeur doit être donnée au canton, où seront rassemblées plus facilement les ressources nécessaires pour cet enseignement, bibliothèques, conservatoire de machines, amphithéâtres d'expériences et d'essais, etc.

L'*école-atelier*, rétribuée par le canton, paye à chaque étudiant-ouvrier un salaire aux pièces, correspondant au demi-salaire moyen de l'ouvrier parfait du même métier. Les élèves se nourrissent isolément ou par groupes, habitent où bon leur semble, sont, en un mot, des étudiants libres, leur salaire leur permettant de vivre de leurs propres ressources. Le canton, de son côté, s'indemnise ordinairement de ses débours par la vente des produits des élèves, faite par les soins d'un comité d'administration de l'école.

Charges des parents.

En résumé, l'enfant n'est à la charge de ses
parents que de dix à quinze ans ; à partir de cet
âge, son travail non exploité par des maîtres
avares, mais par un tuteur désireux de lui révéler tous les secrets de l'art, suffit aux trois quarts
de son entretien pendant trois années, puis à son
entier entretien.

Charges de la Commune.

La commune, de son côté, tout en déchargeant
les parents le plus possible, n'a à payer, dans
toutes les périodes, que les frais d'écolage, frais
d'autant plus restreints qu'ils s'appliquent à un
plus grand nombre de têtes.

**Tempérament. — Le système d'éducation uni-
verselle intégrale est le système de la recherche de la plus grande production.**

Les trois premières périodes comportent des
vacances, qui, suivant les pays, seront fixées à
telle ou telle date, de manière à laisser les enfants libres d'aider à certains travaux des champs
ou de fabrication. D'autres tempéraments peuvent
être adoptés encore, après la pratique de cet enseignement ; mais il est impossible qu'il ne soit
pas d'accomplissement plus facile, tout être humain travaillant suivant ses forces, que ne l'est
aujourd'hui l'instruction générale du simple A
B C, de la lecture et de l'écriture ; car il est bon
d'y insister par un simple raisonnement (les chiffres ne pourraient qu'embrouiller la question,

aucun chiffre n'étant comparable dans l'ancien et le nouveau système), quel est ce système d'éducation, si ce n'est le système de faire rendre à l'enfant toute la production dont il est capable à chaque âge, puisque toute l'instruction à lui donnée ne tend que vers ce but d'accroître sans cesse, par l'étude et la pratique, sa somme de production ? Et ces produits alors retombent en source féconde sur lui-même pour le pousser encore à de nouvelles études et à de nouveaux progrès de métier.

Education des filles.

L'éducation des filles ne doit pas être moins complète que celle des garçons, mais peut-être moins profonde, moins ardue ; là où l'homme a besoin de chercher, de fouiller, de se rendre compte, d'analyser et de disséquer, la femme croit sur parole, accepte le fait sans demander à voir apparaître la raison du fait, et ne retient de la science que les grandes lignes, n'ayant pas besoin des secrets accessoires pour des métiers qui ne sont pas de son sexe.

Instruction primaire.

L'instruction de la première période est la même et se donnera en commun, soit dans la famille, soit à la petite école.

Instruction élémentaire.

La deuxième période doit être également identique, sauf le remplacement des métiers de garçon par les métiers de filles : couture, lavage, repassage, soins de ménage, etc. A treize ans, apprentissage d'un métier quelconque. Externat jusqu'à treize ans ; demi-internat de treize à quinze ans, avec heures d'entrée et de sortie moins dures que pour les garçons.

Instruction secondaire.

La troisième période, celle de la mi-majorité des filles, peut comprendre, sans inconvénient, les études des garçons pendant les troisième et quatrième périodes réunies ; la jeune fille, de quinze à dix-huit ans, est alors étudiante libre, et suit, à la commune, des cours professés par des femmes ; n'ayant pas de métier à perfectionner, elle peut, pendant ces trois ans, acquérir facilement la somme de connaissance des deux périodes.

La fille reste éternellement à la charge des parents, sauf les deux ans de demi-internat où sa nourriture est prise à la pension communale ; mais les services qu'elle rend à la mère dans le ménage, compensent bien ce sacrifice.

Quelque risible que puisse paraître au bonhomme Chrysale l'éducation encyclopédique des femmes, j'estime que les mœurs ne feront que gagner en pureté et en élévation véritable quand les filles sauront épeler comme leurs frères ou leurs cousins, les lois de la nature, quand elles seront moins occupées de coquetterie et davantage d'études, quand elles songeront, étant jeunes filles, aux enfants qu'elles porteront étant femmes, quand elles se donneront enfin à l'homme comme une compagne ou comme une amante au lieu de se laisser prendre exclusivement comme une servante ou comme une machine de joie. Les femmes pourront être médecins-accoucheurs, médecins d'enfants, chirurgiens, et traiteront au moins la femme en sœur, au lieu qu'un médecin la traite en femme désirée ou en sujet inconnu pour les malades. Et certes ce dévouement est plus dans leur goût qu'il n'est dans le sentiment égoïste et ambitieux de l'homme. Tous autres métiers, accessibles à leurs forces, demandant du goût et de la délicatesse, n'en seront que mieux tenus si des femmes, filles ou veuves, veulent s'y adonner. Pour ces cas, des écoles-ateliers de filles sont institués dans des centres spéciaux avec des réglements analogues à ceux qui régissent les écoles d'hommes; même demi-salaire, même titre de compagnon après le temps d'étude écoulé et l'examen de sortie passé. Tout cela n'empêchera pas les pères cultivateurs d'avoir dans leurs filles de bonnes fermières les aidant aux travaux des champs, depuis l'âge de 15 ans, et même depuis avant, pendant le temps des vacances; mais femmes comme hommes suivront leur vocation en connaissance de cause; et chacun apportera dans le métier de son choix l'intelligence et l'estime des autres métiers humains. Communion d'idées et de savoir entre le frère et la sœur, l'époux et l'épouse; même communion entre tous les habitants du pays, en quelque part qu'ils se rencontrent, c'est le règne de l'harmonie universelle, rêvé par Fourier.

De l'armée.

Cette harmonie, établie à l'intérieur, peut être troublée cependant par des attaques du dehors;

et avant que la Révolution inaugurée en un point
de la terre ait rallié à sa doctrine de vie tous les
peuples du monde, il faut qu'elle se tienne soigneusement en garde contre l'étranger. De là, la
nécessité pour la nation d'être prête à la guerre,
la nécessité par suite pour tout citoyen, d'être
soldat de la nation comme il est producteur de la
province, habitant de la cité, chef ou fils de famille.

Service obligatoire personnel.

Le régime des armées permanentes, faisant
corps séparé dans l'Etat, est aujourd'hui condamné par tous les esprits sincères comme immoral, abrutissant, faucheur de travail; qui plus
est, comme inférieur sur le champ de bataille au
système naturel des armées nationales. Il est à
peine besoin de dire que la constitution d'un
état démocratique décrète le service obligatoire
personnel, sans remplacement, substitutions, exo-
nérations, différence dans les contingents, exceptions ou tempéramment quelconques. La loi
oblige, par exemple, tous les citoyens de 20 à 50
ans; mais elle a soin de ne pas entraver la production du pays, pour parer à des dangers souvent imaginaires. On peut comprendre l'obligation
militaire divisée en quatre périodes :

Quatre bans.

Première période (de 20 à 23 ans): *Service
actif*, exercices, campement, promenades militaires à travers la province, éducation théorique et
pratique. Cette période de trois ans étant frac-

tionnée par durée de trois mois d'embrigadement suivie de trois mois de congé, de manière tout à la fois à ne pas priver le pays du travail des jeunes gens, et à ne pas enlever ceux-ci pendant trois ans à la vie industrielle et civile. — un an et demi d'exercices doivent suffire pour faire un excellent soldat de l'homme instruit, intelligent, et dont le corps est rompu aux exercices gymnastiques et aux premiers éléments militaires par l'éducation de la jeunesse. J'estime même qu'on pourra réduire cette période à deux ans.

Deuxième période (de 23 à 25 ans) : *Service de mobilisation*, exercices réguliers pendant huit jours chaque mois.

Troisième période (de 25 à 37 ans) : *service de réserve.* Exercice d'un jour ou deux tous les mois, et de cinq ou six jours tous les trois mois.

Quatrième période (de 37 à 50 ans) : *service de vétéran.* Exercices semestriels pendant cinq ou six jours (1).

Armée productive.

Les exercices des deux dernières périodes peuvent être considérées comme des récréations utilitaires. Mais la deuxième période enlève une centaine de jours au travail annuel, la première enlève la moitié du travail annuel ; et cette suppression de travail porte sur des classes d'environ 300,000 hommes. Il est bon que la prime d'assurance payée par le pays contre le danger du dehors soit la plus réduite possible ; à part les exercices militaires proprement dits, les jeunes sol-

(1) Écrit en 1869.

dats devront donc employer le temps de l'enrégimentement à des défrichements, endiguements, terrassements, lignes de chemins de fer; à des fortifications de terre, détournements de cours d'eau , fabrications d'armes et d'engins de guerre, etc...; on comprend qu'au lieu de leur faire effectuer des travaux sans nécessité, il est possible de les exercer tout en les employant à des travaux utiles; ils retireront les rails usés, par exemple, et en remettront de neufs, de façon à simuler la première fois une rupture de voie, la seconde un rétablissement de voie, et de même pour tous autres travaux. En résumé, ils ne seront pas détournés de leur apprentissage militaire par des travaux industriels, mais tout en faisant en corps telle ou telle manœuvre de défense ou d'attaque, ils serviront l'intérêt général par un travail utile.

Droits des soldats.

Le service militaire n'ôte pas le droit au mariage, l'Etat ne pouvant avoir aucune action sur la vie intérieur du citoyen. Loin d'ôter le droit au vote, il la confère aux mi-majeurs engagés volontaires ou soldats par leur âge.

Une seule exception.

L'Etat ne reconnait aucune exemption, sauf le cas d'incapacité de travail quelconque, les infirmes capables de service pouvant trouver occupation dans les bureaux ou services auxiliaires; quant aux veuves, soutenues par l'impôt

d'assurance. elles n'ont aucun droit de garder
leur fils aîné.

Rôle de l'Etat.

C'est à l'Etat qu'appartient le soin d'avertir le
pays en cas de danger extérieur ; nulle guerre
de conquête ou de propagande armée ne peut,
en effet, être voulue par une nation démocratique. S'il s'agit du soutien d'un peuple allié,
d'une question d'équilibre continentale ; le peuple
doit être appelé à se prononcer dans ses comices sur l'opportunité de la guerre ; dans le seul
cas de menace d'invasion, l'Etat proclame, sans
appel au peuple, *la patrie en danger*, et appelle
toutes les provinces aux armes.

Rôle de la Province.

Les provinces, groupes centraux des forces
vives du pays, lèvent alors leurs armées régio-
nales et se mettent en état de défense ou d'attaque. C'est à elles que revient le soin de l'administration et de l'intendance ; l'Etat décrète seulement, suivant les besoins du moment, les levées
des différents bans, dresse le plan de campagne
général et assure la direction du mouvement, la
province organise la division avec ses corps
spéciaux, donne les ordres de convocation aux
légions d'arrondissement et veille aux fournitures de campagnes : vivres, habillements, munitions.

Rôle du canton : Arrondissement militaire.

C'est au canton que se fait le premier groupement de soldats ; le canton lève, en moyenne, 100
hommes par année. Les 500 hommes des deux
premiers bans sont concentrés ensuite à l'arrondissement militaire, comprenant cinq cantons et
forment la légion de 2,500 hommes, légion tantôt
complète avec infanterie, cavalerie, artillerie,
génie, train, ambulances, travailleurs militaires
(1), et tantôt composée de bataillons d'armes spéciales, suivant les aptitudes et les métiers des
habitants. La province compte en moyenne 15
légions, c'est-à-dire que les deux premiers bans
lui fournissent un corps d'armée de 37,500 hommes, soit, pour la France entière, un million et
demi de soldats, jeunes, vigoureux, patriotes, dé-
fendant à la fois leur patrie et leur province, leurs
croyances et leurs foyers.

En cas de guerre sur le sol, la réserve, (le
troisième ban) tient les places fortes et couvre le
pays ; le quatrième ban, les vétérans, ne sont
appelés qu'en cas d'extrémité ; tous les bans sont
cependant encadrés d'avance et prêts à être mobi-
lisés en quelques jours. Les deux premiers bans
ont même uniforme, légèrement varié suivant les
armes spéciales, par toute la France ; la réserve
et les vétérans ont de simples insignes cousus sur
l'habit porté communément dans le pays, insigne
et habit que désigne un décret d'État aussitôt la
guerre déclarée. Les deux derniers bans peuvent
fournir un effectif de deux millions et demi

_____

(1) Télégraphistes, mécaniciens, chauffeurs, fabricants
d'armes et de munitions,

d'hommes chacun, soit, pour la province, un corps d'armée supplémentaire, fort chaque fois de 62,500 hommes en moyenne.

Les quarante corps d'armée provinciaux peuvent être fédérés en quatre ou cinq grandes armées, réunissant les effectifs de dix ou huit provinces voisines, ces armées pouvant ainsi mettre en ligne de 3 à 400,000 hommes. L'invasion d'Attila elle-même reculerait devant ces murs de sept millions d'hommes, combattant côte à côte avec leurs frères et pour le salut de leur pays, forts, instruits, disciplinés, héros d'une civilisation à la fois élevée en science et en justice.

Reste la question des cadres. Les cadres, nous l'avons déjà dit, sont formés par élections successives; ceux de l'armée proprement dite sont pris exclusivement dans le deuxième ban, les officiers et sous officiers étant rétribués pendant ces trois ans à demi-salaire moyen du pays. Les administrateurs militaires, intendants, instructeurs et inspecteurs sont des officiers choisis, suivant leurs grades respectifs, par la province et soldés par elle comme des fonctionnaires, ce sont les seuls militaires de profession; pendant l'intervalle de leurs travaux, les instructeurs suivent des cours spéciaux d'art militaire, qu'ils répètent, dans les saisons d'exercice, aux officiers de légion (un instructeur par chaque arme spéciale auprès de la légion).

Pour la solidité des légions, il est bon que les hommes du premier ban forment des compagnies complètes, et que les hommes du deuxième ban, qui ne feront pas partie des cadres, forment des compagnies distinctes qui s'incluront dans la légion, en tête et en queue, aux manœuvres mensuelles; les exercices de trois mois se feront ainsi avec 1,500 hommes, qui ne seront pas dépaysée quand la légion s'augmentera des deux tiers.

Les deux derniers bans sont des anciennes armées qui éliront avec la plus grande facilité leurs cadres parmi leurs anciens officiers; il va de soi que chaque soldat de la réserve ou vétéran conservera, sauf impossibilité, l'arme qu'il avait embrassée dans le service actif. Donc, armées complètes, sortant de terre au premier signal; ce n'est plus là une garde nationale jouant à la guerre et opposant, au jour du danger, un dévouement ignorant à un ennemi exercé; c'est bel et bien, dans toute sa plénitude, la nation armée et disciplinée; mais la nation armée ne se battant que quand elle le veut et pour ce qu'elle veut, citoyenne toujours, jamais esclave d'un chef ou d'un empereur, passant, comme les héros antiques, un plus long temps à la charrue ou à l'atelier qu'aux camps, et songeant toujours, pour terminer au plus tôt la guerre et la faire la plus humaine possible, aux femmes et aux enfants qui sont derrière elle.

Code militaire.

Les peines édictées contre les réfractaires sont la perte, pendant un certain temps, des droits civils, la condamnation au mi-majorat; l'absence non motivée aux exercices entraine la perte des droits civiques ou de vote à l'Etat pendant une période déterminée; en cas de récidive, la perte des droits politiques ou de vote à la commune, pendant le même laps de temps. Peines prononcées par les tribunaux de canton.

En guerre, la trahison, l'abandon d'un poste ayant compromis un corps ou un groupe quelconque de soldats, la désertion, peuvent entraîner la mort. L'insubordination, la fuite pendant le combat, l'abandon sans ordre d'une position, peuvent entraîner le bannissement de l'État à temps ou à vie ; ces peines sont prononcées par une cour martiale de la division formée par l'élection moitié de gardes, moitié d'officiers, il y a une cour de révision par armée, formée d'officiers supérieurs nommés par la province.

J'ai indiqué le plan général du service militaire, sans avoir la prétention d'entrer dans les détails que les circonstances de l'armement peuvent modifier d'année en année. Mais de même que j'ai voulu mettre en lumière plus haut que le principe de l'instruction doit être l'instruction universelle intégrale et pratique, de même, j'ai voulu établir ici que le principe de la corvée militaire doit être la nation entière armée, formant des corps disciplinés, immédiatement mobilisables, sans que personne abandonne aucun de ses droits de citoyen et aucun de ses devoirs de producteur.

Des fêtes.

Les peuples ne peuvent se passer de fêtes publiques : il faut aux jeunes gens des occasions de chants et de danses, aux hommes mûrs et aux vieillards la vue des joies de la jeunesse, la promenade en un endroit où tout le monde se rend, le trinquement fraternel avec des amis rarement vus, l'occasion enfin de voir la foule des compatriotes pour échanger avec eux des saluts, des poignées de main, des souhaits de regrets ou d'espérance, voire même de simples coups d'œil.

Les peuples enfants ont les fêtes de la nature, les peuples-esclaves les fêtes de la religion, vague espoir d'un sort meilleur. Les peuples mûrs et libres ne peuvent avoir pour fêtes que des anniversaires civils, fête nationale de la Constitution célébrée le même jour dans tout le pays ; fête de la fondation de la commune, dans chaque centre communal, enfin fête de l'industrie spéciale à chaque région. Les cérémonies et fêtes religieuses savent à merveille, en chaque pays, s'associer à ces célébrations naturelles des époques de la vie humaine. Ce sera dorénavant à la commune à prendre l'initiative d'exaltations qui viennent non de la foi, mais du sentiment humain de travail et de confraternité.

Calendrier.

Il ne faut point chômer cependant par suite de fêtes ; et à ce point de vue, la division de l'année civile en 36 décades, marquées chacune par un jour de repos, me paraît préférable à l'institution des 52 dimanches. Il est juste, du reste, pour marquer l'ère de rénovation du peuple, de remettre en vigueur le calendrier républicain de la grande année 1792. Que l'ère parte de cette date de 1792 ou de la date de la nouvelle Révolution, le calendrier divisé en quatre saisons aux noms appellatifs commençant l'année à l'équinoxe du printemps ou à l'équinoxe d'automne est plus naturel, au point de vue historique et astronomique, que le calendrier grégorien, c'est-à-dire que le calendrier de Jules César, modifié par Grégoire XIII.

Semaine de dix jours.

Les planètes ne manquent pas aujourd'hui pour allonger de trois jours les noms des divisions de la semaine, si les dénominations de primidi, duodi..... decadi choquent l'habitude. Après le dimanche ou soledi (soleil) et le lundi (la lune), viendraient régulièrement le mardi (Mars), le mercredi (Mercure), jeudi (Jupiter), vendredi (Vénus), Samedi (Saturne), auxquels s'adjoindraient l'Uranedi (Uranie) et le Neptunedi (Neptune), consacrant les noms des deux grandes planètes modernement découvertes.

Les six jours du labeur servil des uns et de l'oisiveté facile des autres seront remplacées avantageusement par les neuf jours de travail égal et mesuré pour tous; il est clair que celui qui aspirait jadis, pauvre bête de somme, au repos du dimanche, attendra sans fatigue le repos du dixième jour, quand son travail de chaque jour sera libre, agréable, bien rétribué, donnant bonne nourriture et forces de vie, et ne pèsera que huit à neuf heures sur lui au lieu de peser onze à douze heures. Trente-six jours de repos, et cinq jours complémentaires consacrés aux fêtes de l'Union (les vacances des adultes), plus trois jours de fête communale d'industrie et de la Constitution, c'est quarante-quatre jours de chômage au lieu de cinquante-deux, soit huit jours de travail en plus, un beau denier d'économie quand il se compte sur dix millions de travailleurs.

Consécration du dixième jour.

La consécration du dixième jour ne pourra mieux se faire que par la tenue périodique des assemblées primaires dans la matinée de ce jour. Cette cérémonie hebdomadaire sera véritablement la communion des fidèles sous les auspices de la science et de la raison présidant au contrat ; et il faut que le citoyen s'habitue à aller régulièrement le décadi à la Maison de ville, comme le fidèle autrefois assistait régulièrement à la messe des églises catholiques ou aux sacrifices des temples païens.

Consécration des jours complémentaires.

Les cinq jours complémentaires (six jours dans les années bissextiles) peuvent de même être consacrés par la révision de la constitution et la confection des lois de l'Etat.

Ainsi les jours de repos serviront à l'exercice des droits politiques et civiques, apportant avec les plaisirs et les distractions du corps, l'occupation sérieuse de l'esprit, et fixant à des dates certaines l'activité des devoirs publics qui, si elle n'était régulièrement ajournée, s'épandrait en réunions déraisonnables faites à tort et travers par l'un ou l'autre, au grand préjudice du travail quotidien, de la vie de famille et de l'ordre de la cité.

Derniers souhaits.

Ne pourrais-je indiquer, en terminant ce chapitre des réformes morales, que la société doit faire retour aux mœurs primitives par la coutume hygiénique de l'incinération des cadavres (1), l'éducation gymnastique de l'enfance des deux sexes, les chants d'hymnes chorales, les danses symboliques et exercices du corps, le respect des animaux utiles, la vénération des vieillards, la franchise concise du langage, la simplicité du costume ; que plus, en un mot, les habitudes de vie matérielle se rapprocheront de celles des anciens peuples pasteurs et agriculteurs, plus la beauté plastique de la race y gagnera, en même temps que son cerveau deviendra plus fort et plus apte aux conceptions saines et élevées ?

(1) L'ensevelissement, si mortel aux vivants, nous vient du préjugé juif de la résurrection corporelle.

CHAPITRE XII

DES SERVICES PUBLICS

Services publics.

Les services d'Etat, autrement dit services publics, se répartissent, dans toutes les sociétés modernes, sous les différents titres suivants :

1° Cultes.

2° Affaires étrangères.

3° Guerre.

4° Marine.

5° Intérieur et police.

6° Justice.

7° Agriculture et commerce.

8° Instruction publique.

9° Beaux-arts, lettres et sciences.

10° Travaux publics, ports, mines, chemins de fer, constructions navales, canaux.

11° Forêts, postes et télégraphes.

12° Finances.

Plusieurs de ces services étant parfois réunis dans un même ministère, parfois divisés entre des ministères différents.

Nous allons examiner brièvement quels sont, entre ces services, ceux qui sont véritablement d'ordre public et de quel groupement politique ils dépendent logiquement.

Suppression des cultes.

1° L'Etat nouveau, loin de salarier aucun culte, veillant au contraire à ce que les églises n'empiètent pas sur le domaine laïque, le premier service est à supprimer complétement. Les tribunaux ordinaires suffiront à maintenir la liberté de la foi individuelle, la commission de justice de l'Etat étant derrière leurs arrêts pour faire respecter la Constitution.

Relations extérieures.

2° Les relations extérieures appartiennent naturellement à l'Etat, représentant de l'unité nationale. La République n'entretient pas, près des cours étrangères, des ambassadeurs, faisant somptueuse figure d'un souverain qui n'existe plus, mais un simple *agent général de France* par pays, chargé de centraliser les renseignements des consuls locaux du pays auprès duquel il est accrédité et de leur transmettre les instructions du collége d'Etat (commission de travail national). Les consuls français ont pour mission : 1° De veiller à la sécurité des nationaux ; 2° de faire, à l'agent général, des rapports statistiques sur la production industrielle, sur les forces militaires et l'organisation gouvernementale de leur ressort, l'état de l'esprit public, les progrès matériels ou moraux, ou les décadences matérielles ou morales de leurs contrées et les causes apparentes de ce progrès ou de cette décadence ; 3° de renseigner directement les compatriotes qui s'adressent à eux sur les maisons et la production du pays ; 4° de publier, autant qu'il leur est possible, dans leur ressort, tous les renseignements commerciaux propres à créer aux nationaux des débouchés profitables.

Guerre et marine militaires.

3° et 4° La guerre doit comprendre à la fois l'armée de terre et la marine militaire. Si l'État, comme la vigie, avertit le pays du danger et lui crie de sa position bien renseignée : Aux armes ! c'est la province, avons-nous expliqué, qui détient l'administration militaire et a la direction effective de l'organisation de la guerre. Les cantons maritimes fourniront évidemment l'armée de mer, et il sera créé, dans chaque province côtière, des arrondissements maritimes analogues aux arrondissements militaires; même temps de service et mêmes divisions pour les marins et pour les soldats. Les dépenses de l'entretien de l'armée seront proportionnelles à la population de chaque province; on comprend donc que chacune d'elles solde l'entretien de son armée particulière. Mais où l'inégalité deviendrait choquante, c'est si les provinces-frontières étaient obligées de payer, l'une ses vaisseaux de guerre et ses monitors cuirassés, l'autre ses forteresses et ses camps retranchés, pendant que les provinces du centre bénéficieraient, sans dépenses, de cette protection donnée à tout le pays. À l'État donc, le budget de la fabrication des vaisseaux de guerre et de la construction des forteresses-frontières, comme à lui la direction effective de la guerre, la nomination du général en chef parmi les lieutenants-généraux d'armée et les ordres de mobilisation de tel ou de tel corps. Le budget militaire de l'État est pris sur l'impôt d'assurance mutuelle, assurance contre les risques d'invasion; les commandes de travaux sont faites par la commission des services publics.

20

Suppression de l'intérieur et police générale.

5° Là où il n'y a plus de centralisation, plus de souverain à une tête ou à sept cents têtes, plus de cabinet responsable ou irresponsable mais dirigeant, il n'y a plus lieu à service de l'intérieur : préfets et sous-préfets ont disparu ; les officiers d'État, gardiens vigilants de la Constitution, dépendent de la commission de justice. — Quant à la police, rentrée dans le domaine exclusivement communal, elle échappe à la fois à la province et à l'État. La province a seulement charge des prisons centrales et colonies pénitentiaires.

Justice.

6° Nous avons dit ce que devenait la justice, service communal avec les tribunaux de police et de justice de paix, service cantonal avec les tribunaux civils et correctionnels, service provincial avec les cours d'appels et criminelles, service d'État avec la cour de cassation. Les codes sont refaits et simplifiés ; les gens de loi réduits aux juges et greffiers.

Agriculture et commerce.

7° L'agriculture et le commerce rentrent, comme publication générale de statistique, dans les attributions de la commission de travail national de l'État ; comme service d'appropriation dans l'attribution exclusive de la province, renseignée par le canton.

Douanes.

Les douanes sont du ressort de l'Etat, et non
des provinces ; elles sont donc complétement interdites à l'intérieur, et ne subsistent à l'extérieur
que pour empêcher, en certains cas, la sortie de
produit de première nécessité, ou l'entrée de produits étrangers reconnus d'un usage dangereux,
et, en cas rares, éloigner par le prix d'entrée les
similaires de deux ou trois produits trop abon-
dants cette année-là dans le pays et formant son
industrie ou sa récolte spéciale (1). Les douanes
ne seront plus alors protectrices de telle ou telle
industrie, mais protectrices de la vie et de la
santé même du peuple entier ; que si une industrie naissante a besoin d'encouragement, pendant
sa période de formation, la province peut lui con-
sentir certain dégrèvements d'impôts qui peut
même être une subvention active ; cela vaudra
mieux pour tous qu'une élévation à l'entrée des
produits similaires étrangers.

Il ne faut pourtant pas proclamer le libre-
échange absolu : il y a un milieu à tenir entre
cette doctrine et la protection. Le libre-échange
absolu ne se comprend qu'entre nations sœurs,
jouissant des mêmes droits, ayant mêmes vœux,
même but, incapables, par conséquent, de se
faire la guerre et de chercher un jour à se nuire ;
une suppression complète de barrières économiques entre deux peuples, c'est une annexion,
une fédération politique aussi bien qu'écono-

(1) Le lecteur trouvera cette question et d'autres se rat-
tachant à la production et circulation traitées plus au long
dans un opuscule qui paraîtra prochainement sous le titre
d' « Économie sociale. »

mique : l'histoire du Zollverein et des annexions de la Prusse en est une preuve historique frappante. Hors de la Belgique et de la Suisse, pays français, de race gauloise, avec quels pays pourrait s'associer la France démocratique? Qu'arriverait-il, par exemple, si après avoir exporté une grande partie de son blé, séduite par l'avantage des prix trouvés en Allemagne ou en Angleterre, la France, se trouvant subitement en guerre avec l'Autriche ou avec la Russie, ne pouvait plus recevoir de blés de Hongrie ou de Crimée, et si les États-Unis n'avaient pas un surplus tout prêt à sa destination? La cigale préteuse mourrait de faim près de son argent; et pour quel profit? pour le minime bénéfice trouvé par une classe de producteurs dans trois ou quatre provinces. — L'État, la vigie qui voit de loin grossir les nuages politiques, doit donc veiller.

Sans doute il est naturel que, n'ayant pas de fers, nous en demandions à nos voisins les Anglais, qui nous demanderont en échange du vin, du beurre ou des œufs; mais ne serait-il pas plus naturel encore qu'ayant le blé, le vin et les œufs, nous tâchions de nous procurer le fer nécessaire à notre industrie dans une province ou une colonie française? Alors nous travaillerons, au complet, pour nos besoins, et nous ne chômerions pas malencontreusement dans une branche de notre travail, si l'Angleterre, par suite de guerre, de grèves, de désastres naturels ou de cataclysmes sociaux, nous refusait un temps sa fourniture habituelle. De même l'Angleterre ferait sagement de compter pour l'excédant de fourniture qui lui est nécessaire chaque année sur ses propres colonies plutôt que sur l'Amérique et la France.

Les douanes ne doivent pas être une mesure fiscale, une source détournée d'impôts, dans un pays où l'impôt est une cotisation volontaire, essentiellement applicable à tel ou tel besoin général ; elles sont simplement une prohibition à l'entrée ou à la sortie. Quand les statistiques montreront très-mauvaise récolte en blé, vin ou bétail, prohibition de l'une ou de l'autre de ces denrées ou ce qui revient au même, droit de sortie assez élevé à la sortie ; prohibition à l'entrée du bétail de tel pays en cas de peste bovine, des objets d'or et d'argent non soumis au contrôle, des acides ou substances chimiques de transport ou maniement dangereux, etc.. Aucun droit perçu, si ce n'est celui d'enregistrement de toutes marchandises importées ou exportées ; ce droit pouvant servir à solder le corps de douaniers garde-frontières recruté par engagements volontaires.

Marine marchande.

Dans l'intérêt de la marine nationale, les provinces côtières peuvent admettre au cabotage de leurs ports les seuls navires français, et l'État peut fixer un droit de tonnage et un droit d'enregistrement supérieur des marchandises importées pour tout navire étranger venant débarquer dans nos ports. Ce sont là les seuls droits protecteurs.

Distinction entre les droits d'entrée et les droits de sortie.

Les droits d'entrée, répétons-le, sont une fiscalité abusive qui doit presque complètement

disparaître : portant sur les matières premières,
ils lèsent l'industrie, portant sur les produits
fabriqués, ils lèsent l'intérêt des consommateurs :
dans l'un ou l'autre cas, le pays est volé au profit
du fonctionnarisme. (Mais le pays étant grand
producteur de blé, si l'Amérique voulait, dans
une bonne année, inonder notre pays de ses
blés, un droit d'entrée prohibiteur pourrait empêcher la perturbation violente des échanges. —
Cas extrême qui ne se présentera pas dans la
pratique, — mais qui peut avoir son application
dans d'autres temps et pour d'autres pays avec
tel ou tel produit naturel).

Les droits à la sortie peuvent se comprendre
pour les objets de première nécessité, comme une
échelle mobile destinée à retenir dans le pays ces
denrées, et à n'en laisser sortir que l'excédant
véritable ; ils sont alors une protection accordée au
pays tout entier contre l'intérêt d'une classe de
producteurs. L'établissement de ce droit rentre
bien dans le contrat civique des nations : « nous
sommes réunis ensemble pour la production et
l'échange entre nous ; celui qui voudra vendre au
dehors doit payer une prime d'indemnité. » Au
contraire, le droit d'entrée (sauf les cas extrêmes,
de rare occurrence aujourd'hui, que nous avons
notés seulement pour mémoire) ne peut se justifier par aucune considération ; pourquoi empê-
cherait-on la consommation nationale de se procurer à l'étranger tels et tels produits aux meilleurs prix ? Si les producteurs français ne peuvent
supporter la concurrence, c'est qu'ils emploient
de mauvais procédés ou sont mal servis par les
matières premières qu'ils façonnent, à eux de
modifier leur fabrication ou de la cesser et de se

rejeter sur une autre production, si leur infériorité tient à leur position géographique.

Je voudrais surtout mettre ce principe en lumière, que la douane n'étant plus une mesure fiscale ni une protection industrielle, mais une barrière naturelle entre deux nations différentes, les nations doivent échanger entre elles librement pour tous les produits de seconde nécessité et n'élever des droits ou des prohibitions qu'à la sortie des production ou des matières de première nécessité.

Les colonies françaises sont des provinces jouissant des mêmes droits que les provinces continentales, représentées comme elles à l'État; nulle douanes entre elles et la mère-patrie.

Education publique.

8° et 9° L'instruction publique a été réglée au chapitre précédent. On sait que c'est le code de l'État qui trace le programme d'instruction, et la commune qui l'applique. — Point d'encouragement, d'inspection, de réglement étroit venant d'en haut; tout contrôle part d'en bas : les pères de famille, tous instruits, sont les meilleurs juges des méthodes d'enseignement appliquées à l'instruction de leurs enfants.

Suppression des Beaux-Arts, Corps savants, Ecoles spéciales, etc.

Les sciences, lettres et beaux-arts ne reçoivent pas davantage leurs encouragements de l'État. Chaque commune, chaque province découvre elle-même le vrai poète, le grand artiste, le profond savant, et se charge de l'honorer, de le pensionner au besoin, pour assurer sa vie et la production de ses œuvres. Les association productives sont assez riches pour rétribuer les œuvres d'art ou payer les expériences intéressant leur industrie. Les académies et corps savants n'ont pas de raison d'être ; toutes associations libres de professeurs, d'artistes, de littérateurs, peuvent se former sans avoir besoin d'autorisation et sans avoir à espérer aucune protection ou subvention : métiers comme les autres.

Travaux publics.

10° et 11° Nous arrivons enfin au service des travaux publics, qui forme, à vrai dire, au point de vue économique, le but même de la Société. A l'origine, historiquement parlant, l'État n'était que le représentant armé et tout-puissant de l'ordre matériel ; le chef de tribu était un guerrier, non un administrateur. Dans son évolution séculaire vers ses destinées, la Société tend de plus en plus à éteindre, chez ses dirigeants, le caractère militaire, pour lui substituer le caractère du travail. Une Société démocratique définissant son but, « la recherche de la plus grande production et de la plus équitable répartition » ne peut assigner au groupe élu administrant d'autre fonction plus grande que celle d'assurer les travaux d'utilité générale, travaux qui croissent sans cesse avec la civilisation, les intérêts des associés devenant de plus en plus solidaires.

A première vue, les travaux publics doivent se classer en travaux communaux, cantonaux, provinciaux et généraux ; à chaque groupement des hommes correspondant une classe de service nécessaire à ce groupement.

La construction d'un chemin vicinal, d'un égout, d'un square, tout travail, en un mot, ne sortant pas des bornes de la commune, est un travail communal, décidé et entrepris par la commune, et se soldant sur son budget, soit par corvées, soit par prestations en espèces.

Les routes reliant plusieurs communes, les dessèchements de marais ou landes couvrant leurs territoires ou les irrigations en commun de ces terres, l'établissement de bazars commerciaux du canton sont des travaux cantonaux.

Les travaux provinciaux comprennent les routes provinciales, les canaux intérieurs, les ports marchands, les chemins de fer d'intérêt local, les exploitations minières, la conservation des cours d'eau, des bois et des forêts enclavés dans la province.

Enfin les travaux nationaux sont : l'établissement des routes nationales, des grandes lignes ferrées, des postes et télégraphes, des canaux de communication entre deux grands bassins, des fortifications-frontières et du matériel spécial de guerre.

L'État comme la province ne fait que décider les travaux de premier établissement, sans concourir en rien à leur facture ou à leur entretien. Pour la construction, une fois les plans admis et le décret d'utilité publique rendu, il adjuge l'entreprise à une ou plusieurs associations d'entrepreneurs et assigne alors à chaque province sa part de frais dans le total général, calculée au prorata de sa population. La conservation des routes et canaux est au frais de chaque territoire-province tra-

versé ; les fortifications-frontières et le matériel
spécial de guerre sont entretenus aux frais de
l'Etat, la garde en étant dévolue au corps permanent des douaniers garde-frontières.

Quant aux exploitations actives, telles que
postes, télégraphes, chemins de fer, l'Etat en adjuge le service à des administrations uniques par
exploitation, moyennant un cahier des charges
fixant les tarifs à percevoir pour chaque année.
Les tarifs sont établis de telle sorte qu'ils ne
soient pas rémunérateurs de bénéfices pour les
compagnies, mais simplement rémunérateurs de
travail ; c'est-à-dire que les exploitants, tous leurs
frais généraux payés, doivent gagner, par tête,
un salaire équivalent au salaire moyen des autres producteurs, non un salaire double ou triple. Les livres de la compagnie, paraphés par
l'Etat, permettent chaque année la révision des
tarifs ; si un exercice laisse la compagnie fermière en déficit, celle-ci a recours au crédit public, et l'Etat, l'année suivante, relève les tarifs ;
il les abaisse, au contraire, en cas de bénéfices.
La ferme ou obligation de la compagnie, consiste
exclusivement dans la soumission aux tarifs et
dans l'obéissance aux règlements de sécurité et
de promptitude édictés. Le problème des services
publics consiste, en effet, à livrer les services
généraux au public à prix de revient ; car il serait absurde que la société, n'étant plus partagée
en exploitants et en exploités, songeât à gagner
sur elle-même. Les fermiers de l'Etat, en retour
de la collaboration qu'ils lui prêtent pour la satisfaction de l'intérêt public, sont garantis non-
seulement des risques de perte, mais encore des
risques de moindre salaire, l'Etat s'engageant à

solder les pertes qui résulteraient du premier
exercice de cinq années.

La compagnie fermière n'est admise qu'autant
que la composition offre la garantie d'une parfaite exploitation : entre plusieurs compagnies
concurrentes offrant cette même garantie, est
choisie celle qui consent la plus grande réduction
aux tarifs proposés par l'État.

Organisation d'une Compagnie fermière.

Voici comment seront formées, pour obéir aux
lois sur les associations productives, ces compagnies fermières. Je prends l'exploitation la plus
compliquée, celle d'une grande ligne de fer, le
plan de son organisation intérieure pouvant s'appliquer par réduction à tous les autres services.
Une compagnie exploitante de chemins de fer
comprend comme service intérieur : 1° la voie,
2° la traction et le matériel, 3° l'exploitation divisée en mouvement (service des trains) et trafic
(service commercial, enregistrement, emmagasi-
nement, transbordement, camionnage), 4° l'administration, divisée en contrôle (service des recettes), ordonnancement (service des dépenses) et
comptabilité (service du personnel, situation générale de l'actif et du passif). Chacun des services
ou sous-services est établi d'une façon complète
quant à son fonctionnement, j'entends qu'il constitue, à vrai dire, une association industrielle,
distincte, ayant ses employés actifs, ses bureaux,
sa comptabilité particulière, ses règlements distincts; etc..

Assistons à la formation d'une de ces compagnies. L'État, par exemple, s'est fait donner
l'appropriation du tracé d'une voie ferrée, par les

provinces que cette voie traverse; les terrassements sont établis par des associations de terrassiers, les ouvrages d'art (tunnels, ponts) sont
élevés par des associations d'ouvriers en ponts et
chaussées, les gares et abris construits par des
compagnons ingénieurs-architectes, la voie proprement dite (ballast, traverses, rails, croise-
ments, plaques tournantes) dressée par des
compagnons de voie ferrée, le matériel (locomo-
tives, wagons, grues de chargement et de déchar-
gement) fabriqué par des compagnons mécaniciens et des compagnons menuisiers et tapissiers;
toutes ces dépenses sont soldées directement par
l'État au moyen de virements sur les provinces,
celles-ci payant, on s'en souvient, proportionnellement à leur population. — Le chemin de fer
est actuellement en état; qui veut l'exploiter!
Il se formera évidemment, à ce moment, des
réunions entre les différentes corporations ayant
pris part aux travaux, et de ces réunions naîtront
plusieurs compagnies demanderesses. La Compagnie autorisée se formera aussitôt, fédération de
quatre associations distinctes, les compagnons de
chemin de fer prenant le service de la voie, les
compagnons-mécaniciens prenant le service de la
traction, les compagnons-menuisiers et tapissiers le sous-service du matériel; les compa-
gnons-ingénieurs-architectes, le service du mouvement; les compagnons-marchands, le sous-service du trafic; enfin le service d'administration
étant fait par une association de comptables;
chaque service s'adjoignant, pour ses bureaux
autant de compagnons-écrivains qu'il lui est nécessaire et ces compagnons rentrant alors comme
associés dans ces services.

La voie fait directement ses achats de pierres, de traverses, de fer et d'acier (éclisses, coussinets et rails) payant ses fournisseurs par des mandats sur l'ordonnancement ; de même ses rentrées de fonds par la vente du matériel hors de service sont versées à la même caisse. Ainsi des services de la traction et de celui de l'exploitation. Le contrôle reçoit toutes les recettes de voyageurs et de marchandises ; l'ordonnancement paie toutes les dépenses d'exploitation, et la comptabilité envoie à chaque service hebdomadairement les sommes nécessaires au salaire de son personnel, ce salaire étant le même pour tous.

A la fin de l'exercice, chaque service envoie à l'Assemblée générale de la compagnie des délégués élus spécialement à cet effet dans chaque section d'exploitation ; l'Assemblée vérifie et approuve les comptes, clot l'exercice, vote des transformations s'il y a lieu, — le tout suivant la loi organique des associations productives, les frais généraux payés, l'amortissement du matériel régulièrement effectué, de façon à ce que ce matériel se retrouve intact à la fin de l'exploitation, l'excédant des recettes sur les dépenses forme le bénéfice net, ou le complément du salaire distribué proportionnellement à chacun suivant le nombre d'associés de la compagnie, comme est aujourd'hui distribué le dividende des actions industrielles ; sur ce bénéfice, on retient d'ordinaire, surtout lorsqu'il est un peu élevé, une certaine somme destinée à constituer un fonds de réserve pour les pertes imprévues, inondations, éboulements, accidents par imprudence, etc., fonds de réserve va au service de l'ordonnancement.— Les seules récompenses que puisse voter l'Assemblée sont des récompenses honorifiques ; sous aucun prétexte, elle ne peut, pas plus que les autres associations productives, voter une part du dividende supérieur à un service ou à des personnalités ; l'équilibre entre différentes fonctions inégales de soin, de fatigue, et de dangers, doit se trouver dans la diminution des heures de travail pour les plus chargées de fatigues et non dans l'augmentation du salaire.

Chaque service ou sous-service a son assemblée générale semestrielle consacrée à l'examen de son organisation intérieure ; chaque section de service son assemblée mensuelle ou trimestrielle.

Matériellement, qu'avons-nous changé dans le système d'organisation des compagnies de chemins de fer ? Rien. Nous avons seulement réuni la qualité d'actionnaire à celle d'employé, déclarant que le travail admis par les autres associés était le seul titre d'association. L'associé qui veut se retirer, peut présenter son successeur, qui lui tiendra compte, s'il y a lieu, de la valeur de son titre d'associé. Ainsi, ces grandes compagnies deviendront véritablement des sociétés anonymes, c'est-à-dire des associations de forces, enrégimentées et réglées par leur propre volonté, où chaque participant sera maître au même titre, et touchera rétribution égale, images frappantes de la société démocratique, Républiques ouvrières dans la grande République travailleuse, et non plus systèmes féodaux réflétant les hiérarchies et les subordinations sociales, avec leurs cartes dorées de directeurs, ingénieurs, administrateurs, planant superbement au-dessus d'une plèbe de travailleurs soumis à la discipline passive et au besognement sans espoir.

Les chemins de fer généraux et locaux constitueront, par région, des chambres de voies ferrées, qui enverront, elles-mêmes, des délégués à la Chambre centrale de l'industrie des transports ; les Chambres centrales des industries similaires : industries agricoles, industries du bois, industries du fer, etc... constituent, par leur réunion, le congrès général du travail national.

La province adjuge de la même façon la ferme de ses chemins de fer, de ses forêts et de ses mines (1).

Finances.

12° Les finances, dans une société oligarchique, résument tout le système de gouvernement : il faut de l'argent pour les ministres du culte, pour les ambassadeurs et ministres à l'étranger, pour le souverain et sa cour, pour les ministres du royaume, pour les préfets et les sous-préfets, pour la police et contre-police, pour les juges inamovibles et les procureurs soumis, sorte d'autre police plus grave, mais non moins ardente à la curée de la répression, pour les enquêtes sur l'agriculture et l'industrie, les encouragements au commerce, aux arts, aux lettres et aux sciences, pour les travaux publics toujours en retard, quoique toujours votés, pour l'instruction publique moins bien subventionnée cependant que

(1) Si la contrée offre plusieurs gisements miniers de même nature, il y a lieu à appropriations particulières ; les prix exagérés d'un monopole ne seront plus à craindre. De même pour les forêts, moyennant règlements spéciaux.

l'Opéra, pour la marine et surtout pour l'armée permanente, cette plaie rongeante des nations. L'argent qui doit combler tous ces gouffres avides est fourni par l'impôt. L'impôt est donc alors *la quote-part fournie par chaque citoyen à l'organisation des services généraux déclarés indispensables à l'ordre.*

Aussi l'impôt se percevait-il sur tout et à propos de tout, pesant sur la propriété, les successions, les mutations, les valeurs mobilières, le loyer, le commerce, se mêlant aux vivres et aux boissons, n'épargnant ni les jouets, ni les plaisirs, ne laissant pour ainsi dire aucun produit où n'eût touché sa griffe rapace. Ce qu'on payait chacun à l'Etat, bien habile qui l'eût pu dire ! c'était là l'essentiel pour les dirigeants ; la poule se sentait plumée, mais, ne se voyant pas écorchée, ne criait pas trop haut ; les dirigeants empochaient et riaient tout bas.

L'impôt, pour nous, étant une cotisation volontaire, payée par tous, pour l'exploitation économique des services d'intérêt général, doit, avant tout, être connu de tous dans sa quotité et ses applications, c'est-à-dire qu'il doit être aussi simple que ses applications le comportent.

1° Impôt de l'Etat.

L'Etat, nous le savons, n'a qu'un impôt, l'impôt d'assurance mutuelle, comprenant son budget militaire spécial, la rétribution de son organisation intérieure (collége et officiers d'Etat) et le service de l'assurance contre les fléaux naturels ou les sinistres particuliers.

Impôt de la province

Le budget de la province, le véritable Etat chargé des intérêts économiques, comprend :

1° Le service de la défense (armée et engins de guerre).

2° Le service de l'appropriation (arpentage et cadastre).

3° Les travaux publics (construction et aménagement).

4° Le service de la justice et de la pénalité.

5° Le service du crédit public et des transactions commerciales.

6° Le service de trésorerie.

Ces six services, sauf celui du crédit public, qui se met lui-même en équilibre par son escompte variable, semblent devoir être rétribués, au premier abord, par un impôt de capitation pesant sur tous les majeurs. Mais il y a à se demander si cette parité de charges entre tous les producteurs n'entraînerait pas injustice pour quelques-uns, autrement dit, si tous ont été aussi bien partagés par l'appropriation et peuvent être considérés comme égaux en devoirs.

De la rente

Ici, un groupe de paysans fait pousser le blé ; la terre allouée est de première qualité ; récolte superbe. Plus loin, sur même surface, avec même nombre de bras, volonté et intelligence égale de travail, par la faute de la terre, récolte médiocre ; si l'on augmente la surface allouée, on augmente la fatigue et le travail ; donc, inégalité traditionnelle du fait de la terre. Le prix du blé s'établit, en général, sur le produit des récoltes médiocres (les plus nombreuses), laissant une *rente* aux détenteurs de bonnes terres et une *perte* aux détenteurs des terres au-dessous de l'ordinaire. Cette *rente* et cette *perte*, appliquées aux producteurs, sont évidemment injustes, puisqu'un déplacement d'appropriation change l'une en l'autre.

L'industriel choisit ses matières premières, en discute les prix, établit des tarifs gradués entre les différentes qualités et ne paie pas une qualité pour l'autre. Le cultivateur reçoit, du hasard des allotissements vacants, la terre, la seule matière première de son travail, sans pouvoir en discuter ni le prix, ni la qualité, puisque cette concession lui est faite gratuitement ; il y a encore là inégalité flagrante entre les deux grandes fonctions du travail.

Le seul remède, c'est de frapper la *rente*, c'est-à-dire le bénéfice retiré d'un bon sol en excédant de ce qu'aurait produit, dans les mêmes conditions de surface et de travail, un sol moyen. On comprend bien qu'il ne faut pas retirer au cultivateur plus que la *rente*, puisque ce serait le mettre dans une position pire que celle des détenteurs de terres ordinaires ; mais comme cette rente est variable comme le produit de la terre, pour ne pas la dépasser, il faut ne pas l'atteindre et se contenter de retirer une partie de la rente. Ce bénéfice que la société retire à quelques producteurs doit servir à dégrever ceux qui seraient détenteurs de terres au-dessous de l'ordinaire. Nous concluons donc que l'allotissement des bonnes terres doit donner lieu à une ferme ou redevance annuelle payée à la province, les fonds spéciaux provenant de ces fermes et servant à dégrever de tout ou partie de l'impôt de capitation les mauvaises terres et même à leur faire servir, s'il y a lieu, un secours d'amendement. De même, un industriel a dans son lot un cours d'eau qu'il utilise comme moteur, son concurrent est obligé de recourir à une machine à vapeur; même travail, bénéfice moindre; la *rente*, née de l'allotissement, ira en partie au fonds spécial de la province, comme ferme du cours d'eau.

La ferme de la rente, régulateur de l'équilibre d'appropriation.

Il est clair que la province fixera, d'une manière merveilleusement juste, ces redevances, en adjugeant, à chaque période, les lotissements aux soumissionnaires des plus hautes fermes; chaque terre sera ainsi numérotée en valeur par l'adjudication même, et toutes les terres non affermées se délivreront gratuitement; quant aux mauvaises, une enchère en sens inverse aura lieu; elles seront données aux soumissionnaires qui réclameront la moins forte indemnité de dégrèvement et d'amendement; ainsi, chacun sera servi à son souhait, et l'équilibre se fera de lui-même. La recette nette, donnée par ces adjudications, dégrèvera d'autant le *quantum* de la capitation.

Impôt de la commune.

L'impôt communal, essentiellement politique, ne peut être qu'une capitation comprenant les dépenses diverses spéciales à la commune et sa part contributive dans les dépenses du canton; elle porte également sur tous les majeurs.

Ainsi, le tribut général que chaque individu majeur supportera dans le pays, se composera de :

1° L'impôt d'assurance mutuelle, égal pour tous.

2° L'impôt provincial, variable de province à province.

3° La capitation communale, variable suivant les communes, l'impôt d'assurance mutuelle étant payable en une fois, l'impôt provincial payable avec la ferme par trimestre, et la capitation communale, la plus lourde de toutes, payable par douzièmes.

Ces trois impôts réunis n'atteindront pas le tiers de ce que le contribuable paie dans nos sociétés actuelles ; si l'on veut bien se souvenir que chaque service, sauf les travaux publics, tend à se rétribuer par lui-même, la justice par les amendes, la pénalité par le travail réglé et l'armée par ses entreprises utiles.

Équitablement répartis, montrant clairement à quels services reproducteurs d'utilité ils sont destinés, ils ne pourront manquer d'être acquittés religieusement sans frais de poursuite ni de saisie (1). Les percepteurs communaux, en étant chargés de percevoir les trois impôts, éviteront les frais inutiles de perception. Ainsi sera résolu le problème de l'impôt simple, équitable, proportionné aux forces de chacun, au total connu et à la destination connue, de la perception la plus facile et la moins onéreuse.

(1) Comme moyen de coercition, la commune a la saisie mobilière ; la province l'expropriation, et l'État l'intérêt civil.

LIVRE III

LE PRÉSENT

CHAPITRE XIII

TACTIQUE RÉVOLUTIONNAIRE. — RÉFORMES TRANSITOIRES.

Le Présent.

Nous avons déroulé aux yeux du lecteur l'histoire du passé ; nous avons ensuite essayé de lui dévoiler le tableau de l'avenir, en prenant pour base de raisonnement et de déduction un état psychologique et social de l'homme contraire à celui qui a amené l'histoire des siècles écoulés. Il nous faut maintenant revenir au temps présent, indiquer quelle tactique politique doit suivre le parti de l'avenir, et quelles réformes transitoires on peut appliquer à l'ancienne société pour la transformer en une société nouvelle.

Nous avons vu aux chapitres V et VI quelle était la situation. D'un côté, une société qui s'en va, battue en brèche par l'idée philosophique et la conscience populaire ; de l'autre, une société qui n'est pas encore née, mais qui sent sa gestation et qui, consciente de sa fin et de sa justice, n'est hésitante que des formes qu'elle doit prendre pour s'affirmer à la vie.

La Révolution n'est pas un parti.

Si la Révolution était un parti, elle serait réduite, comme tous les partis, à la conspiration permanente. Mais la Révolution n'est pas le but de quelques-uns, la satisfaction d'une caste ou la

revendication d'un groupe, c'est la revendication
de tous, ceux-ci au nom de leur intérêt mé-
connu, ceux-là au nom de la justice qu'ils sont
obligés de froisser à chaque pas ; c'est la satisfaction de tous les instincts matériels et moraux
dont est doté l'homme, c'est le but même de
l'Humanité. L'agitation ouverte, au grand jour,
doit lui suffire ; je dis l'agitation ouverte, et non
l'agitation légale, parce que légalité est trop souvent synonyme de barrière infranchissable.

Agitation.

L'agitation ouverte consiste à revendiquer haut
et ferme tous les droits du peuple, toutes les conquêtes de la science sociale, sans compromis
aucun. Mais il ne faut pas oublier qu'une vérité
n'est vérité pour tous, que lorsqu'elle est reconnue par la grande majorité ; que la revendication
de tels ou tels droits ne doit donc se faire qu'a-
près l'étude publique, la discussion, et la prédication heureuse de ces droits. Empêcher de
mettre le boisseau sur la lumière sociale, c'est là
le premier point ; la lumière passée de main en
main et portée par tous éblouira bientôt les indif-
férents et les timides.

Tactique.

Comme tactique, le parti de la démocratie,
avant-garde de la Révolution, doit considérer que
l'idée est indépendante des mouvements politiques, et qu'il lui est loisible, en chaque période,
de borner ses efforts à telle conquête limitée, sans
rien abandonner de la revendication totale. L'es-

sentiel est de ne pas se payer de mots, et de ne
pas prendre les ombres pour les réalités : République vaut quelquefois moins que monarchie ;
décentralisation peut être tyrannie, et protection
gouvernementale équivaut souvent à tutelle poli-
cière. Craignez les cadeaux de vos ennemis, et
revendiquez conjointement, ouvriers et paysans,
sans vous soucier des compromis offerts par les
classes dirigeantes.

Programme.

Avant de revendiquer, il faut être ; et pour
être, il faut s'affirmer. L'urgence première, c'est
le programme de la Révolution, ébauché par
quelques-uns, soumis aux réflexions et observations de tous ceux qui sont du peuple, repris
alors et amendé, de façon à constituer le *Livre
sacré* de ceux qui demandent à naître. Jusqu'à
ce jour, il a existé, dans les âges, des protesta-
tions plus ou moins éloquentes contre les abus de
la conquête et des droits qu'elle a engendrés. Des
groupes, des individualités se sont soulevés au
nom de la justice, contre l'écrasement de la force.
Une série de revendications partielles s'est ainsi
continuée sans interruption dans la suite des
siècles de fer. Mais il manquait à ces révoltés le
sentiment complet de leur droit humain ; à aucun moment et par aucune voix, le programme
entier, complet, raisonné, scientifique de la revendication des opprimés n'a existé. Quelques an-
neaux du peuple protestaient, au nom du Christ,
au nom de la Bible, au nom du roi, au nom des
priviléges de la province ou des franchises du
pays, au nom de l'humanité et au nom de la mi-

sère, — mais le peuple lui-même ne se soudait pas pour élever sa grande voix dans les airs. — Hier encore, le socialisme était regardé comme une utopie dangereuse et malsaine ; les écoles s'entre-choquaient sans s'entendre ; du verbiage, des affirmations, des systèmes, point d'étude des faits ; c'était la période scolastique de la science sociale. Aujourd'hui, les profondes critiques de Proudhon, les discussions des ouvriers eux-mêmes sur cette question qui est la chair de leur chair, ce livre peut-être à leur suite, permettent d'élaborer un programme certain. La science est une ; les systèmes servent d'expérience de raisonnement pour découvrir le but caché, mais doivent disparaître, cette tâche remplie. Faux prêtres et faux docteurs, hors du temple, faites place à la divinité.

Conquêtes politiques.

Le programme fixé, il faut laisser le temps à la catéchisation, et se retourner du côté des conquêtes politiques, pour préparer sa mise en œuvre. Je vais exposer quelles me paraissent être les étapes naturelles de ces conquêtes.

Droits individuels.

I. La première conquête à faire, c'est celle des droits individuels : droit de se mouvoir, de parler, d'écrire, de se réunir, de s'associer.

Ces droits primordiaux sont indiscutables : aussi se contente-t-on de les escamoter par décrets, sous prétexte « d'ordre public » traduisez : d'embargo à la révolution. — On doit demander

qu'ils soient inscrits, comme en Amérique, en
dehors et au-dessus de toute constitution. Que
si l'on objecte le danger des troubles sociaux, il
faut crier bien haut, pour les campagnes habi-
tuées à se désintéresser de ces questions, que les
droits ne sont pas les auteurs, mais les révé-
lateurs des abus ; que les délits ou crimes, ou les
faits prétendus tels commis par leur entremise,
restent justiciables des tribunaux ordinaires, que
des hommes qui ne peuvent circuler, s'arrêter,
parler, écrire ou se réunir sans permission de
l'autorité, ne sont plus des hommes libres, mais
des esclaves. — Abolition de toute censure sur
les écrits, dessins et publications quelconques ;
liberté absolue de colportage ; les procès de presse bornés aux procès en diffamation calomnieuse;
liberté de réunion, d'affiliation, de coalition; liberté d'association.

Droits du citoyen.

II. La deuxième conquête est celle des droits
de citoyen.— Nous les possédons en France avec
le suffrage universel, mais tronqués et incomplets.
Il faut demander l'assemblée régulière des électeurs à la commune, les discussions aboutissant
à l'élaboration de cahiers , le mandat impératif
et révocable pour l'élu, la diminution d'étendue
des circonscriptions électorales.

Le plus mortel ennemi de la démocratie, ne l'oublions pas, c'est le parlementarisme, c'est-à-dire
les assemblées bavardes et corrompues, où les
élus, une fois arrivés, se croient maîtres souverains, et ne se font pas faute d'imposer, à ceux qui
ont créé leur puissance, des lois en contradiction

formelle avec leurs intérêts ou leurs désirs. Sans
cesse, il faut proclamer cette doctrine de vérité,
que le représentant n'est que l'envoyé, le
commis, le serviteur de ses électeurs; que
c'est à eux, non à lui, de donner l'impulsion
et de prendre l'initiative des lois; que la souveraineté politique du pays ne réside pas dans
l'universalité des citoyens, hypothèse commode
à la tyrannie du prince ou au despotisme des
assemblées; mais que cette souveraineté n'est
que la fédération des souverainetés locales existant de fait dans les différents groupes électoraux
constitués, que c'est l'esprit et les vœux des
groupes électoraux qu'il s'agit donc de modeler
en lois, et non l'esprit universel du pays, soi-
disant concentré dans chaque député de l'assemblée. Ce qui était juste et rationel dans les petites nations, dans les tribus primitives, est honteuse hypocrisie pour une nation de 10 millions
de citoyens.

Instruction obligatoire.

III. La troisième conquête est celle de l'instruction obligatoire. — Les enfants, qui vont être
hommes doivent être mis en état de pouvoir apprendre tout ce que d'autres hommes savent;
pour cela, il faut que l'instruction, en leur donnant les notions générales du savoir, les conduise
à l'entrée de toutes les sciences. Si tous ne deviendront pas ainsi des savants, tous deviendront
aptes à les écouter et à les comprendre; et le suffrage universel. ainsi élevé, pourra applaudir
ou siffler ses moniteurs politiques, délaisser les
rhéteurs et s'engager à la suite de ceux qui

lui démontreront d'une façon probante dans quelle voie se trouve ce qu'il cherche.

Cette question de l'instruction comporte des souhaits complexes : les uns demandent et l'obligation et la gratuité ; d'autres veulent de plus l'instruction laïque. La gratuité ne signifie rien — l'obligation décrétée — sinon que l'enseignement sera donné sous l'autorité de l'Etat.— Est-il bien utile qu'avant d'avoir constitué l'Etat sur les bases que la science sociale lui assignera, on le charge d'une tâche aussi importante et d'une aussi grande conséquence pour l'avenir ? Est-il bien utile, par exemple, d'avoir, suivant les gouvernements, l'enseignement républicain-positiviste ou l'enseignement orléaniste-déiste, ou l'enseignement légitimiste-catholique ?— La gratuité par la commune, rien de mieux une fois que la commune sera reconnue indépendante ; mais non tant qu'elle n'est qu'une émanation de l'Etat. Notre cerveau catholico-romain est déjà assez enclin à la soumission uniforme sans que l'éducation de l'Etat vienne encore exagérer cette pente.

Quant à l'enseignement laïque exclusif, j'estime qu'avant de le décréter, il faudrait avoir brisé non-seulement les congrégations, mais les religions, sous peine d'avoir des révoltes de petits papistes, de petits bibliques, et de petits judaïsant sur les bancs de l'école.

« Vous répudiez les doctrines républicaines, me criera-t-on. La gratuité, c'est l'humiliation épargnée au pauvre. La laïcité, c'est l'union de toutes les opinions religieuses, l'enseignement indépendant de l'esprit de doctrine et laissant

subsister librement tout enseignement religieux
en dehors de lui. »

Hypocrisie, hypocrisie ! Je demande mieux
que cela, la société toute laïque et privée de pauvres. En attendant ce désidératum, il me plaît que
l'enfant du pauvre sache qu'il est pauvre comme
son père ; avant d'épargner le père dans le fils,
épargnez donc le père dans le père. Votre soi-
disant égalité scolaire laissera subsister d'ailleurs l'inégalité des vêtements, de nourriture, de
cahiers d'études et de jouets entre l'enfant riche
et l'enfant pauvre. En fait, cette égalité de non-
rétribution est la plus monstrueuse inégalité :
l'impôt tombant proportionnellement d'un poids
centuple sur le pauvre, et les frais de l'éducation
gratuite ne pouvant être pris que sur l'impôt,
ce sera le pauvre qui, dans ce système paiera
plus que le riche ! Laissez donc à la commune le
soin de distribuer la gratuité suivant les besoins.

Quant à votre union des religions, dites-moi,
je vous prie, que pourrez-vous enseigner avec
ce respect ? Laisserez-vous la morale avec la
religion, ou l'enseignerez-vous vous-mêmes suivant l'esprit moderne ? Ferez-vous l'histoire des
sectes religieuses, ou abandonnerez-vous à chaque culte le soin de l'apologie de son église et
de l'anathème jeté sur les autres ? Tant que le
prêtre subsistera, ministre d'une religion reconnue, et que le père se croira forcé, par conve-
nance, d'envoyer son fils ou sa fille à l'enseignement religieux de ce fonctionnaire, votre laïcité
d'instruction sera un mensonge qui révoltera les
libres-penseurs, ou un tiraillement perpétuel qui
donnera droit aux dévots de crier à la persécution.

Quelle est votre erreur ! Pour attirer l'enfant à
la société moderne, vous donnez à celle-ci la
charge de l'instruction aride, et laissez au prêtre
l'éducation douce de la morale et de la dévotion
aisée. Croyez-moi : l'enfant instruit par le prêtre
sera bien moins à l'église que l'enfant instruit
par le laïque et élevé et choyé par le prêtre. —
Le véritable enseignement laïque, celui que les
dévots endurcis ne peuvent éviter pour leurs enfants, et contre lequel les malédictions pèsent de
peu de poids, c'est la tenue de l'homme fait, le
développement viril de tous ceux qu'approche
l'enfant hors du foyer paternel. Plus d'un fils de
dévote famille s'est brûlé et converti à ce feu vivant d'une société laïque, instruite, digne, élevée
de mœurs, remplaçant subitement pour lui les
sottises, l'étroitesse et les vices hypocrites du
séminaire.

Que le père de famille reste donc libre de faire
instruire ses enfants par qui bon lui semble, et
que la commune soit seule juge de la gratuité.
L'obligation garantie par des examens publics
est la seule chose qui nous importe.

Egalité du service militaire.

IV. La quatrième conquête est celle de l'égalité
devant le service militaire. Quelles que soient les
charges que l'Etat fait peser de ce chef sur les
citoyens, il faut obtenir que ces charges soient
les mêmes pour tous, sans acception de classes
ou d'individus. Si une classe devait être moins
épargnée que d'autres pour le service improduc-
tif des camps, ce serait certes la classe des fils
de famille oisifs, des bacheliers, gens du monde ;

des débutants, avocats sans procès, et des jeunes
médecins sans clientèle ; loin de là, ce sont eux
d'ordinaire qu'on exempte, sous prétexte d'études
spéciales nécessaires à la société. Les fils de la
bourgeoisie qui se destinent à l'armée y entrent
la plupart du temps avec le grade d'officier,
parce qu'ils ont pu suivre l'éducation complète du
collége et concourir aux écoles de cadets ; il faut
demander que des cours soient faits au régiment
pour les jeunes gens doués des premières notions
des sciences, et qu'après l'expiration de cette
période de cours suivant l'enseignement de Saint-
Cyr ou celui de Fontainebleau, les jeunes gens
soient admis à concourir aux grades de sous-officiers et d'officiers, puis concurremment avec les
officiers des écoles aux grades supérieurs. La loi
qui donne à l'ancienneté les deux tiers des grades
est une loi monarchique, favorisant seulement l'esprit de l'armée permanente. L'esprit démocratique
exige l'abolition du remplacement sous quelque
forme que ce soit, le concours ouvert à tous les
emplois, les congés de semestre réguliers, qui
permettent à l'artisan de ne pas désapprendre
complètement son métier, et de se retremper,
dans sa famille et dans sa cité, de la dissolution
morale amenée par la vie des camps.

Séparation de l'Eglise et de l'Etat.

V. La cinquième conquête est la séparation de
l'Eglise et de l'Etat. — Il faut demander et obtenir que les églises n'aient plus aucune rémunération au budget de l'Etat, chaque groupe de
fidèles entretenant lui-même son culte et ses
prêtres ; que les communes aient le droit de faire

payer location de leurs édifices affectés aux cultes, ou de les approprier à d'autres services
communaux ; que les congrégations de toutes
sortes soient soumises aux inspections de l'autorité civile ; que les séminaristes et frères soient
astreints, comme les autres jeunes gens au service militaire actif; et que les prêtres et les moines ne soient pas plus exemptés du service
sédentaire que les boutiquiers, cultivateurs ou
autres classes de métiers ; enfin que les églises
et communautés ne puissent pas être considérées
comme des personnes civiles capables d'acquérir.

Les catholiques diront que ces mesures sont
des spoliations, que c'est en échange de ses
terres et biens repris par l'Etat en 1789 que l'E-
glise a reçu pour son entretien des rentes per-
pétuelles servies par l'Etat, que la célébration du
culte est un service social, enfin que le droit
d'association reconnu à tous doit permettre aux
associations religieuses d'acquérir, échanger,
transmettre et recevoir des legs comme toute
autre association. Il faut se contenter de répondre
que la religion a un peu perdu dans les esprits
depuis un siècle ; qu'en 1789 l'Etat croyait encore
à cette puissance, et que l'Etat actuel, n'y croyant
plus, s'en détache La spoliation nous paraît du
reste avérée, et nous la confessons : mais depuis
César qui spolia les Gaulois, et Clovis qui spolia
les Romains, et l'Eglise qui elle-même spolia
nobles, serfs et vilains tant et si longtemps, il
est généralement admis que spoliation accomplie
et maintenue devient propriété en bonne et due
forme. Quant au droit d'association, certes il est
reconnu entier, et les tonsurés et les pieds nus
peuvent en profiter à leur aise, mais il a toujours

été reconnu que, si des associations coopératives de particuliers, sociétés de commerce ou d'entreprises, étaient, par le fait même de leur constitution, des personnalités civiles agrandies, — les sociétés ayant d'autre but que le travail et la production, sociétés de bienfaisance, de jeux, d'arts, etc.... ne pouvaient être regardées qu'exceptionnellement comme des personnes civiles par une loi les déclarant *établissements d'utilité publique*. Or, loin de regarder les établissements religieux comme d'utilité publique, l'autorité civile les considère comme dangereux, en surveillant au point de vue des mœurs et de la liberté de chacun leur organisation intérieure. Ces associations ne sont respectables qu'à condition d'être essentiellement mobiles comme le sentiment qui y donne lieu ; et s'il ne viendrait à personne l'idée de réclamer des droits civils pour une société d'amateurs de musique ou de joueur de boules, ou de discuteurs philosophiques, il est tout aussi naturel de les refuser à une société de gens unis seulement pour la prière et les élans de l'âme.

Transformation de l'impôt.

VI. La transformation des impôts sera la dernière étape. L'impôt direct foncier pèse aujourd'hui sur la propriété des campagnards, propriété travailleuse autant que sur la propriété des propriétaires, propriété oisive, propriété de rapine ; envisagé par rapport au revenu net, il est progressif dans le sens de la misère, quelque proportionnel et même progressif qu'on l'imagine sur le revenu brut. L'impôt indirect qui pèse sur tous les consommateurs, en demandant au pau-

vre autant qu'au riche, tombe surtout sur la
classe la plus nombreuse, pour laquelle il enchérit
outre mesure les objets nécessaires à la vie. —
La justice devant l'impôt ne peut être approchée
que par l'impôt progressif sur la rente des propriétaires fonciers et des patrons industriels, et
l'impôt proportionnel sur les revenus nets des
propriétaires exploitants, marchands et artisans.
C'est-à-dire que l'impôt doit frapper avec le plus
d'intensité le bénéfice perçu sur le travail d'autrui, et ménager le bénéfice résultant du travail
particulier ou du travail associé.

Il est facile de saisir, après nos chapitres précédents, que la transformation radicale des impôts est toute la Révolution, l'impôt pouvant
mettre en jeu la propriété elle-même. La réforme
des impôts ne pourra s'obtenir que par la décentralisation des pouvoirs politiques simplifiant les
frais de perception, et laissant aux communes et
aux départements le vote de leurs travaux publics et la confection des rôles des imposés. Les
impôts de consommation devront être peu à peu
abolis, le service onéreux de la dette publique
amorti par des extinctions, des rachats, des con-
versions ou des remboursements, les emprunts
complètement interdits pour l'avenir.

Cette dernière conquête (l'impôt égalitaire) sera
la plus longue et la plus épineuse ; pour la mener
à bien, une seule méthode : épargner les priviléges en exercice et charger progressivement l'a-
venir. « Dormez tranquilles, faut-il dire aux
propriétaires ; nous ne voulons pas commettre l'injustice de vous déposséder de ce que vous croyez
légitimement transmis, et de bouleverser le genre
de vie que vous êtes habitué à mener ; nous n'ac-

cablerons que vos héritiers. » Donc, l'amortissement de la rente, par exemple, cette lourde charge à laquelle nous ont condamnés des pères imprévoyants et prodigues, se ferait au moyen de l'impôt sur les successions, prélevant, je suppose, 20 pour 100 à la première mutation, 30 0/0 à la deuxième, 40 0/0 à la troisième, 50 0/0 à la quatrième et ainsi de suite jusqu'à la huitième mutation héréditaire opérée depuis la loi, — cela jusqu'à extinction totale de la dette publique.

La transformation de la propriété foncière en propriété mobilière, qui s'est accomplie de nos jours, peut aider singulièrement à la réalisation sûre des impôts nouveaux.

Il suffira de décréter l'abolition des titres au porteur et leur remplacement en titres nominatifs, portant la profession du titulaire, contrôlés par un commissaire de l'Etat, pour que tous les titres de propriété soient forcés de s'offrir à l'impôt, sans dol ni fraude. Toute propriété foncière ou mobilière étant soumise à ce certificat national, pour former titre et droit, il est évident que la naissance de chaque propriété et son ordre de mutation n'échappent plus aux agents du fisc, pas plus que son caractère de propriété patronale ou de propriété travailleuse. Un ouvrier de chemins de fer, par exemple, possédant titres de sa compagnie, est propriétaire-participant, et n'est frappé par l'impôt direct que proportionnellement à son revenu net, c'est-à-dire à l'excédant de son gain comme travailleur et de son intérêt comme actionnaire sur la somme minimum adoptée par les lois d'impôt pour satisfaction annuelle des besoins de la vie. Un rentier, au contraire, est frappé de l'impôt progressif sur ses rentes d'Etat, dividendes d'actions, coupons de compagnies, intérêts de placements particuliers, fermages de ses terres, etc.; ses héritiers directs sont sûrs de posséder moins que lui et de laisser encore une moindre somme à leurs enfants s'ils n'augmentent pas, par leur travail, le capital qui leur est laissé, et ainsi de moins en moins : la fortune non accrue devant, en effet, périr par l'impôt à la neuvième génération.

Lorsque, par le fait de l'impôt ainsi établi, la propriété patronale sera devenue un risque au lieu d'être un avantage, la transformation de la propriété sera mûre; tous ayant appris à travailler réellement, ne chercheront plus que les moyens de faire rendre au travail ses meilleurs fruits; alors naîtra d'elle-même la possession, garantie de l'individu et de la société; alors sera votée et appliquée la constitution que notre étude a fait entrevoir.

La réforme de l'impôt est non-seulement dans la perception, mais dans l'emploi de l'impôt. Une société démocratique voudra réduire de plus en plus les dépenses improductives, et augmenter les services publics producteurs; d'utilité elle établira donc le crédit général ouvrier sous les auspices de l'Etat, c'est-à-dire le Trésor public faisant fonction de banque générale d'escompte vis-à-vis des banques ouvrières particulières, et celles-ci servant au profit exclusif des travailleurs isolés ou associés, en n'étant composées que de participants égaux et n'échangeant que le papier de ces participants. Les receveurs généraux font aujourd'hui la banque, pour leur compte, avec les fonds de l'Etat; quoi de plus simple que l'Etat fasse momentanément la banque, en son nom, pour le profit de la classe la plus nombreuse et la plus intéressante des contribuables ? De même, le monopole des transports, avant d'être retiré aux compagnies féodales par la transformation de la propriété, verra limiter ses droits exorbitants par l'imposition de nouveaux tarifs basés sur les prix de revient et non plus sur les bénéfices toujours plus élevés à distribuer aux administrateurs et aux actionnaires, pendant que les canaux, rachetés par l'Etat et affermés suivant les nouveaux principes, offriront au commerce une route sans péage.

Conclusion.

En somme, avant d'arriver à pouvoir légiférer la Révolution dans son expression complète, on peut en préparer l'avènement par une série de mesures détachant peu à peu les privilégiés de leurs positions acquises et les désintéressant de ces positions devenues par trop instables, par une série de mesures approchant des formes parfaites cherchées et y convergeant de plus en plus. Nous n'avons pu qu'indiquer cette marche; ce sera affaire à la politique du moment de pousser à telles réformes, universellement souhaitées, d'abandonner pour quelque temps telles autres réformes moins comprises. L'essentiel est que la démocratie ne perde jamais de vue le but final dans son intégrité justicière, qu'elle ne crée pas la tyrannie de l'Etat pour annihiler la propriété ou qu'elle ne relève pas l'injuste et tyrannique propriété pour faire échec à la puissance de l'Etat.

22

Paix ou guerre.

J'ai tracé la voie à suivre dans l'hypothèse où la paix sociale règnerait introublée, où les vieux partis seraient assez sages pour permettre la discussion des faits sociaux et la libre propagation des doctrines nouvelles. J'éprouve un vrai serrement de cœur à former une autre hypothèse, à abandonner le terrain des idées pour entrer dans le domaine des passions, à quitter la philosophie pour la politique; il le faut cependant.

Les adversaires de la révolution, s'ils ne sont que des hommes de bonne foi, réfugiés dans des croyances antiques, mais remplis de charité et de fraternité, laisseront dire, laisseront passer; se contentant de combattre par le raisonnement et le droit de vote, et, tout en regrettant les élaborations de la foi nouvelle, s'y soumettant comme à une volonté fatale. S'ils ne sont, au contraire, que des ennemis conscients du progrès, nobles affamés de commandements, prêtres affamés de tyrannie de conscience, capacités affamées de pouvoir, industriels affamés de luxe et d'élévation, marchands affamés de profit sans peine, journalistes intrigants, désœuvrés, prostitués, se ruant enfin à la bassesse et à la puissance, oh! alors ils se rallieront à un gouvernement fort, pesant de tout le poids de sa police, de son armée et de sa justice, de ses fonctionnaires et de ses journalistes, sur la bouche ouverte des revendications populaires. Dans cette lutte pourtant, qu'ils le sachent, pour réussir il faudrait non-seulement empêcher la demande de droits nouveaux, mais restreindre les anciens, remonter de jour en jour le courant des siècles, après les réunions supprimer les rassemblements, après les journaux défendre les livres, après rassemblements et livres interdire la parole, et après la parole supprimer la pensée naissante sous le fouet des esclaves. Cela n'est pas possible.

La guerre.

Mais la compression appelle la lutte, et la lutte, hélas, c'est l'abandon de l'idée pour la force, le cerveau le mieux doué ne pensant plus à constituer, mais à combattre; la satisfaction de la vengeance prenant la place de l'application de la justice, l'homme doux devenant féroce et se mettant à haïr; et c'est cet ordre là que rêvent les souteneurs de monarchie!

Deux formes de la révolte.

Deux doctrines se partagent toujours les convictions des adeptes d'une nouvelle foi : la doctrine du martyre, la doctrine de la conspiration; autrement dit : la doctrine de la résistance passive et la doctrine de l'attaque de vive force. Cette dernière est sans doute la plus séduisante : aventures héroïques, dangers glorieux, espoir toujours nourri d'une réussite prochaine, tout se réunit pour attirer les jeunes âmes et les cœurs généreux; mais la conspiration est aussi piège à trahisons, effroi des neutres, stimulant d'ambitions personnelles, excitant de vengeance; à ces titres, elle est le mode de combat d'un parti, non d'une religion universelle.

La résistance passive convient merveilleusement aux fois robustes et bien trempées, aux cœurs justes et insoucieux des sacrifices personnels pourvu qu'ils servent la cause à laquelle ils ont voué leur vie. Où le martyre est bête, c'est quand il s'offre sans nécessité, quand, pouvant fuir ou lutter, l'homme tend le cou au bourreau qui rit; où il est efficace, c'est quand il subit le supplice sans l'avoir cherché; quant l'homme ne pouvant avancer et ne voulant reculer dit au maître devant la foule bête qui ne parle ni ne pense, et obéit: « Tue-moi, mais je demeurerai-là », le bourreau pas plus que la foule ne rit ni ne pleure alors, il admire.

Devant les dénis de justice suivis des dénis de discussion, que les partisans de l'idée nouvelle refusent leurs concours volontaire à cette société marâtre; qu'ils se dérobent à l'impôt, qu'ils désertent à la bataille, qu'ils escamotent leur tâche, opposant injustice à injustice, mauvaise volonté à mauvaise volonté. Qu'ils protestent chaque fois que l'engrenage politique viendra les prendre pour les faire entrer dans son mécanisme; qu'ils s'abstiennent du vote hypocrite et mensonger; qu'ils restent l'arme au bras, lorsque soldats, on leur commandera de tirer sur les leurs ou sur un peuple frère, qu'ils fuient les fêtes et réjouissances publiques, qu'ils refusent de témoigner en justice pour un patron; qu'ils se contentent enfin de manger leur pain silencieusement sans rien admettre de ce qui existe, sans rien amnistier. Si les esclaves pouvaient se tenir à cette attitude, vaincus par la leçon effrayante du silence, leurs tyrans s'enfuiraient dans les bois (1).

(1) Tout ce chapitre a été écrit en 1869.

Personne ne commande aux évènements politiques. L'époque actuelle sera-t-elle interrompue par un retour violent au despotisme monarchique, sera-t-elle continuée longtemps encore dans son hypocrisie parlementaire à avancements et à reculs continuels, où aboutira-t-elle à une heureuse entrée en scène du prolétariat ? C'est ce qu'il est difficile de prédire ; on peut pourtant prévoir, ce me semble, ou la transformation du parlementarisme monarchique en parlementarisme républicain, ou le retour au despotisme, comme étant dans les données contradictoires de la situation, le retour au despotisme étant, du reste, infailliblement suivi d'une Révolution violente amenée par une minorité, un changement de système, un prononcement militaire ou une conspiration de palais.

La première hypothèse est l'état de paix sociale que nous avons envisagé tout d'abord. La seconde placerait tôt ou tard le parti de la démocratie en présence du pouvoir vacant. Quelles mesures devrait prendre ce parti pour obvier à une situation troublée et préparer l'avènement au peuple, si le pays, las d'épreuves et incapable de pensée au sortir d'une longue tyrannie, lui remettait les soins de sa destinée, confiés tour à tour au roi, au parlementarisme et au tyran ? Je réponds en articles de décrets :

1° Appeler tous les groupes communaux à se former et à élaborer les bases d'une Constitution. Supprimer les arrondissements, conserver les cantons comme centre d'élection, et faire élire immédiatement les représentations départementales.

2° Déclarer non-seulement déchus tous fonctionnaires du régime précédent, mais encore suspendus de tous droits politiques pendant une période de dix années. Est fonctionnaire qui a prêté serment au gouvernement tombé à quelque titre que ce soit, ou, à défaut de serment, qui a dirigé un service quelconque appointé par l'État. Leur remplacement par les choix des commissions municipales et départementales.

3° Suspendre pendant l'élaboration de la Constitution toutes publications périodiques, sauf les comptes-rendus des réunions des assemblées primaires certifiés exacts par le bureau, la presse étant un privilège matériel au sortir de la tyrannie.

Le soin de la sûreté publique confié à la garde nationale, les districts électoraux étant chacun chargés de leur police locale.

4° Suppression du budget des cultes ; mise sous séquestre des propriétés de main-morte déclarées biens départementaux.

5° L'armée diminuée le plus possible par les congés en attendant sa reconstitution régionale. Licenciement des corps d'élite créés par le souverain, leurs soldats versés dans les autres corps et disséminés par compagnies différentes.

6° Toute exploitation industrielle fermée par le patron, réouverte au profit de ses ouvriers-associés, et le patron ne pouvant faire cesser l'effet de cette association qu'en s'engageant à conserver un an tous ses ouvriers. Les diminutions du nombre d'ouvriers interdites pendant six mois.

7° Les fonds du Trésor employés au paiement des services subsistants et au remboursement des fonds des caisses d'épargne. — En cas de crise monétaire, Banque de crédit des industries et du commerce émettant papier-monnaie garanti par l'État, en échange des papiers de commerce à trois signatures, ou, des warrants à deux signatures.

8° Au bout de trois mois, convocation de l'assemblée des députés chargés des cahiers des communes ; délibération et rédaction sur ces cahiers de la Constitution ; liberté rendue à la presse ; les assemblées primaires cessant leur permanence et ne se réunissant plus que tous les huit jours jusqu'au vote de la Constitution. Et alors vogue la galère de la Révolution !

On serait tout surpris qu'ayant interrogé la nation sous cette forme, et avec ces précautions prises en faveur de la liberté du peuple et contre les manœuvres de la réaction intéressée, la nation ne répondit point par un vote formidable en faveur de la Révolution.

De la méthode et de la ténacité, là est le secret du succès, que la tactique soit pacifique ou violente. Sans but et sans méthode, les conducteurs de peuples ou de partis arrivent simplement à faire massacrer ceux dont ils ont pris la garde, sans que ce massacre serve à autre chose qu'à illustrer leur nom d'une auréole sanglante (1).

(1) En République, répétons-le, la seule tactique permise est l'agitation pacifique, l'agitation à toute heure, en tout lieu, par la conversation entre amis au foyer ou sur la place publique, par la presse, le livre, les réunions, les associations d'études, les associations-essais de production. — Agitation de l'idée, discussion et patience, — voilà l'arme de la vie publique, moralisation de soi et des siens et de ceux qu'on approche, voilà l'autre arme de la vie privée. (1880.)

CHAPITRE XIV

EXHORTATION AU PEUPLE DE SE CONSTITUER.

Avoir le désir de se rendre compte.

A toi, ami, pour qui j'écris ce livre, mes dernières exhortations. Peuple, je ne te flatterai pas! Tu est simple, honnête et bon : mais tu as la simplicité, la frugalité et la bonté de la brute. Comme elle, tu cherches à brouter et à vivre, non à savoir ce que tu broutes et pourquoi tu vis. Il faut débarbouiller cette crasse d'ignorance, laver ton visage, relever tes cheveux, regarder droit devant toi de tous les côtés de l'horizon, et te dire : « Tout ce monde est à moi et à mes frères. Pourquoi, eux et moi, traînons-nous une existence si pénible quand quelques-uns sur la route passent riches, joyeux et insolents, sans daigner même nous regarder. Je veux savoir comment tout cela se gouverne. » Quand tu le voudras, Peuple, tu seras plus fort sur la politique, crois-moi qu'Emile de Girardin ou John Stuart Mill.

Aux ouvriers des villes.

Ouvrier des villes, étudie. Les bateleurs politiques, avocats ou journalistes, qui aspirent à te gouverner, c'est-à-dire à élever leur personnalité en te sautant sur le dos, noient chaque jour ta raison dans leurs phrases creuses, leurs périodes à effets, leurs traits éclatants. Défie-toi. Bannis

de tes rangs ces fils de bourgeois qui n'ont ni
même sang, ni mêmes allures, ni mêmes intérêts,
ni même simplicité de goûts que toi-même ; tôt
ou tard, ils sont hérétiques à la cause qu'ils prétendent servir. Ton conjuré, ce doit être ton frère
de métier ; ton professeur de politique, encore
ton frère de métier ; ton représentant, toujours
ton frère de métier ; avec celui-là, point de dé-
boire ; s'il passe à l'ennemi, c'est simplement un
transfuge honni des deux camps, facilement ou-
blié et facilement remplacé ; l'autre, le fils de
bourgeois, quittant ta cause, apporte à tes ennemis qui le reçoivent à bras ouverts, le témoignage de ses dédains pour la popularité dont il a
joui.

Aux paysans.

Paysan, appelle à toi l'ouvrier des villes : lui
seul peut être ton initiateur. Il faut qu'il y ait
rappel d'ouvriers sur le sol de la campagne, soit
à titre définitif comme formant des industries
auxiliaires, soit à titre provisoire pendant le
chômage de certains métiers à la ville. Les ouvriers doivent sentir eux-mêmes, après un certain
stage dans les villes, le besoin de revenir aux
villages où ils sont nés, d'y apporter leurs connaissances du progrès, et d'en recevoir en échange
le bienfait de la tranquillité. Que les premières
associations rurales se fondent, que les paysans
fassent d'eux-mêmes, ce qu'un seigneur puissant
acquérant séparément leurs terres, les forcerait
de faire ; qu'ils forment entre eux, en réunissant
leurs biens épars, une vaste exploitation agricole,
qui les enrichira et les garantira des pertes.

Communs pour le travail, communs pour le
gain au prorata du travail accompli, ils rede-
viennent propriétaires isolés pour l'habitation,
la nourriture et l'entretien, en rentrant le soir
dans leurs maisonnettes particulières. Ce n'est
pas là du communisme autoritaire, du communisme de moine et de caserne; c'est tout bonne-
ment la communauté parsonnière, une société
universelle de gains et de pertes; l'association
des forces individuelles, enfiévrées de travail et
de justice, contre la coalition menaçante des intérêts d'ennemis puissants.

La commune slave a conservé, de toute antiquité, cette forme de propriété patriarcale. Les
communes russes sont seules propriétaires de la
terre, jadis sous le nom du Seigneur, aujourd'hui
sous leur nom depuis l'affranchissement des serfs,
et partagent les fruits du revenu annuel entre
chaque famille.

Que les travailleurs, utilés au service de l'exploitation, soient considérés comme associés, non
comme salariés; car si vous n'êtes pas plus justes que vos maîtres, qui vous aidera à les remplacer? La terre ne se sauvera plus maintenant
ou ne s'émiettera plus; que craindriez-vous?
Ceux qui viendront y travailler ne peuvent qu'y
apporter le concours de leur force et de leur intelligence, et, tout en prenant leur part, vous en
laisseront une plus grande encore. Le rendement
de la terre a doublé depuis cent ans, il peut doubler encore : l'hectare de sol, qui donne 13 hecto-
litres de blé, peut en rendre 20.

La reconstitution des grandes cultures pour le
rendement des céréales, la production des plantes industrielles, l'élève du bétail, les irrigations,

les reboisements, est une nécessité sociale. La France est devenue presque inhabile à certaines productions par l'émiettement de son sol ; il est de toute nécessité d'y porter remède. La justice se trouve d'accord avec l'intérêt général et l'intérêt particulier pour pousser à l'association.

Au peuple entier.

Peuple des villes et des champs, ta première conquête, sache - le bien, doit être faite sur toi-même, j'entends sur tes mauvais penchants. Instruis-toi, moralise - toi ; aie à la fois l'amour du foyer et l'amour de l'humanité ; ne laisse pas à tes ennemis, les gouvernants, le soin de te guérir de ton ivrognerie, remplace les crapuleux bals publics par les bals de société et d'association, où ton fils puisse côtoyer sa sœur ; inspire à tes garçons le respect de la femme et à tes filles la jalousie de leur honneur : qu'elles préfèrent mourir de faim à se vendre. Sois frugal et tempérant comme un anachorète, travailleur comme Hercule, juste plus que Dieu lui-même ; car, en vérité, je te le dis, tu ne te sauveras qu'à force de vertus.

Les deux articles de foi politique.

Tu n'as à retenir et à apprendre à tes enfants que deux articles de foi politique : aimer la République, sauvegarde des droits individuels ; aimer la Commune, premier chaînon de l'organisation du peuple. Rappelle - toi seulement que, sans République, il n'y a pas d'hommes libres, tous sont esclaves ; que, sans Commune, il n'y a

pas de peuple, mais bien un troupeau. La République, ce n'est pas seulement le nom, ce doit
être la liberté absolue de parler, d'écrire, d'imprimer, de se réunir, de s'associer sans que les
gouvernants aient à s'en préoccuper. La Commune, ce n'est pas seulement un conseil nommé
s'érigeant en Convention souveraine et convoqué
à intervalles éloignés par le pouvoir, c'est l'assemblée de tous les citoyens majeurs, se réunissant à dates fixes, libre de ses convocations et de
ses discussions, maîtresse absolue de ses élus
temporaires du conseil où tu es souverain comme
les autres, où tu peux proposer des réformes
d'Etat.

De la vertu républicaine.

La vertu dans une République est une chose
très simple, c'est l'amour de la République, c'est
un sentiment et non une suite de connaissances ;
le dernier homme de l'Etat peut avoir ce sentiment comme le premier. Quand le peuple a une
fois de bonnes maximes, il s'y tient plus longtemps que ce qu'on appelle les honnêtes gens. Il
est rare que la corruption commence par lui...
L'amour de la République, dans une démocratie, est celui de la démocratie ; l'amour de la démocratie est celui de l'égalité ; l'amour de la démocratie est encore l'amour de la frugalité...

Causes de décadence : Perte de la vertu d'égalité et de frugalité.

Lorsque cette vertu cesse, l'ambition entre dans
les cœurs qui peuvent la recevoir et l'avarice

entre dans tous. Les désirs changent d'objets :
ce qu'on aimait, on ne l'aime plus ; on était libre
avec les lois, on veut être libre contre elles ; chaque citoyen est comme un esclave échappé de la
maison de son maître ; ce qui était maxime, on
l'appelle rigueur ; ce qui était règle, on l'appelle
gêne ; ce qui était attention, on l'appelle crainte.
C'est la frugalité qui y est l'avarice, et non pas le
désir d'avoir.

Envie et esprit d'insubordination.

Le principe de la démocratie se corrompt, non-
seulement lorsqu'on perd l'esprit d'égalité, mais
encore quand on prend l'esprit d'égalité extrême
et que chacun veut être égal à ceux qu'il choisit
pour lui commander. Autant le ciel est éloigné de la terre, autant le véritable esprit d'égalité l'est de l'égalité extrême. Le premier ne
consiste point à faire en sorte que tout le monde
commande ou que personne ne soit commandé,
mais à obéir et à commander à ses égaux. Il ne
cherche pas à n'avoir point de maîtres, mais à
n'avoir que ses égaux pour maîtres (1).

Droits et devoirs.

L'esprit de discipline, je veux dire l'obéissance
aux lois et le respect des magistrats, est le devoir
de tout citoyen comme individu, de même que la
confection des lois et la nomination révocable des
magistrats est son droit comme citoyen. La corruption, source d'anarchie et bientôt de despo-

(1) Montesquieu (Esprit des lois).

23

tisme, n'est pas possible lorsque le travail réglé est la loi de tous, et que les magistrats, soumis à la censure populaire, sont honorés dans leurs charges et restreints dans leurs richesses et prérogatives. Les mœurs et les institutions peuvent conserver indéfiniment l'âge d'or.

Manque d'organisation.

Ce qui empêche l'avènement du peuple en tous temps et tous lieux, c'est son manque d'organisation. Le pouvoir est organisé, lui, peuple, ne l'est point. Aussi, les revendications de telle ou telle fraction du peuple s'appellent-elles, chez les historiens, des « attentats coupables, des coups de force, des essais de dictature démagogique », faute de l'unanimité de manifestation qui prouve le droit. Lorsqu'il va au scrutin accomplir ce que la loi appelle son acte de souveraineté, le peuple marche presque toujours conduit par le fonctionnaire, le patron ou le curé, de sorte que ce n'est pas le peuple qui vote, mais le pouvoir, ou le propriétaire, ou l'église.

Notre ennemi, c'est notre maître.

Il est temps de briser cette servitude, il est temps que le suffrage universel se prononce par lui-même. Les hommes d'ordre et de conservation, qui l'ont fait jusqu'ici parler, avaient souci surtout de l'ordre qui les protège et de la conservation de leurs priviléges. Persuade-toi bien, peuple des campagnes, que ton ennemi c'est ton maître, c'est-à-dire à la fois le souverain qui t'appauvrit par l'impôt, le gros propriétaire qui te ruine par la concurrence ou le fermage, le prêteur d'argent qui vit sur ton labeur ; voilà les vrais « partageux », ceux qui vivent oisifs de tes sueurs, et non pas ceux qui voudraient doubler ta terre, bien loin de l'amoindrir. Au reste, tu es homme ; pourquoi t'en faire accroire par celui-ci ou celui-là, écoute les raisonnements des uns et des autres, fais fi des mots et des injures, et décide après, en connaissance de cause.

Mise à l'écart des pantins politiques.

Mais surtout renvoie à l'ouvrage des autres hommes, cette caste d'individus politiques, née depuis 1789, gouvernants en exercice ou en disponibilité, qui se transmettent la fonction avec le nom de père en fils, et se croient mis au monde tout exprès pour régir la gent ordinaire et administrer la matière imposable. Les Gérontes font marcher le progrès à leurs pas caducs, et rêvent, de temps à autre, à s'instituer législateurs éternels. La guérison de cette plaie, c'est l'assemblée primaire, la responsabilité et révocabilité de l'élu sur l'accomplissement du mandat à lui imposé, l'élection des visages brûlés du soleil, et des mains calleuses à l'atelier.

A la petite bourgeoisie.

Petite bourgeoisie, toujours hésitante entre le pouvoir et le peuple, penchant pour la Révolution, mais te laissant séduire par la promesse de l'ordre, c'est à toi que je m'adresse en dernier lieu. Ne t'aperçois-tu pas que l'armée, le fonctionnarisme et la spéculation mangent le plus clair de ton travail, que, pour quelques-uns qui arrivent au bien-être, la masse succombe avant d'avoir atteint le but devant la faillite, les crises commerciales, les révolutions politiques ou les males-chances individuelles? L'ordre qu'elle contribue à maintenir par ses votes et son argent, lui coûte parfois bien cher : le second empire a augmenté, pour sa part, le budget de 7 milliards de dette, auxquels il faut ajouter 5 milliards d'emprunts de villes et communes, et 5 milliards passés à l'étranger par la razzia des financiers Saint-Simoniens. Qui paie l'intérêt de ces emprunts et dettes, qui subit les pertes de capital des entreprises financières? La petite bourgeoisie économe, qui place ses capitaux partout où on leur fait appel, qui reprend candidement des mains des hauts faiseurs toutes les affaires véreuses, et ne participe aux bonnes affaires que lorsque la prime, savamment amenée par l'annonce et le jeu de bourse, a été encaissée par la riche bourgeoisie alliée de la finance. Est-il bien vraiment profitable pour elle que le peuple soit misérable, et qu'en l'écrasant encore, elle gagne une aisance honnête, lorsque cet argent amassé à tant de peine et d'injustice est sans cesse menacé par l'insécurité sociale et la corruption d'en haut? N'est-il pas temps qu'elle aussi se révolte, en disant : « Je veux vivre tranquille, et sans crainte de pertes. L'aisance que je cherche est de celles qui peuvent s'avouer ; elle n'a besoin de s'établir sur aucune ruine, à condition que les uns veuillent et que les autres puissent s'en construire une pareille par leur travail. Tombent donc les monopoles et les priviléges, les tyrannies et les injustices, et que chacun, fort de son cerveau et de ses bras, ait devant lui, comme tous les autres, un champ sans obstacle à parcourir. »

A tous.

Paysans, ouvriers, petite bourgeoisie, serrez-vous les uns contre les autres, et vous vaincrez. Votre droit de Révolution n'est-il pas dans la souffrance matérielle et les tortures morales que vous subissez, vous les plus nombreux, pour arriver à équilibrer tant bien que mal votre vie et celle de vos enfants ? Votre ennemi commun, n'est-ce pas l'exploitation, de quelque nom qu'elle se déguise : royauté, fonctionnarisme, armée, monopole, spéculation ? Votre drapeau commun ne peut-il être celui qui portera inscrite cette devise: Travail, solidarité, justice ? Et laisserez-vous tomber cette sainte devise de la Révolution, faute de cœur ou faute d'intelligence ? Non, non, peuple de France, tu conduiras la patrie européenne à ses nouvelles destinées, et tu ne laisseras pas, comme les Romains de la décadence, notre monde dissous s'offrir à la flagellation des barbares qui le guettent.

CHAPITRE XV

AU LECTEUR.

A toi, lecteur, qui m'as suivi jusqu'au bout dans cette revue du passé et dans cette vaticination de l'avenir, à toi qui as appliqué ton intelligence et ton cœur à comprendre ces pages, je dois mes dernières prières et je présente avec humilité quelques observations nécessaires.

Ce livre fut écrit de 1868 à 1871, c'est-à-dire commencé pendant les dernières années tremblantes du second Empire, achevé pendant les mois terribles du siége de Paris et de la Commune. L'auteur avait à sa terminaison 27 ans. En 1872, le livre, fort peu retouché, mais ayant subi quelques adoucissements dans certaines péroraisons relatives aux temps modernes, fut remis entre les mains des imprimeurs d'une maison d'éditeurs célèbres de Paris et Bruxelles. Tout était prêt pour l'impression, lorsque des poursuites à l'occasion des faits de la Commune, — poursuites qui, du reste, n'aboutirent point, — forcèrent l'auteur à chercher refuge en Angleterre. Les inquiétudes de la vie matérielle l'empêchèrent de donner suite à la publication, et quoiqu'il y ait resongé un instant en 1873, il garda l'ouvrage par devers lui jusqu'en 1880. Tout en n'y regardant plus, il y pensait toujours et recueillait dans ses lectures les notes propres à soutenir la thèse qui lui tenait au cœur. Le pays qui avait inspiré Montesquieu et Voltaire devait, ce lui semblait, lui fournir à lui aussi des

enseignements et des armes de combat. Il ne fut
point trompé dans son attente. La confection du
livre pourtant s'en ressentit peu et le résultat de
beaucoup d'études diverses ne laissa sa marque
que dans quelques notes et dans quelques alinéas
ajoutés. Pourquoi ?

Ce livre avait été inspiré par l'admiration vouée
à *L'Esprit des lois* de Montesquieu et le culte véritable professé à l'égard de l'œuvre entière et
multiple de Proudhon. Le jeune homme de 24
ans, après maintes anxieuses cogitations qui l'obsé-
daient depuis 7 années, croyait avoir trouvé la formule du monde humain, le nombre inconnu cherché par Pythagore. Il écrivit son livre en tradui-
sant et développant les formules de Proudhon
d'après la méthode historique de Montesquieu. On
remarquera que le livre I est l'analyse du passé, le
livre II la synthèse de l'avenir ; dans le dernier livre seulement, se montre le présent, et encore sous
forme plutôt du *devenir* que de l'*être*. Un anglais
eût procédé autrement : une longue et patiente
analyse du présent eût suivi l'étude du passé et
des tendances présentes reliées au développement
des faits antiques se fûssent tirées des lois pour les
révolutions de demain. Le génie français ne comprend point le Droit ainsi, il le forme de toutes pièces
dans son cerveau, l'en voit sortir tout armé, sans
s'inquiéter si ce droit est possible demain, s'il
sera ou ne sera pas, — étant donnée la nature
des choses existantes. Tel était le plan de ce livre,
l'altérer, c'était en altérer le caractère. D'autre
part, il ne me convenait point de modifier à
36 ans mes pensées de jeune homme. Si je ne
me suis pas fait faute de remplir quelques vides
causés par ignorance ou de rectifier certaines

erreurs de fait, corrigées par mes lectures d'homme mûr, je me suis gardé, comme d'un sacrilège, de toucher au texte dans son développement philosophique.

Tu as donc eu devant les yeux, lecteur, un ouvrage de jeune homme qui affirme avoir *vu* la solution du problème humain. L'homme mur ne l'en dédit point et recommande surtout à ton étude et à celle de tes amis la solution du problème de la collectivité de la terre au moyen de la séparation des rôles de la province et de l'Etat. Mais il se sent encore porté, comme malgré lui, à renforcer l'avis donné dans le dernier livre : « Ne prends pas, lecteur, un système, quelque plausible qu'il soit, pour l'expression d'une vérité divine que tu dois faire triompher à tout prix. Les différents systèmes sociaux et politiques doivent rester simple but d'études, de réflexion et de discussions, jusqu'à l'acceptation nette et enthousiaste d'un des systèmes par la grande majorité. Il importe peu que nous soyons en possession de la vérité si le grand nombre se refuse à la voir. On ne peut forcer les gens à être heureux pas plus qu'à être vertueux. Il faut tout attendre du temps et de la prédication. Les révolutions préconisées dans ce livre peuvent être cent, que dis-je, cinq cents ans distantes de nous. Irons-nous nous couper la gorge mutuellement afin de servir à leur plus prompte éclosion? Erreur qui serait fatale à nous et à elles! Propagande, toujours de la propagande, rien que de la propagande ! »

Quoi donc! point d'action, diras-tu, autre qu'un parlage creux ? Si fait. Nous avons le devoir de pousser la société dans les voies de

réforme où elle s'engage, quand ces voies mènent
aux nôtres. Ce livre a déjà expliqué la tactique
naturelle à suivre dans les deux cas d'oppression ou de liberté. Ne se résume-t-elle pas en
cette parole : tendre patiemment, mais obstiné-
ment au but entrevu, sans jamais reculer d'une
ligne, mais en n'avançant à chaque fois que sur
un terrain sûr? Les reculades ont des effets terribles pour les idées comme pour les individus.

Ces observations finies, j'en viens aux prières.
Il dépend de toi comme de moi, comme de tous
en particulier, ami lecteur, de hâter la révolution
sociale. Tu connais ores sa formule : travail, solidarité, justice.— En attendant que cette formule
inspire toutes nos lois et toutes nos institutions,
jure-toi d'y être fidèle dans ton cœur; et de la présenter comme modèle aux autres.

Aimer le travail, c'est aimer faire œuvre sage
de ses membres et de son cerveau, employer sa
force à besogne utile, son intelligence à étude
sensée. J'ai peine à appeler travail le service
inutile, qui pis est, nuisible, du débitant de boissons dans une grande ville. Trop de ces débits,
hélas, à chaque coin et à chaque milieu de rue.
Ne fais point la fortune de ces excitateurs à
l'ivrognerie, et si jamais tu es tenté de te faire
une vie facile, en reprenant un de ces endroits,
songe que tu y perdrais ta virilité d'intelligence
et ta dignité de travailleur. Rappelle-toi aussi
que la commune doit avoir le droit de déraciner
l'immoralité de son territoire; pousse donc au
système existant de Gothenburg par lequel les
habitants sont seuls juges du nombre des débits
à permettre dans leur commune et seuls maîtres
de donner l'autorisation de les ouvrir. — Paris,

plus que toutes les autres villes, est encombrée
de métiers de fainéants ou d'escrocs inutiles véritablement à la société. La libre-concurrence en
tue quelques-uns, d'autres prennent aussitôt leur
place. Si tu aimes le travail, fuis ces métiers :
mastroquet, commissionnaire, valet de place,
reporter, courtier de bourse, cela ne sied pas à
un galant homme.

Le rôle de Paris dans l'histoire a été double :
faire l'unité de la France, en servant de noyau
au groupement lent des provinces ; engendrer la
République par ses révoltes périodiques de populaire, ce populaire étant de plus en plus formé de
fils de provinciaux de tous les coins de la France.
Les deux gestations sont accomplies. Paris ne
devrait plus avoir à l'avenir d'autre rôle que d'être
le centre de tous les échanges entre Nord et
Midi, Est et Ouest, et en même temps le bazar de
tous les produits français et étrangers, surtout
des choses de goût. Mais que toi et moi, lecteur, que tous les parisiens-nés surtout essaient
d'ôter de notre capitale ce surnom que lui ont
donné les étrangers : « la gaie hôtellerie du monde ». Renvoyons donc ou retenons aux champs
tous ceux qui peuvent en vivre ; moins de foule
mouvante, plus de peuple constitué.

Associe-toi aussi, non pour accomplir la révolution, mais pour améliorer tant soit peu ton
sort, et surtout pour affermir tes passions bonnes
contre les mauvaises. Comment pratiquer autrement la solidarité ? Associe-toi avec ceux-ci pour
la consommation, avec ceux-là pour tel ou tel
travail, avec d'autres pour le plaisir du dimanche,
avec d'autres pour l'instruction en commun, avec
d'autres encore pour la discussion qui apprend à

connaître ses propres idées et à respecter celle
des autres. Empêche qu'aucune haine de l'être
n'entre dans ton cœur ; et si tu es forcé d'avoir
le mépris des actes, garde compassion pour
l'homme. Colère, c'est bestialité. Haine, c'est
cruauté. Point de société possible entre hommes
colériques ou haineux.

Je le dirai aussi. Aie l'œil non-seulement sur
tes passions, mais sur tes manières. Sache te
tenir, sache t'habiller, sache écouter et sache
aussi parler, comme on disait jadis, en gentil-
homme. Politesses et bonnes façons, c'est encore
solidarité. Le pauvre Père Duchêne, marchand de
fourneaux, mal éduqué, sale, enguenillé de vêtements et d'expressions, ne peut être notre idéal.

Il sortait de la servitude, nous sommes nés libres. Nous voulons arriver à la révolution,
comme les aspirants-chevaliers d'antan arrivaient
à la veillée d'armes vêtus de blanc au sortir d'un
bain, le cœur plein d'espoir, la douce parole aux
lèvres, et cependant le bras armé de fortes réso-
lutions contre les méchants.

La justice t'oblige à être non-seulement poli,
mais loyal envers tous, doux et clément aux faibles ;
aux femmes surtout fais justice, rappelle-toi !
suborneurs, débauchés, souteneurs, sont à
peine des hommes. Où les claserais-je ? Plus bas
que les derniers des tyrans, plus bas que ces empereurs romains dont le nom est une injure
éternelle, — car ils n'ont pas comme eux l'excuse
de la folie du pouvoir suprême.— Justice à l'enfant ! point de coups. C'est toi qui en mériterais
si tu ne savais élever celui qui vient de toi, qui ne
cherche qu'à se modeler sur toi. — Justice à tous
les êtres auxiliaires de l'homme ! Justice aux

chevaux, ces martyrs de notre race. Celui qui
s'abrutit au point de frapper un pauvre animal à
coups redoublés du manche de son fouet descend
au-dessous de la brute qu'il dit punir, ce n'est
plus un homme, c'est un fou, qui ne se possède
plus, tout prêt à frapper toi ou moi, si nous in-
tervenons.— Nous interviendrons cependant, en
ce cas comme dans d'autres dénis de justice, —
et sans colère, mais avec la plus grande fermeté.
— Que si nous-mêmes étions coupables un jour
d'une injustice, en dépit de nos bonnes résolu-
tions, nous accepterons qu'un autre nous relève
du péché, et l'en remercierons.

Peut-être, lecteur, me suis-je trompé en me
fondant sur ta sympathie ; peut-être as-tu souri
en me lisant tout ce temps, et ne cherches-tu
dans ce livre qu'armes pour combattre mes propositions. — Tout d'abord il me semble t'entendre
murmurer : « Quelle folie de prêcher la vertu en
dehors de la religion ! Comme si l'homme, sans
intérêt au-delà de cette vie, pouvait se résoudre
à ne pas prendre tout son avantage quand il le
peut. » Je connais le raisonnement. Parbleu, je
me le suis fait à moi-même, et me suis demandé
pourquoi je ne ferais pas telle bassesse ou telle
indignité qui pourrait m'enrichir. Un Darwiniste
répondrait peut-être que les canards vont naturellement à l'eau, les poules la fuyant tout aussi
naturellement, qu'il y a en un mot des natures
vertueuses et des natures vicieuses. J'oserai, moi,
répondre que nous sommes quelques-uns vertueux, — je le sais de bonne source —, pour le
bien de notre digestion, afin d'avoir le cœur léger et la digestion facile ; j'entends, afin de pouvoir marcher la tête élevée, le regard ferme et

clair. — Tu ne comprends point. — Et moi, je
ne comprends pas quelles récompenses tu recherches après ta mort, récompenses dont tu
ne sais ni le temps, ni le lieu, ni la forme. —
Qui fait vraiment le métier de dupe de nous
deux ?

Trêve de raillerie. L'homme est bon ou méchant, quelle que soit sa religion, — suivant
qu'il se connaît soi-même et connaît les autres,
nous l'avons montré aux premiers chapitres.
L'Angleterre puritaine a un énorme fond de
chaude humanité qui la sauve de sa bigoterie hypocrite et ennuyeuse ; de ce qu'une partie du
peuple est à la fois dégradée et sans religion, les
dévots-humains se figurent que leur propre bonté
vient des secours d'en haut ; ils seraient pourtant
tous convertis demain à Boudha et après-demain
à Mahomet, que leur cœur ne les attirerait pas
moins vers les souffrances humaines. Au contraire, les dévots inhumains sont fourbes et
égoïstes autant qu'aucun incrédule. — Pourquoi
au moins, diras-tu, ces athées n'écarteraient-ils
pas d'eux la souffrance, le martyre en une juste
cause ou le dévouement, s'ils n'ont que cette vie
pour jouir ?

Eh, mon frère, il y a parfois bonheur réel à
souffrir. Et je plains ceux qui n'ont jamais joui
que de bons dîners, de réceptions élégantes, d'habits somptueux, de promenades en voiture et à
cheval, de voyages luxueux. Ils croient avoir
vécu sans avoir souffert ! c'est à eux vraiment à
regretter leur vie perdue. — Les jouissances
sans mélange — même les plus variées — ne
laissent que dégoût et ennui après elles. Pour
jouir au vrai mot, il faut avoir espéré, avoir

langui, s'être peut-être désespéré, puis s'être raffermi, avoir fait bonheur du moindre bien, avoir *voulu* être heureux parce qu'on savait qu'on ne méritait pas d'être malheureux. Jouissance bien mystique, dis-tu. Tu vois bien que c'est toi l'être matériel, intéressé, — et nous les illuminés de la justice.

« Laissons cela, continue le lecteur opposant, — ton livre n'est qu'une rêverie folle ; rien de pratique. Ton système de révolution de la société est non-seulement fort embrouillé, il est simplement impossible. Qui voudrait échanger sa liberté — plus ou moins périlleuse d'aujourd'hui, — pour tes entraves sur presque chaque acte de la vie. ? »

Une de ces critiques au moins peut être juste. Le livre peut manquer d'une exposition savante et claire. Il n'est pas donné à tous, je le confesse, de présenter avec l'autorité du génie, des solutions du problème de la vie humaine en société. Et j'ai pu, par ma faute seule, présenter un état de liberté et de joie comme un état de tristesse et d'esclavage. Si ces pages pourtant contiennent une parcelle de vérité, je supplie mon premier lecteur, celui qui les a lues avec sympathie, de l'en tirer pour lui-même et ses amis, de la faire luire, de la réchauffer dans son sein, de la faire fructifier. Car, en vérité, la paix du monde, le bonheur de chacun dépend de la solution du problème social.

Que si la parcelle de vérité se changeait pour un assez grand nombre en faisceau de vérités lumineuses, l'auteur n'en tirerait gloire. Il a trop conscience qu'il n'a fait que réunir les voix et les murmures épars à cette époque autour de lui,

sa seule espérance, c'est que ces voix ne semblent pas au public des hallucinations, mais
comme à lui-même la voix même de la philosophie de l'avenir.

FIN.

Note A

Parisien de descendance, de naissance et d'habitation, je me permets de présenter à mes *pays* le détail de ce que pourrait être l'organisation de la province parisienne :

Paris-province.

se diviserait en huit cantons ainsi délimités :

1er : *Canton Nord*

(Batignolles-Halles-Montmartre), limité par la porte d'Asnières, le boulevard Malesherbes, la rue Royale, la rue de Rivoli, le boulevard Sébastopol, la rue Turbigo, les boulevards Magenta et Ornano, et les fortifications de la porte Clignancourt à la porte d'Asnières.

2me : *Canton Nord-Est*

(La Chapelle-La Villette), limité par les boulevards Ornano et Magenta, les rues Lafayette et d'Allemagne, et les fortifications de la porte de Pantin à la porte de Clignancourt.

3me : *Canton Est*

(Belleville-Ménilmontant), limité par les fortifications de la porte de Bagnolet à la porte de Pantin, les rues d'Allemagne et Lafayette, les boulevards Magenta et des Amandiers, et une ligne longeant le nord du Père-Lachaise jusqu'à la porte de Bagnolet.

4ᵐᵉ : *Canton Est-Sud*

(Charonne-Marais-Bercy), limité par les fortifications de la porte de Bercy à la porte de Bagnolet, la ligne longeant le nord du Père-Lachaise,
le boulevard des Amandiers, la place du Châ-
teau-d'Eau, la rue Turbigo, le boulevard Sébastopol et les quais Lepelletier, de l'Hôtel-de-Ville,
des Ormes, St-Paul, des Célestins, Henri IV, de
la Râpée et de Bercy.

5ᵐᵉ : *Canton Sud*

(La Gare-Ile St-Louis-Maison-Blanche), limité
par les fortifications de la porte d'Italie à la
porte de la Gare, d'Austerlitz, St-Bernard, le
pont de Constantine, les quais d'Anjou et Bour-
bon, le pont de l'Archevêché, les rues des Bernardins et Monge, les avenues des Gobelins et
d'Italie.

6ᵐᵉ : *Canton Sud-Ouest*

(Montsouris-Cité-Montparnasse), limité par
les fortifications de la porte de Vanves à la porte
d'Italie, les avenues d'Italie et des Gobelins, les
rues Monge et des Bernardins, le pont de l'Archevêché, les quais Napoléon, Desaix et de l'Hor-
loge, le Pont-Neuf, le quai Conti, la rue de
Rennes, le chemin de fer de l'Ouest (r. g.) et la
porte de Vanves.

7ᵐᵉ : *Canton Ouest*

(Vaugirard-St Germain-Grenelle), limité par
les fortifications de la porte du Bas-Meudon à
la porte de Vanves, le chemin de fer de l'Ouest,

la rue de Rennes, et les quais Malaquais, Voltaire, d'Orsay, de Grenelle et de Javel jusqu'à la porte du Bas-Meudon.

8ᵐᵉ : *Canton Ouest-Nord*

(Auteuil-St-Honoré-Monceaux), limité par les fortifications de la porte d'Asnières à la porte de Billancourt, les quais de Passy, Billy, de la Conférence, des Tuileries, du Louvre, de l'École et de la Mégisserie, le boulevard Sébastopol, la rue de Rivoli, la rue Royale, le boulevard Malesherbes et la porte d'Asnières.

Sans entrer dans le détail des circonscriptions communales de Paris, j'indiquerai aussi, par les noms des quartiers, comment seraient constituées les COMMUNES PARISIENNES.

Ainsi, le canton nord serait formé des communes de :

1°	Batignolles-Monceaux	
2°	Batignolles-Clichy	I
3°	Grandes-Carrières	
4°	Poterne-Montmartre	
5°	Buttes-Montmartre	II
6°	Clignancourt	
7°	Rochechouart	
8°	Paradis-Poissonnière	III
9°	Château-d'Eau	
10°	Arts-et-Métiers	
11°	Montorgueil	IV
12°	Halles-Centrales	
13°	Jeûneurs	
14°	Palais-Royal	V
15°	Place Vendôme	

16° Madeleine
17° Place de l'Europe   } VI
18° Nouvel Opéra
19° Notre-Dame-de-Lo-
    rette   } VII
20° Pigalle

Qui pourraient se fédérer en sept arrondissements naturels pour certains services communs.

Note B.

Voici quelles me paraîtraient pouvoir être les quarante provinces de France, renfermant, en moyenne, chacune un million d'habitants :

1° Paris (1), chef-lieu : commune de la Cité.

2° Ile de France, Nord (comprenant l'Oise, la partie nord et ouest de Seine et Seine-et-Oise), chef-lieu : *Pontoise*.

3° Ile de France, Sud (comprenant Seine-et-Marne, la partie sud et est de Seine et Seine-et-Oise), chef-lieu : *Melun*.

4° Picardie (Somme et Aisne) chef-lieu : *Amiens*

5° Artois (Pas-de-Calais avec le Cambrésis), chef-lieu : *Arras*.

6° Flandre (Nord, moins le Cambrésis), chef-lieu : *Lille*.

7° Basse-Champagne (Ardennes, Marne et Meuse), chef-lieu : *Châlons-sur-Marne*.

8° Haute-Champagne (Aube, Haute-Marne, Vosges), chef-lieu : *Chaumont*.

9° Lorraine (Meurthe, Moselle), chef-lieu : *Nancy*.

10° Alsace (Haut-Rhin, Bas-Rhin), chef-lieu : *Strasbourg*.

11° Franche-Comté (Haute-Saône, Doubs, Jura), chef-lieu : *Besançon*.

12° Haute-Bourgogne (Côte-d'Or, Yonne, Nièvre), chef-lieu : *Dijon*.

13° Basse-Bourgogne (Saône-et-Loire, Ain), chef-lieu : *Mâcon*.

---

(1) La province parisienne, la plus peuplée, renfermerait près de deux millions d'habitants, et la province corse, la moins peuplée, un quart de million seulement.

14° Lyonnais (Loire, Rhône), chef - lieu :
Lyon.

15° Savoie (Haute-Savoie et Savoie), chef-lieu :
Chambéry.

16° Dauphiné (Isère, Drôme, Hautes - Alpes),
chef-lieu : *Grenoble.*

17° Provence (Basses-Alpes, Alpes-Maritimes,
Var, Bouches-du-Rhône, Vaucluse), chef - lieu :
Aix.

18° Haut-Languedoc (Gard, Ardèche, Haute-
Loire, Lozère), chef-lieu : *Nîmes.*

19° Bas-Languedoc (le Toulousain, Hérault,
Aude, Pyrénées-Orientales), chef - lieu : *Carcas-
sonne.*

20° Pyrénées (Ariége, Hautes et Basses-Pyré-
nées), chef-lieu : *Tarbes.*

21° Gascogne (Haute-Garonne, moins le Toulousain, Gers, Landes), chef-lieu : *Auch.*

22° Basse-Guyenne (Gironde, Lot-et-Garonne),
chef-lieu : *Bordeaux.*

23° Haute - Guyenne (Lot, Aveyron, Tarn-et-
Garonne), chef-lieu : *Rodez.*

24° Périgord (Dordogne, Corrèze), chef-lieu :
Périgueux.

25° Auvergne (Cantal, Puy-de-Dôme), chef-
lieu : *Clermont-Ferrand.*

26° Marche (Haute - Vienne, Creuse, Allier),
chef-lieu : *Guéret.*

27° Saintonge (Charente, partie sud des Deux-
Sèvres, Charente - Inférieure), chef - lieu : *Sain-
tes.*

28° Poitou (Vendée, partie nord des Deux - Sèvres, Vienne), chef-lieu : *Poitiers.*

29° Anjou (Maine - et - Loire, Loire-Inférieure),
chef-lieu : *Angers.*

30° Berry (Indre-et-Loire, Indre, Cher), chef-lieu : *Châteauroux*.

31° Orléanais (Loir-et-Cher, Loiret, Eure-et-Loir), chef-lieu : *Orléans*.

32° Maine (Orne, Sarthe, Mayenne), chef-lieu : *Le Mans*.

33° Basse-Bretagne (Finistère, Morbihan), chef-lieu : *Quimper*.

34° Haute-Bretagne (Côtes-du-Nord, Ille-et-Vilaine), chef-lieu : *Rennes*.

35° Basse-Normandie (Calvados, Manche), chef-lieu : *Caen*.

36° Haute-Normandie (Seine-Inférieure, Eure), chef-lieu : *Rouen*.

Départements extérieurs.

37° Corse, chef-lieu : *Ajaccio*.
28° Algérie (1), chef-lieu : *Alger*.
39° Constantine, chef-lieu : *Constantine*.
40° Oranie, chef-lieu : *Oran*.

----

(1) L'Afrique française (1878) renferme environ 2,500,000 indigènes, 160,000 étrangers et 190,000 Français.

Note C,

PLAN D'ÉDUCATION ENCYCLOPÉDIQUE (1)

I. Enfance.

0. *De 4 à 7 ans.* — Enseignement par la famille. Premières notions des choses, leur appellation, leur histoire. L'éducation se fait en jouant; aucune classe, aucune étude; toute connaissance est tournée à jeu et amusement.

1. *De 7 à 10 ans.* — Famille ou externat de l'école primaire. Instruments du savoir : lecture, écriture, calcul, éléments d'orthographe. Le maître s'attache à exercer le raisonnement et à piquer la curiosité. Trois heures seulement de travail quotidien; le reste du temps passé en jeux, récréations, promenades et gymnase; l'éducation se fait dans les jeux et promenades à propos des choses de la nature et de leurs phénomènes.

Pour l'instruction primaire, classe de 10 h. à 10 h. 1/2 le matin, récréation de 10 h. 1/2 à 11 h., étude de 11 h. à midi, déjeuner et récréation de midi à 1 h., promenade de 1 h. à 2 h., récréation de 2 h. à 2 h. 1/2, de 2 h. 1/2 à 3 h. classe, de 3 h. à 4 h. étude.

II. Adolescence.

2. *De 10 à 15 ans.* — Externat surveillé du collège. Notions d'observation et d'expérience sur toutes les sciences : géométrie, physique, chimie, mécanique, cosmographie, langues, histoire, application au dessin, à l'architecture, aux éléments

(1) Écrit en 1869.

des métiers, à la langue française (syntaxe, rédaction), à la morale (notation des préceptes rencontrés chez tous les peuples), à l'histoire générale (causer de la grandeur et de la décadence des nations). Le maître cherche à bien apprendre les *faits* et à en tirer les conséquences pratiques; nulle recherche théorique, nul système *a priori*.

Application du temps.

De 9 h. à 10 h. du matin, classe.

De 10 h. à 10 h. 1/2, récréation.

De 10 h. 1/2 à midi 1/2, étude sur le sujet de la classe, cette étude étant permise isolément ou à deux élèves au tableau ; répétitions par les élèves devant le maître.

De midi 1/2 à 2 h. du soir, déjeuner et récréation.

De 2 h. à 4 h., enseignement des métiers, leçons pratiques sur les instruments de travail.

De 4 h. à 5 h., récréation, gymnase, bains.

De 5 h. à 6 h., étude, devoirs, problèmes, examen. Sur neuf heures de temps, trois sont consacrées aux cours, trois à l'étude et trois aux récréations.

Le dimanche libre; le jeudi, sortie à midi 1/2, sauf pour les paresseux retenus en étude jusqu'à quatre heures.

Le professeur doit faire sa classe pour la majorité des élèves, non pour quelques-uns. Le répétiteur doit être sobre d'enseignement et prodigue d'examen, et appeler tour à tour tous les élèves. Le maître d'étude doit être un aspirant professeur, sachant travailler au bruit, n'avertissant ses élèves que lorsqu'ils ne travaillent véritablement pas, mais les laissant libres de travailler à leur guise et fantaisie. Il serait bon qu'il fût toujours le répétiteur, vivant toute l'année avec ses élèves ; nul, mieux que lui, ne connaît leur fort et leur faible.

On n'apporte en classe que *le cahier de notes* qui n'est jamais recopié, mais simplement complété et annoté en marge. Dans l'étude, les livres classiques sont dans une case fermée, et le maître ne distribue à chaque étude que les livres nécessaires. Pas de pupitres ; des tables inclinées aux écritoires incrustées ; plumes et papier distribués quand besoin est ; les cahiers de notes, porteplumes, règles et outils enfermés dans des cases particulières, dont la clef à chacune est possédée par chaque élève.

Les professeurs doivent apprendre par la douceur ; l'aigreur et la sévérité rebutent l'enfant, tandis que la flatterie le rend souple et désireux de la mériter ; montrez-lui grande estime, et il cherchera à se rendre digne de cette estime ; en somme, traitez-le en grand garçon, presque d'égal à égal, sans familiarité pourtant et en conservant au contraire la plus grande dignité et la plus grande réserve. Soyez non pas le pédant, le maître ou le camarade, mais le père ou le frère aîné.

L'émulation, vous l'obtiendrez avec les tableaux d'honneur et places d'honneur ; quant aux punitions, bornez-vous de même, la plupart du temps, à afficher la faute, comme vous affichez le mérite.

III. Adultes.

3. *De 15 à 18 ans.* — Recherches théoriques sur les sciences apprises pendant la période pré-

cédente. Géométrie pure et descriptive, algèbre et analyse, mécanique rationnelle, théories physiques et chimiques, linguistique ancienne, comparaison avec les langues vivantes.

La journée commence à la pension-atelier, externat surveillé, à six heures du matin.

De 6 h. à 8 h., étude.

De 8 h. à 9 h., déjeuner, puis même division du temps que ci-dessus, jusqu'à deux heures.

De 2 h. à 6 h., apprentissage du métier choisi par la vocation de l'élève.

De 6 h. à 7 h., goûter et récréation.

De 7 h. à 8 h., étude.

Soit, sur quatorze heures de temps, cinq heures de classe, cinq heures d'études et quatre heures de manger et de repos.

IV. Jeune homme.

4. *De 18 à 20 ans.* — Analyse physique, mathématiques dans leur application à l'industrie, recherches industrielles et théoriques, étude pratique des machines et constructions, biologie, histoires particulières des races.

Même régime que ci-dessus, avec un peu plus de fatigue.

De 6 à 7 h. du matin, cours.

De 7 à 8 h., déjeuner et récréation.

De 8 h. à 9 h.
De 10 h. à midi. } études.

De 9 h. à 10 h., répétition.

De midi à 1 h., déjeuner et récréation.

De 1 h. à 7 h., travail manuel de l'apprenti demi-ouvrier.

Le jeune homme quitte à sept heures l'école-atelier pour rentrer chez lui ou chez son correspondant.

www.ingramcontent.com/pod-product-compliance
Lightning Source LLC
Chambersburg PA
CBHW071958270326
41928CB00009B/1473